韓祝齡篆刻

『十四五』國家重點圖書出版規劃項目

津沽筆記史料叢刊第十二種

主編　王振良

天津朱卷集成

（四）

劉宗江　編

天津出版傳媒集團
天津古籍出版社

田毓藻

字蘊章號紹和行一同治壬戌[illegible]月十五日吉時生直隸天津府[illegible]學附學生民籍乙酉科鄉試挑取 內廷謄錄

遷津始祖諱希友 例贈登仕郎 康熙年間由靜海遷居天津

始祖妣氏奚 孺人 例贈

高祖諱士亮 候選從九品 敕授登仕佐郎

高祖妣氏劉 孺人 敕封

曾祖諱玉昇 字盛如 候選縣丞 敕授修職郎

曾祖妣氏劉 孺人 敕封

祖諱得霖 字澍香 太學生 候選州同 敕授承德郎

祖妣氏劉 安人 敕封

胞高叔祖士清 字守廉 太學生 早逝 高叔祖妣氏李 旌表節孝

胞曾叔祖玉春 字遇春 候選典史

嫡曾叔祖玉鵬 字玉山

胞叔祖得霈 字桂堂 太學生

嫡堂叔祖得成 字樹華 學名硯農 附貢生

堂叔祖得湧 字志泉 得溥 字均樂 軍功六品頂戴

得潤 字慰農 得金 字鑫堂

嫡堂伯叔大文 字蘭仲 大賓 字秩秋 議叙七品銜

堂叔大年 字景豐 大俊 字慶豐

父 諱大中 字養和太學生議叙不論雙單月候選巡檢 欽加六品銜 敕授承德郎 例封文林郎
母氏吳 敕封安人 例封孺人 軍功議叙五品銜 諱彭齡公孫女 誥授奉政大夫五品銜候選鹽大使 諱錫慶公長女 從九品 印樹森公胞姊 業儒名國華胞姑母

慈侍下

庭訓

業課受知師

叔祖硯農太夫子 印樹華 履歷詳前
孫從耕夫子 諱承第 郡庠生
劉亭午夫子 印榮光 邑庠生
表叔孫雨田夫子 印廷霖 通州庠生

大受 字金門
從堂叔 大經 字子常 大倫 字敦五
大瑞 字祥占早逝嬸母氏李苦節待旌
大英 字毅卿 大有 字雲書
大慶 字芝菴 大智 字子愚
大權 字振鈞 大本 字立甫從九品議叙六品頂戴

胞弟 毓琛 業儒
堂弟 毓琦 毓珍
從堂弟 毓棻 毓蘭
毓芑 俱業儒 毓萱
毓菖 毓芸
毓荃 俱幼

姜麟樵夫子 印廷鎮 附貢生

王子奇夫子 印廣雲 丙子科舉人候選教諭欽加五品銜

李鐵梅夫子 諱嘉端 前主講三取書院

黃在桐夫子 印國瑾 前主講三取書院

張幼樵夫子 印佩綸 前主講三取書院

李越縵夫子 印慈銘 主講三取書院

辛麟田夫子 諱家彥 前主講輔仁書院

王雲舫夫子 印文錦 前主講輔仁書院

楊香吟太夫子 印光儀 主講輔仁書院

王樸臣夫子 諱炳燮 前任天津縣知縣

郭紹庭夫子 印奇中 前任天津縣知縣

再從堂弟毓棠 毓章 候選從九品

毓琳 毓珽

毓珩 毓璞 俱業儒

毓璟 毓珉 俱幼

族姪嘉貞

娶郭氏 五品頂戴候選巡檢諱際盛公五品藍翎候選巡檢印際春公胞姪女國學生欽加五品銜候選縣丞印際唐公長女五品頂戴候選從九品名肇業五品頂戴候選巡檢名肇奎國學生名肇亭胞姊

繼娶楊氏 勅封武畧騎尉諱文棫公曾孫女誥授奉直大夫諱全公孫女候選從九品諱逢春公胞姪女國學生印際春公長女印宜春公胞姪女業儒名昌蔭胞姊

子

女

二

陳序東夫子 印 以培 前任天津縣知縣

宮玉甫夫子 印 昱 前署天津縣知縣

孫筱坪夫子 印 錫康 現任天津縣知縣

程質齋夫子 印 廸華 前任天津河防分府

馮少芝夫子 印 清泰 現任天津河防分府

嚴筱舫夫子 印 信厚 前署長蘆鹽運分司

萬子和夫子 諱 年豐 前署天津府知府

子望夫子 印 宜霖 前任天津府知府

汪子常夫子 印 守正 現任天津府知府

吳香畹夫子 諱 毓蘭 前任天津河間兵備道

壽泉夫子 印 裕長 前任天津河間兵備道

盛杏蓀夫子 印 宣懷 前署天津河間兵備道

胡芸楣夫子 印 燏棻 現任天津河間兵備道

鄭玉軒夫子 印 藻如 前任津海關道

周玉山夫子 印 馥 前任津海關道

劉薌林夫子 印 含芳 前署津海關道

劉獻夫夫子 印 汝翼 現任津海關道

冠九夫子 諱 如山 前任長蘆鹽運使

季士周夫子 印 邦楨 前任長蘆鹽運使

貴幼甫夫子 諱 良楨 前任長蘆鹽運使

玉如夫子 印 額勒精額 現任長蘆鹽運使

李少荃夫子 印 鴻章 現任直隸總督部堂

孫子授夫子 印 詒經 前任順天學政 本科大主考

許筠菴夫子 印 應騤 前任順天學政 本科大主考

三

李少東夫子 印 岷琛 乙酉科順天鄉試同考官

童薇研夫子 諱 華 乙酉科順天鄉試大主考

宗室星齋夫子 諱 奎潤 乙酉科順天鄉試大主考

翁叔平夫子 印 同龢 乙酉科順天鄉試大主考

潘伯寅夫子 印 祖蔭 乙酉科順天鄉試大主考

乙酉鄉試挑取謄錄第十三名

鄉試中式第二百六十三名

保和殿覆試三等第十九名

會試中式第　名

殿試　甲第　名

朝考　等第　名

欽點

族繁不及備載

世居城北運河北岸鈔關西

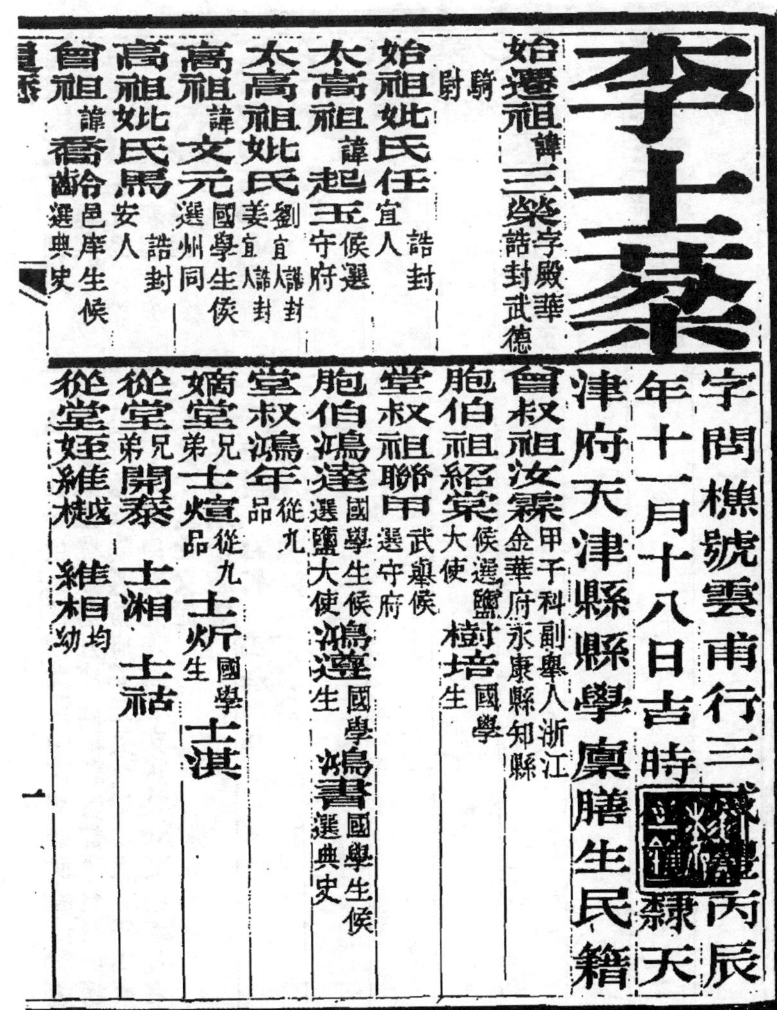

李士棻

字問樵，號雲甫，行三。咸豐丙辰年十一月十八日吉時……隸天津府天津縣縣學廪膳生，民籍。

始遷祖諱三榮，字殿華，誥封武德騎尉。

始祖妣氏任，誥封宜人。

太高祖諱起玉，候選守府。

太高祖妣氏劉，誥封宜人；姜，誥封宜人。

高祖諱文元，國學生，候選州同。

高祖妣氏馬，誥封安人。

曾祖諱喬齡，邑庠生，候選典史。

曾叔祖汝霖，甲子科副舉人，浙江金華府永康縣知縣。

胞伯祖紹棠，候選鹽大使；樹培，國學生。

堂叔祖聯甲，武舉，候選守府。

胞伯鴻逵，國學生，候選鹽大使；鴻遴，國學生；鴻書，國學生，候選典史。

堂叔鴻年，從九品。

嫡堂兄弟士煊，從九品；士炘，國學生；士淇。

從堂兄弟開泰、士湘、士祜。

從堂姪維樾、維相，均幼。

履

曾祖妣氏王孺人 例贈

祖 諱東圖 從九品誥封奉直大夫

祖妣氏張 誥封宜人

父 諱鴻鈞 五品銜候選縣丞

母氏黃 誥封宜人

慈侍下

受業師

孟亦濤夫子 諱毓松 勅授文林郎

廖雲逵夫子 諱鴻儀 附貢生候選訓導

娶倪氏 武庠生原任湖北黃州衛兼署武昌佐衛調浙江杭嚴衛升陝西延綏營都閫府諱虎榜公姪孫女候選游府諱元英公胞姪女原任山東高唐州吏目諱元煜官名文煜公女癸酉舉人名文俊從堂姪女從九品名增蔭胞姊

子 維楨 維林 維森 均幼讀

女二

張儉齋夫子 印克勤甲子庚午科副榜癸酉科謄錄教習候選知縣

肄業師

沈雲巢夫子 謚文和前主講輔仁書院

辛燕田夫子 諱家彥前主講輔仁書院

王雲舫夫子 印文錦前主講輔仁書院

姻伯楊香吟夫子 印光儀主講輔仁書院

李鐵梅夫子 諱嘉端前主講三取書院

黃在桐夫子 印國瑾前主講三取書院

張幼樵夫子 印佩綸前主講三取書院

李越縵夫子 印慈銘主講三取書院

蕭康甫夫子 諱世本前任天津縣知縣

任石泉夫子 印 爾會 前任天津縣知縣

王樸臣夫子 諱 炳燮 前任天津縣知縣

劉潤之夫子 印 亨霖 前署天津縣知縣

張戟門夫子 印 振棨 前署天津縣知縣

何劍秋夫子 印 承緒 前署天津縣知縣

郭紹庭夫子 印 奇中 前任天津縣知縣

朱允卿夫子 印 乃恭 前任天津縣知縣

陳序東夫子 印 以培 前任天津縣知縣

姚鐵珊夫子 印 長齡 前任天津縣知縣

宮玉甫夫子 印 昱 前署天津縣知縣

孫小坪夫子 印 錫康 現任天津縣知縣

馮山芝夫子　印　清泰　現任天津河防分府

沈松亭夫子　印　永泉　前任長蘆鹽運分司

嚴筱舫夫子　印　信厚　前署長蘆鹽運分司

馬松圃夫子　諱　繩武　前任天津府知府

吳質夫夫子　印　汝綸　前任署天津府知府

子筌夫子　印　宜霖　前任天津府知府

丁樂山夫子　諱　壽昌　前任天津河間兵備道

吳春帆夫子　諱　贊誠　前任天津河間兵備道

劉崑圃夫子　諱　秉琳　前任天津河間兵備道

吳香畹夫子　諱　毓蘭　前任天津河間兵備道

壽泉夫子　印　裕長　前任天津河間兵備道

盛杏蓀夫子 印 宣懷 前署天津河間兵備道

萬蓮初夫子 印 培因 前任天津河間兵備道

劉景韓夫子 印 樹堂 前署天津河間兵備道

胡芸楣夫子 印 燏棻 現任天津河間兵備道

黎召民夫子 印 兆棠 前任津海關道

鄭玉軒夫子 印 藻如 前任津海關道

周玉山夫子 印 馥 前任津海關道

劉薌林夫子 印 含芳 前任津海關道

劉獻夫夫子 印 汝翼 現任津海關道

覺羅子中夫子 印 成孚 前任長蘆鹽運使

林綬卿夫子 印 述訓 前任長蘆鹽運使

賀幼甫夫子諱長楨前任長蘆鹽運使

玉如夫子印額勒精額現任長蘆鹽運使

張振軒夫子諱樹聲前署直隸總督部堂

李少荃夫子印鴻章現任直隸總督部堂

受知師

夏子松夫子諱同善前任順天學政

何地山夫子諱廷謙前任順天學政

江韻濤夫子印澍昀本科順天鄉試同考官

孫子授夫子印詒經本科順天鄉試大主考

許筠庵夫子印應騤本科順天鄉試大主考

積山夫子印嵩申本科順天鄉試大主考

履歷

徐蔭軒夫子印桐同本科順天鄉試大主考

鄉試中式第三百七十名

保和殿覆試　等第　名

會試中式第　名

殿試第　甲第　名

朝考第　等第　名

欽點

族繁不及備載

世居天津城內

閻炳章

字耀清，號文甫，行一。咸豐戊午年七月初一日吉時生。直隸天津府天津縣增生，民籍。

始祖諱思敬 原籍山東 前明將軍

二世祖諱士泰 前明將軍 始遷天津

三世祖諱景紹樂宣

四世祖諱雍安 兼祧

五世祖諱訥言

高祖諱貴都

高祖妣氏楊

曾祖諱存善 例贈文林郎

高伯叔祖義都 去都 寬都 亮都

曾伯叔祖寶如 存信 存誠 存心

再從堂伯叔祖起鳳 雲遠 雲衢 雲彪

堂伯叔永發 桂森 香森 玉森 烜森 起森

皋森

堂弟龍章 奎章 錦章 燦章 錫章 呈章

彩章 瑞章 銓章

胞弟憲章 朝章 業儒早卒，註有管窺集

履尺

曾祖妣氏王例贈孺人

祖諱雲峻例贈文林郎峰例贈文林郎

祖妣氏張例贈孺人柳例贈孺人

父諱春森兼祧例贈文林郎

母氏陳例贈登仕郎諱廷貴公之女例贈孺人

永感下

庭訓

業師

劉子晉夫子諱啟新廩膳生

孫小耕夫子諱承第郡庠生

胞姪福基福孚

娶楊氏庠生印文翰公之嫡堂孫女

子福宸

女二

張儉齋夫子 印克勤 甲子副榜庚午副榜癸酉挑取謄錄考取漢教習候選知縣

齊道安夫子 印學瀛 辛未進士現官戶部主政

肄業師

李北溟夫子 印金海 歲貢生

沈雲巢夫子 謚文和 前主講輔仁書院

辛蘋田夫子 諱家彥 前主講輔仁書院

王雲舫夫子 印文錦 前主講輔仁書院

楊香吟夫子 印光儀 前主講輔仁書院

李鐵梅夫子 諱嘉端 前主講問津書院

張幼樵夫子 印佩綸 前主講問津書院

李越縵夫子 印慈銘 前主講問津書院

蕭廉甫夫子諱世本前任天津縣知縣

郭紹虞夫子印奇中前任天津縣知縣

朱允卿夫子印乃恭前任天津縣知縣

年伯李持霄夫子印振鵬現任天津縣知縣

馮少芝夫子印清泰現任天津河防分府

吳質夫夫子印汝綸前署天津府知府

馬慈圃夫子諱繩武前任天津府知府

汪子常夫子印守正現任天津府知府

鄭岱東夫子印振高現任天津府知府

丁樂山夫子諱壽昌前任天津河間兵備道

年伯盛杏蓀夫子印宣懷前署天津河間兵備道

劉景韓夫子 印 樹堂 前署天津河間兵備道

年伯胡芸楣夫子 印 燏棻 前任天津河間兵備道

年伯周玉山夫子 印 馥 前任津海關道

覺羅子中夫子 印 成孚 前任長蘆鹽運使

劉汝翼夫子 印 獻 前任津海關道

冠九夫子 諱 如山 前任長蘆鹽運使

季士周夫子 印 邦楨 前任長蘆鹽運使

年伯賀幼甫夫子 諱 長楨 前任長蘆鹽運使

玉如夫子 印 額勒精額 現任長蘆鹽運使

張振軒夫子 諱 樹聲 前署直隸總督部堂

李少荃夫子 印 鴻章 現任直隸總督部堂

受知師

錢香吟夫子諱寶廉前任順天學政

孫子授夫子諱貽經前任順天學政

鄉試中式第　十　名

保和殿覆試一等第七名

會試中式第　　名

殿試第　甲第　　名

朝考第　等第　　名

欽點

族繁不及備載

世居帶河門外鈔關西

欽命四書詩題

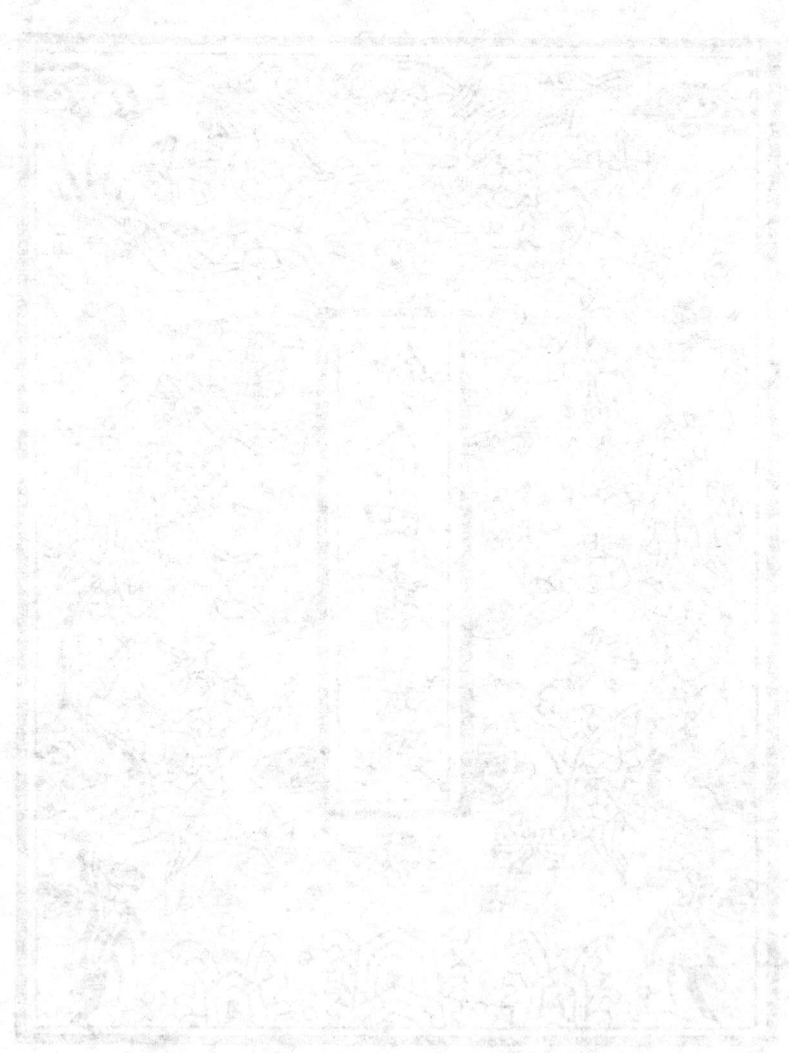

韓蔭楨

字濟周號芰洲行九咸豐戊午年八月二十六日吉時生係直隸天津府天津縣附貢生民籍光祿寺署正銜

太高高祖諱仲玉 誥封奉直大夫

太高高祖妣氏高 誥封宜人

高高祖諱符奇 勅封承德郎

高高祖妣氏崔 勅封安人

高祖諱士彥 字美儒國學生 勅封儒

胞高叔祖士祿 誥授武德騎尉

胞曾叔祖維垣 國學生 誥封資政大夫

堂曾叔祖徽廷 貤封中憲大夫 震 誥封中憲大夫 席珍 貤封中憲大夫

從堂曾伯叔祖鎮 湖北光化縣知縣 誥封資政大夫 汝英 候選布政司理問 汝茂 考職正八品 汝芬 候選府經歷

林郎 誥贈通奉大夫
花翎山西朔平府知府
加四
級
高祖妣劉氏 敕封安人
誥贈夫人
國學生 諱嘉
王氏 賢公孫女
例贈登仕郎 諱永祺公
女 例贈宣德郎 諱洪
仁公 國學生 諱洪義公
胞妹 國學生 諱大紱公
邑庠生 諱金輝公 例
贈登仕郎五品封典
諱衣紹公姑母 例贈
登仕郎 諱立誠公 諱遇
春公 例贈承德郎 諱
豹文公 敕授修職郎

胞叔祖省銘 名廪貢生花翎刑部湖廣司郎中山
西朔平府知府歷署汾州大同蒲
州等府知府 誥授朝議大夫 晉
封通奉大夫道光壬辰鄉試房薦
嫡堂叔祖省鉞 附貢生花翎運同銜 貤封資
政大夫道光庚子鄉試房薦
省銓 國學生花翎四品銜刑部
候補郎中二品封典
省劍 國學生
花翎五
品銜 貤封
通議大夫
省鎔 國學生
封奉政大夫
伯 嘉慶戊辰恩科武舉候選守備
叔祖慶元 軍功賞戴藍翎同治戊辰科重
宴鷹 嘉慶戊寅己卯恩科聯捷進士
堂叔祖大信
揚 翰林院編修 國史館協修 武
英殿纂修 繙書房行走辛巳恩科廣西
鄉試正考官癸未科會試同考官壬辰科浙
江鄉試副考官陝西道監察御史大通橋抽
察全漕事務癸巳科會試內監試掌河南道

諱長庚公五品銜名煥
文公祖姑母　勅封安
人　誥
贈夫人
曾祖諱維城字溥之國學
生候選州同
勅授儒林郎誥贈
資政大夫道銜工部員
外郎加
四級
曾祖妣氏張例贈宣德
郎　諱士元公
長女　例贈修職郎　諱
遐年公　國學生　諱祝年
公胞妹　例贈修職郎
諱汝柏公胞姑母守禦
所千總銜　諱續曾公國
學生　諱紱曾公祖姑母

監察御史　誥授奉政國學
大夫　晉贈朝議大夫允懷生
再從堂伯廩膳生乾隆議敘州判　誥
叔祖理已酉科舉人瑾封資政大夫
溥廩貢生工部主事改官吏部
都察院都事兼經歷廳璿瑞培司務
金江南江甯府文廩貢生工璧琳廩貢
督糧同知部員外郎璋生蔚
州學璧琪國學
正生
胞伯增貢生道銜工部營繕司員外郎
叔宗源誥授中憲大夫　晉封資政大夫道
光己酉咸豐辛宗濤增貢生候選訓導軍功
亥鄉試房薦保舉花翎四品銜光祿
寺署正　誥授中憲大國學生提舉銜
夫道光甲辰鄉試房薦宗澄候選通判　貤
贈中憲宗泗國學生花翎候選員外國
大夫郎　貤封中憲大夫宗洛學

二

從九品職銜名金釗曾
祖姑母 勅封安人
誥贈
夫人

氏楊 勅封安人 誥贈夫人
庶曾祖妣氏楊 貤贈恭人
本生曾祖諱維琦字勤齋廩貢生
大城縣訓導 勅授修
職郎 誥贈通奉大夫
花翎山西朔平府知府
加四級 晉贈資政大
夫道銜工部員外郎加
四級嘉慶壬子鄉試房
薦

生花翎四品銜候選通
判 誥授中憲大夫 宗湘 宗淩
嫡堂叔宗瀗 國學生花翎同知銜 貤封中憲大夫光緒乙亥鄉試房薦
堂叔宗洵 國學生花翎同知銜四品封典 宗濤 國學生布政司理問銜四品封典 宗漢 國學生花翎守禦所千總銜四品封典 宗淮 國學生四品封典 宗沂 國學生四品封典 宗灝 國學生四品封典
從堂伯叔棫 郡庠生 樸 議敘從九銜 棨 道光己酉科拔貢藍翎同知銜廣西富川縣知縣 檣 榕 權
族伯叔昱 浙江布政司理問 曒 候選同知 誥封資政大夫 兆熊 兆
鳳 兆麟 兆鵬 兆鼇 兆驥 兆鯨

本生曾祖妣氏劉候選布政司理問諱廷珅公女乾隆乙卯科舉人誥封武功將軍諱廷璽公姪女國學生諱桓公胞妹武庠生候選衛千總貤封武功將軍諱夔龍公候選布政司理問諱耀墀公乾隆庚子科武舉甲辰科進士湖南寶慶協副將歷署鎮筸永州等鎮總兵諱沖霄公從堂妹廩貢生候選訓導諱純之公候選從九品諱勤之公國學生諱儉之公胞姑母邑庠生陝西安定縣典史代理安定

輝昀　景雲山西候補布庫大使　振鈞　景熙廩膳生

智　雲鴻　式金

胞兄弟恩科　恩寶俱幼殤

嫡堂兄弟蔭棨國學生實錄館謄錄議敘通判花翎四品銜戶部江南司郎中在任候選知府　蔭棠貤贈中憲大夫　蔭棣國學生花翎四品銜卽補郎中工部候補員外郎　蔭梓附貢生敕封承德郎光緒丙子鄉試房薦著有知不足齋詩存待刊績學早世　蔭樾郡增生　蔭杞國學生光祿寺署正銜　蔭榞業儒　蔭楓國學生布政司理問銜

堂兄弟蔭榕國學生國史館謄錄議敘通判貤封中憲大夫　蔭椁國學生布

三

重表

縣知縣諱紹勳公武庠
生候選衛千總誥封
中議大夫諱紹彤公附
貢生諱春第公武庠生
江南鳳常滁領運千總
諱紹言公從堂姑母議
敘從九品諱毓濤公胞
祖姑母咸豐戊午科舉
人四品銜直隸州用湖
南興甯縣知縣名錫九
公國學生敕封文林
郎諱維城公候選守禦
所千總諱維翰公諱錫
朋公名錫祺公再從堂
祖姑母都司銜候選守
禦所千總誥封中憲
大夫名臻銳國學生五
品銜名嘉珍附貢生候

政司理問銜 蔭棟 國學生光祿寺署正銜 蔭植 業儒
從堂弟 蔭楷 國學生 蔭桐 國學生 蔭楠 蔭椿 蔭
樟 蔭橦 蔭檀 俱幼讀
再從堂兄弟 文藻 光藻 郡庠生
族兄弟 士俊 花翎四品銜候選同知直隸州知州 士傑 知州銜候選知縣 承
志 廩貢生同知銜山西候補鹽大使 士倬 候選按察司經歷 輔堯 附貢
生浙江崇明場鹽大使 輔仁 六品銜議敘縣丞 延慶 延勳
建標 念曾
嫡堂姪 燿曾 郡廩生鴻臚寺序班本科鄉試房薦 燮曾 業儒 煥曾 業儒

選通判名嘉琳郡庠生
本科同榜舉人名嘉瑞
光緒乙酉科舉人考取
國子監學正學錄名嘉
琛光緒壬午科舉人候
選國子監學正學錄名
嘉琦再從堂曾祖姑母
候選從九品貤封中
憲大夫名延年光緒丙
子科舉人己丑科進士
翰林院庶吉士刑部候
補主事名彭年邑庠生
名熙年再從堂高祖姑
母勅封孺人累贈
夫
人
祖諱大任字鏡三廩貢生六品銜勅授

熙曾 炳曾 燀曾 炘曾 煦曾 煜曾
烱曾俱幼讀
堂姪緝曾 紹曾 緒曾 紱曾俱幼讀
再從堂姪三通
族姪寶田候選從九品 寶章花翎同知銜候選大理寺評事 寶書郡庠
生鴻臚寺序班銜 寶麒郡庠生 寶榮業儒 寶森業儒
本科鄉試房薦
寶灝 寶煦 寶龢業儒 寶綬業儒 寶瀓 寶泰
六品銜候選巡檢 寶湘 寶源
堂姪孫振華幼讀

承德郎　誥贈資政大
夫道銜工部員外郎加
四
級

祖妣氏徐　誥封資政大
夫　諱學淵公曾
孫女候選布經歷　誥
封資政大夫　諱齡椿公
孫女增廣生　諱炯公女
乾隆戊午科副榜　誥
封奉直大夫　諱金楷公
邑庠生　誥封榮祿大
夫　諱之柄公乾隆辛酉
科舉人　諱國松公乾隆
壬申恩科舉人山西
潞城縣知縣　諱汝槐公
太學生　誥封奉直大
夫　諱廷楓公乾隆壬子

族姪孫祖壽　元壽　鴻壽　恆壽　泰壽俱
幼
讀　同壽　鈞壽　恩壽　昌壽

娶氏
四品　封典候選州同　諱琳公曾孫女
花翎候選治中　諱光煒公孫女四品
封典附貢生　諱樹公花翎叅將銜候選都司
諱楨公咸豐辛亥恩科副榜員外郎銜戶
部主事　諱光藻公河南商水縣典史　諱棠公
嘉慶丙子科舉人山西忻州直隸州知州　諱
典公候選訓導　諱封公國學生　諱晉墀公道
光辛巳恩科舉人陝西西鄉等縣知縣　諱
玉墀公咸豐乙卯科副榜花翎同知銜安徽
當塗等縣知縣名椿公附貢生　諱棫公同治
庚午科舉人深澤縣教諭　諱彬公姪孫女五
品銜候選部司務名俊三公次女五品　封
典候選鹽知事　諱映辰公道光癸卯科舉人
咸豐壬子恩科進士工部主事　諱鑠公咸

四

科舉人山西巡撫兼提
督　諱炘公候選同知諱
灼公胞姪女太學生諱
允執公道光壬午科武
舉　諱相堯公邑庠生諱
慶坊公守備銜漕標衛
千總　諱耀奎公武庠生
諱贊堯公江南金山衛
領運千總　諱毅莊公胞
姊妹兵部郎中　諱祖培公
二品廕生候選員外郎
諱承垛公候選批驗大
使　諱堦公道光壬午科
舉人廣西太平府知府
勦辦龍州逆匪陣亡
追贈道銜　賞給雲騎
尉世職入祀本籍昭忠
祠　諱埴公嫡堂姊妹議敘

豐辛亥　恩科舉人山東曲阜等縣知縣諱
鈞公咸豐己未　恩科舉人員外郎銜刑部
主事　名俊儦公候選同知諱俊嘒公郡庠生
諱鉞公吉林伊通州訓導　名鈐公候選訓導
名鎣公五品銜翰林院編修　名金壽公附貢
生　名俊同公五品銜翰林院庶吉士　名俊聲
公光祿寺署正　諱俊彝公附貢生　名俊賡公
邑庠生　諱俊成公　諱俊年公　諱錫齡公堂姪
女守禦所千總銜　諱景田六品銜　名景彥附
貢生　名景廉　名景恂　名景恆堂妹光緒壬午
科舉人國子監學正學錄　名學淇翰林院編
修　名學瀾邑庠生　名學涑國學生本科鄉試
挑取謄錄　名景紱堂姊國學生　名景屏　名景
祿　名景壽胞姊國學生　名鳳昌光緒乙酉丙
戌聯捷進士花翎同知銜山西利川縣知
縣　名鳳章邑庠生　名鳳洲　名鳳阿堂姑母
子照曾　燕曾俱幼讀

從九品 名鳴鏵公邑庠生 名惟欽公湖北石首縣典史 名鋏公山東襄陽縣典史 名銓公山東臨清衛領運千總 名振鈁公胞姑母道光甲午科舉人江蘇太湖廳同知 名振鑅公廣東候補府經歷 名士鍈公嫡堂姑母道光壬午科舉人河南偃師杞縣知縣 名大鏞公湖南即用知縣 名廉鍔公大挑知縣 名士鈐公河南鄢陵縣知縣 名士鎬公陝西候補知縣 名蓉鏡公咸豐戊午科舉人補用道浙江台州府知府 名士鑾公

光緒丙子科副榜浙江候補知縣名士鍪公光祿寺署正名士鎧公堂姑母河南候補知縣名壽彝河南開封府中河通判名思穆候選訓導名鴻章山東鉅鹿縣知縣名禧臻邑庠生名奐章堉廣生名思衡光緒己卯科經魁庚寅恩科進士刑部主事名鴻泰堂祖姑母河南候補知縣名嘉猷光緒乙亥恩科舉人湖北鍾祥縣知縣名嘉禾分省郎補知縣名伯興堂曾祖姑母翰林院編修名世昌光緒壬午科舉人名

世光堂高祖姑母　勅
封安人　誥贈夫人

祖母氏陳

太學生諱汝莊
公孫女國學生
諱榮公女邑庠生諱松
公郡庠生諱棠公歲貢
生候選訓導諱楫公胞
姪女乙酉科拔貢鑲藍
旗官學教習候選知縣
諱世熙公胞妹國學生
諱世焯公邑庠生諱世
勳公郡庠生諱世燾公
堂妹國學生諱佐堯公
候選從九品諱輔堯公
胞姑母國學生名圻公
咸豐辛亥科舉人同知
銜廣東和平潮陽等縣
知縣名壿公堂姑母附

貢生名元齡堂祖姑母
勅封安人誥封夫
人五世同堂奉旨建
坊欽頒五葉衍祥匾
額賞
給綢緞

父

諱宗濂字荷生歲貢生
候選訓導欽
加同知銜賞戴花翎
誥授奉政大夫貤
封中憲大夫花翎四品
銜戶部郎中加二級

母

氏陳附貢生誥贈奉
直大夫諱溥公孫
女道光壬午科舉人歷
任廣東仁化陽春新甯
等縣知縣德慶州知州
諱其昌公女歲貢生候

選訓導諱紹甲公嘉慶
丁卯科舉人揀選知縣
諱其蘊公胞姪女道光
壬午科舉人雞澤縣教
諭　諱紹駿公郡庠生諱
紹渠公堂姪女　恩貢
生候選直隸州州判　諱
光第公國學生　諱鳳閣
公胞妹廣東候補從九
品歷署龍門等處巡檢
諱光裕公候選從九品
諱光瀛公國學生　名光
耀公胞姊提舉銜候選
鹽大使　諱春第公嫡堂
妹國學生　名世錕咸豐
辛酉科舉人獲鹿縣教
諭五品頂戴截取知縣
名世鏞同治甲子科舉

人候選教諭名世銳邑
庠生名世鈖胞姑母六
品銜候選府經歷名世
清光緒戊子科舉人名
世忠郡增生名宗濱堂
姑母誥封宜人貤
封恭
人

重慈侍下

慈侍下

庭訓

受業師謹以先後爲序

郭琴舫夫子諱春瀛咸豐己未

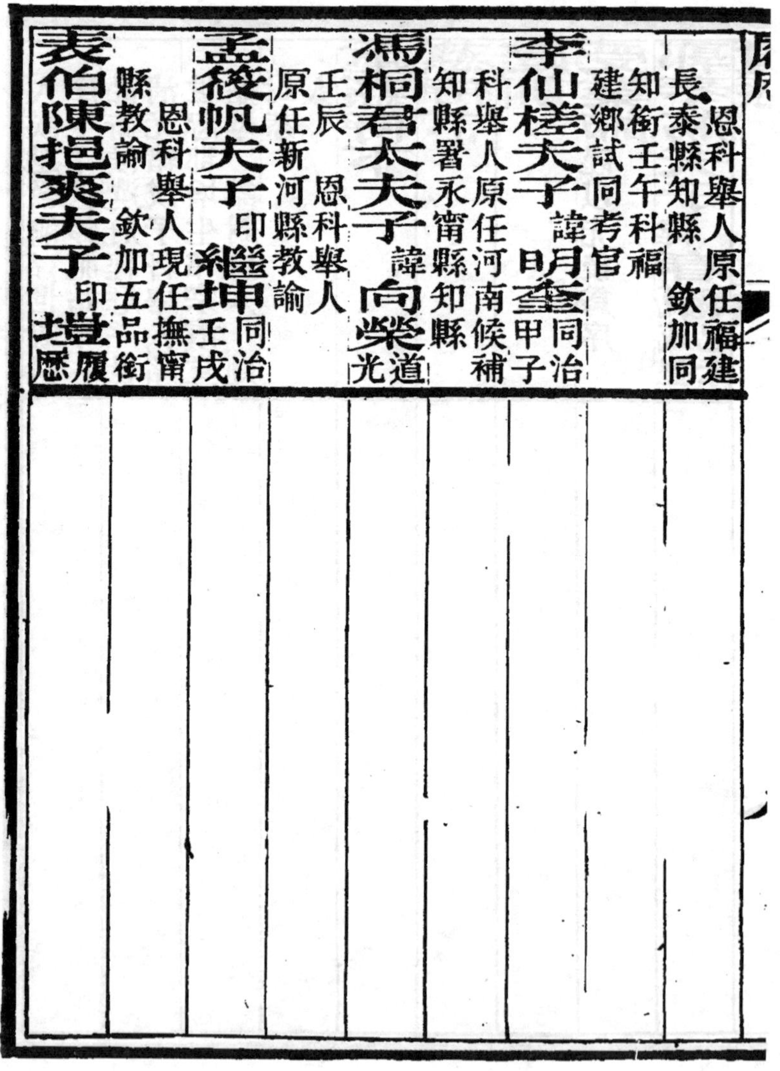

恩科舉人原任福建長泰縣知縣欽加同知銜壬午科福建鄉試同考官

李仙槎夫子諱明奎同治甲子科舉人原任河南候補知縣署永甯縣知縣

馮桐君太夫子諱向榮道光壬辰恩科舉人原任新河縣教諭

孟筱帆夫子印繼坤同治壬戌恩科舉人現任撫甯縣教諭欽加五品銜

表伯陳挹爽夫子印塏履歷

詳前

表叔張子笏夫子印紳同治壬戌恩科舉人現任博野縣教諭

肄業師

韓中裁夫子達世彬前天津縣學教諭

劉魯璠夫子印國璵前天津縣學訓導

楊香吟夫子印光儀主講輔仁

書院

李鐵梅夫子諱嘉端主講三取書院

張幼樵夫子印佩綸主講三取書院

萬蓮初夫子印培因前天津河間兵備道

年伯胡雲楣夫子印燏棻前天津河間兵備道

冠九夫子諱如山前長蘆鹽運使司鹽運使

李少荃夫子印鴻章現任直隸總督

受知師

錢香吟夫子諱寶廉前順天學政

鄉試中式第三十一名
會試中式第　　名
殿試　甲第　　名
朝考　等第　　名
欽點

族繁不及備載
世居天津鎮海門外

順天鄉試硃卷光緒辛卯科

中式第三十一名舉人韓蔭楨直隸天津府天津縣附貢生民籍

同考試官翰林院編修國史館協修加三級王　閱

薦批　潔淨精微經策深穩

大主考內閣學士兼禮部侍郎銜加三級霍　批

取批　夷猶跌宕經策博贍

大主考工部右侍郎兼署兵部右侍郎加三級徐　批

取批　清微淡遠經策詳明

大主考戶部左侍郎兼管三庫事務兼署兵部左侍郎總理各國事務大臣加三級廖　批

取批　清新俊逸經策明通

大主考太子少保頭品頂戴兵部尚書軍機大臣總理各國事務大臣　國史館副總裁　方略館總裁　會典館副總裁加三級許　批

中批　幽深靜細經策條達

本房原薦批

第一場

首藝清醒刻露處處鞭辟向裏卻處處與下文消息相通是理境題上乘文字次藝清微淡遠古色蒼然三藝小講超雋前路就詩詞騰挪取勢情文相生絕似寒碧齋稿中文字後二亦清老詩有致

第二場

老筆紛披語無枝葉詩禮兩藝尤蔚然深秀其丰神宕逸庶幾六一之遺

聚奎堂原批

第一場

應有盡有應無盡無古誼雅懷靈利雲門復見今日

清微淡遠於思泉千子爲近委蛇揖讓則史贊歐陽永叔之文近之

第二場

老筆紛披

第三場

簡當不支徵據處均有碻不可移之妙

言忠信行篤敬

韓蔭楨

言與行交盡其誠務外者宜法焉夫言行亦人所恆有也而言必忠信行必篤敬豈非務外者所宜法乎且言行者君子之樞機是蓋謂樞機之已發也而詎知未覿其所發先課其所存內之所持貴堅貞尤貴樸實內之所蘊貴敦厚尤貴嚴恭則於人所不及窺者而已懔懔乎若共聞其言共覩其行共諭夫謹言慎行之一心師問行乎夫以一身與人相接言其外著者也而外實中之符行其顯呈者也而顯實微之驗一言也欲發諸口人人共見其誠必先秘諸心一己早存其誠則忠信何爲忠以立信之體而信以將

之信以達忠之用而忠以主之人第知其言之形於外者不期忠而自忠不期信而自信而不知其忱於隱微之地者沈摯之懷早盟於幽獨是故忠必矢於平時表裏如一信不忽於細事終始無欺出其誠以與天下相爭不敢爲高明之言不敢爲馳騖之言不敢爲少誠實惻怛之言既言無不可對人之言亦未言無不可對己之言也至以忠信之言爲人所不諒不可有懈心即以忠信之言爲人所共諒尤不可有喜心此誠之見於言者然耳夫豈務外者所得假飾哉

一行也欲見諸事一一可證其誠必先嚴於己寸衷自責其誠則篤敬尚焉篤以立敬之基而敬自形其端肅敬以

昭篤之至而篤猶著其性真人第知其行之發於顯者久暫不忘乎篤常變不離於敬而不知其惕於寤寐之中者謹懍之意倍切於刹䌌是故溫厚之容非淺薄者所能襲齋莊之貌非怠忽者所可同積其誠以與天下相感不敢為好高之行不敢為務遠之行不敢為好苟且難能之行未行無非心所勉之行亦既行無非心所安之行也至行以篤敬而得成特事之常然不可有倖心或行以篤敬而仍敗雖事之偶然尤不可有怨心此誠之見諸行者然耳更豈務外者所可勉為哉言行之誠如是其行也固不限於遠矣

君子之道淡而不厭簡而文温而理

韓蔭楨

原君子爲己之功一誠之不可掩也夫淡簡温闇之象也而不厭文且理焉已章矣君子之道如是乎且爲己之功君子不自炫也而旁觀者恆樂窺其秘焉使弗深窺於其際亦烏知枯腴之各別華樸之攸分寬嚴之異用有非他人所能兼者蓋其内外之間相反也而適相成已何則肆意於紛華道窮則見惡君子省身克己以蘊蓄而克葆其眞矜人以智術道阻則不安君子約旨卑思以充積而莫窮其趣斯道也何道也道無有以靡麗爲務者君子之道不患其不飾而特恐樸素太過寂然無可羨亦泊然無可喜則

厭不免矣茲之謂淡則有淡於外而不淡於中者太羹不調天下之味莫能勝焉以爲淡也信然矣何以探其旨趣反復而不窮也彼饜飫之深不以平易而稍間蓋謂此耳道無有以繁富爲貴者君子之道不患其貪多而特恐疏略不詳便而不可據亦淺而少所蘊則文不至矣茲之謂簡則有簡於事而不簡於理者無爲之化天下之治莫能尙焉以爲簡也無餘矣何以欽其儀範雍容而不迫也彼經曲之明不因斂約而少累蓋謂此耳道無有以刻覈爲事者君子之道不患其太峻而特恐辨析未精紛而莫能定亦淆而莫能齊則理何有也茲之謂溫則有溫之美並無溫之弊者

圭角不露而天下之務罔不悉焉以爲温也盡之矣何以權其輕重綱維而悉舉也彼精明之用殊非和厚所能掩蓋謂此耳儻使方寸之内偶形意氣之偏則淡與簡温終覺有疵之可議惟其誠一之衷常絶朋從之擾則不厭文理乃能衆美之迭呈此爲己之功也微君子奚足以語此

詩曰天生蒸民有物有則民之秉彝好是懿德

韓蔭楨

受生者必有所秉而嗜何可知矣夫天生民而物則寓焉則考其秉彝可推其好何矣蒸民一詩不可按乎嘗謂三百篇皆言情之作也而不知卽言性之書蓋未發是性既發是情惟得情之正者始能見性而情所嗜未必非性所賦也謂予不信請誦蒸民之詩夫蒸民之詩何爲而作哉在昔宣王中興人無異向一時民氣之厚德化之純雖開國之盛無以過也時有築城於齊之役而樊侯仲山甫實主持之友人尹吉甫作詩相送其首章曰天生蒸民有

物有則民之秉夷好是懿德聞之吉甫作頌穆如清風詞采之麗稱鉅製焉意其送遠之作知必寫山川之迢遞狀雲樹之蒼茫即境言情流連光景已耳乃均不及此其言物則而必舉天以合之其言秉夷而必舉民以證之不為行役慰勉之詞徧述身心微密之旨然則朋友贈答之什人僅言其末此獨及其本夫豈祖餞之諛言而頌揚之常例耶今而知論氣不論性者之未明也使天生庶民而偶遺其則則所秉既異所好亦殊矣乃賦形之始即偕斯理以俱來斯神之至耳我思斯民未生之日懿德自存天壤斯民既生以後懿德自具人心則謂天所好即民所好民所秉即天所

秉可也彼詩人雖歸美山甫而更以屬之民民豈能外乎今而知
論性不論氣者之未備也使天鑒下民而不與以物則篤生日少
懿德日漓矣乃降才之初偏隨元氣而大破斯化之奇耳我思民
未嘗籲天使生而所生自廣天不必從民所好而所好自同則謂
天之生民無窮德之在天亦無窮可也彼詩人雖重念斯民不得
不歸之天天又何言哉更述孔子贊詩之語而性善之旨益明矣

賦得遠樹望多圓 得淮字五言八韻

韓蔭楨

多作匀圓影，重重野樹排。遠遊憐白傅，悵望渡清淮。桑老都傾蓋，松深不辨欹。蚪柯同月滿，鴉陣與雲偕。迢遞三洲隔，團欒萬木皆。形高迷塔頂，目極到天涯。照水陰微側，籠煙氣倍佳。蒼茫平楚外，登眺寄幽懷。

若夫雜物撰德辨是與非則非其中爻不備　韓蔭楨

德物是非之辨惟中爻乃備也夫物之雜德之撰與是非之辨亦甚瑣矣非中爻其能備乎且天下事理之賾非一卦所能盡也亦非初上之爻所能包學者不察狃於難知易知之旨而謂已窮天下之變已類萬物之情遂於其餘漠不加察焉噫過矣蓋有物必有德德之與物實陰陽之所合也當形體未備之際而遽言其詳殊失體裁之密抑有是必有非是之與非又陰陽之所錯也當卦策發揮之餘而更言其義亦非著作之宜故有中爻焉學者所宜留意也中爻之語多怪非特鬼車雞鼎易滋好事之疑即稍平淡

者亦不及布帛菽粟非好奇也古今之勢屢易不如是則不備耳中爻之語多麗非特白馬黃牛迭騁詞人之藻即極淺近者亦不失爾雅溫文非闢靡也天下之理各殊不如是則不備耳惟初爻亦有雜撰辨析之言然發端既已難明又何能徧及他類故輔以中爻而後無不核之詞惟上爻亦具雜撰辨析之旨然亂章既已易識又何必更述他端故佐以中爻而後無不該之義審是中爻亦何可略乎

侯甸男邦采衛百工播民和

韓蔭楨

莫不來享周之盛也夫民何以和有以播之而和乃著耳非侯甸男邦采衛百工之力歟且德足感民而民弗應非民故不應也帥民者先不之應則民雖有應之心無應之隙而民氣既沮民心亦渙焉此亦治天下者之憂也以觀我周則異是周公治邑民已和會蓋有播之和而民斯和者其爲侯甸男邦采衛百工乎夫夏制五服周易爲九大致究相同也王畿之外方五百里曰侯又其外方五百里曰甸又其外方五百里曰男邦又其外方五百里曰采又其外方五百里曰衛其百工在内者曰王臣在外者曰陪臣此

世祿才選之所分也夫斥候於外謂之侯撫安元元謂之甸德足長人謂之男綜理庶務謂之采奮揚威武謂之衛據舜典百揆者百官也即我周百工之義此其人皆有治民之責御民之柄第民之舊屬周者既和民之舊屬殷者亦無不和民之和者易播民之未和者必播之使和人第知播民和者侯甸男邦采衛百工而不知播侯甸男邦采衛百工而使之和者周公也不然四方之民亦衆矣安得家諭而戶曉哉

武丁孫子武王靡不勝龍旂十乘大糦是承　韓蔭楨

能修先業助祭者宜其至也夫武丁能承湯之緒而助祭者亦時至焉詩所以重美之歟且天下者臣子所宜共守也而吾以爲子之責視臣尤重苟其德足以上承乎先而其業自不墜於後以人心言之四方苟有不廷者而當廟祀一修亦莫不來享來王已試言之國家之典莫不以首出之君爲式昔湯之代夏實始干戈武功之盛照耀千古其克桀也猶曰恐來世以台爲口實此不以武自居而其武究莫能掩也考商三宗太甲爲太宗太戊爲中宗武丁爲高宗彼二宗雖稱賢聖而勳績無聞惟高宗南伐荆楚北克

鬼方以靓湯身定禍亂無異稱之曰武何愧焉雖然猶有説夫國之大事在祀與戎戎器之不飭祀典之所以有缺也故諸侯有苞茅不入王祭不供無以縮酒者王法所必討也今觀武丁時龍旂十乘飾車騎也大糦是承奉粢稷也其奔走宗廟以贊襄王事也何其不憚煩也哉吾因之有感矣王祭者天子助祭者列侯商人祀事之盛誠有以震動之彼佐武丁以成武功者其卽助祭之人耶抑非助祭之人耶

公還自晉鄭伯會公于棐 文公十有三年　韓蔭楨

還未及國而復會美魯君也夫公朝晉爲鄭介也及還而復會鄭伯焉公共勤厥事哉且天下有事不同而情相類者人疑其意故相襲而不知其勢有可乘公出如晉而衞侯要之如沓之會是公歸未至而鄭伯要之如棐之會是昔晉襄旣沒楚人憑陵諸夏伐鄭亟於厥貉其爲謀深矣於是代晉圖霸無復顧忌從從然矣及北方公之如晉爲鄭介也鄭伯會公欲從晉也然而諸夏之懼深已大抵與國之從違實繫霸圖之輕重使公感越椒之聘姑黨楚以求安鄭因樂耳之因或先陳而歸命其事尙可爲乎乃念邦交

之固婉轉求全不惜山川之跋涉是晉不失鄭公之力也而新城之盟此其先聲歟大抵列邦之向背多繇族類之親疏使鄭不念魯之宗而過焉未遑假道使魯不念鄭之舊而歸歟誰代行成其勢倘可支乎乃感同姓之誼殷勤致意偶爲道路之周旋是鄭之親魯晉之幸也而載馳之賦豈爲虛譽哉夫介衞侯以附晉者公也茲要鄭伯以棄楚者亦公也公之爲晉謀亦至矣惜晉人不足有爲書公之還及會爲公美且爲晉惜也

米三十車禾三十車芻薪倍禾皆陳於外　韓蔭楨

記地產之豐待賓之意隆矣夫米禾至三十車而芻薪又倍禾其陳於外者何其豐耶且視豐年者動曰甌窶滿篝汙邪滿車五穀蕃熟穰穰滿家此蓋以自奉非以待人且示深藏非同外暴以視主國待賓之隆其用心殊不同已五牢之設天產爲已備矣然而賓客之食非米禾不可車騎之供非芻薪不可則道路之往來供其困乏固不僅恃乎食腥也雖然賓之聘問鄰封也非必輕車減從率然就途其朝夕所需自必有備主人即有所獻略陳薄忝以答來意可耳茲乃米三十車禾三十車芻薪又視禾加倍客館弗

能容均陳於外爲明知客之士皆飽而歌而務期其餘明知客之馬皆騰於槽而惟恐其饑豐之至也抑又有疑焉米禾芻薪已共積至百二十車之多而三積則約有三百六十車之數況乎入三積出三積其數又不止此主人之國雖富而用亦稍奢矣意者典禮廢鈌傳聞失實歟要其禮意加豐供給大備當無少異米禾芻薪均陳於外示與天產別且以明其多焉夫是以有賓至如歸之頌也

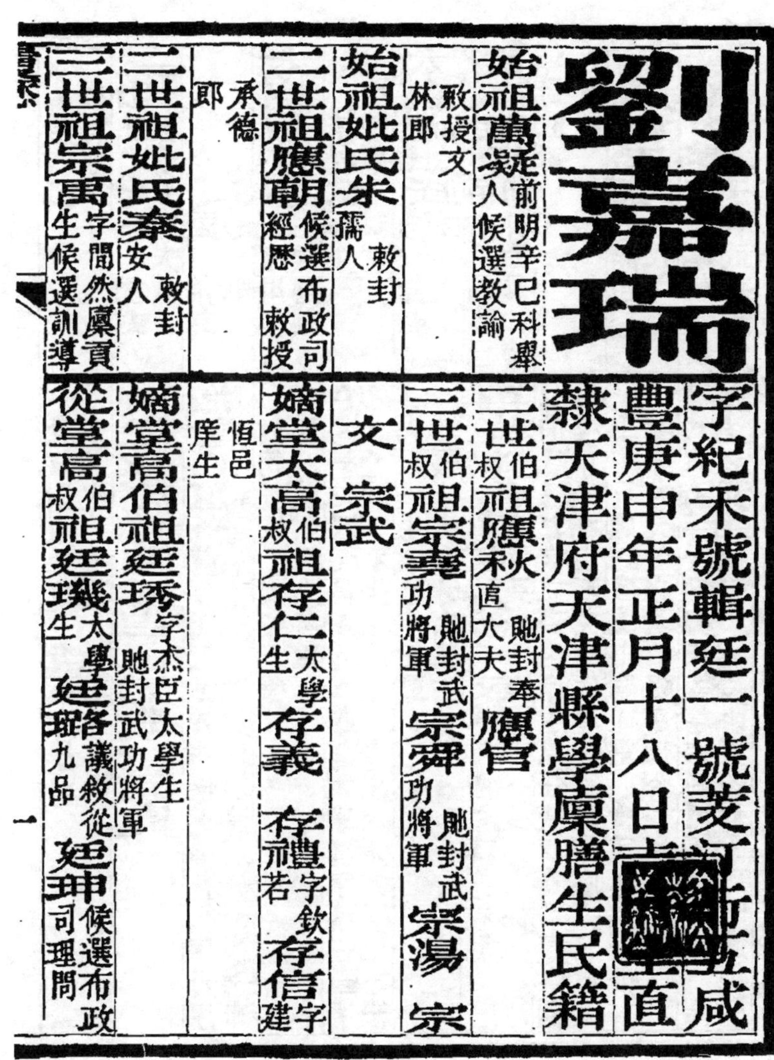

劉嘉瑞

字紀禾號輯廷一號芰河行五咸豐庚申年正月十八日吉時生直隸天津府天津縣學廪膳生民籍

始祖萬疑 前明辛巳科舉人候選教諭 敕授文林郎

始祖妣氏朱 敕封孺人

二世祖應朝 候選布政司經歷 敕授承德郎

二世祖妣氏秦 敕封安人

三世祖宗禹 字聞然廪貢生候選訓導

二世伯叔祖應秋 貤封奉直大夫 應曾

三世伯叔祖宗堯 貤封武功將軍 宗舜 貤封武功將軍 宗湯 宗文 宗武

嫡堂太高伯叔祖存仁 太學生 存義 存禮 字欽若 存信 字建恒邑庠生

嫡堂高伯祖廷琇 字杰臣太學生 貤封武功將軍

從堂高伯叔祖廷璣 太學生 廷璐 各議敘從九品 廷珅 候選布政司理問

誥封武功將軍

三世祖妣氏王 誥封夫人

氏張 誥封夫人

太高祖存智 字睿庵廩貢生候選訓導 誥封武功將軍

太高祖妣氏楊 誥封夫人

高祖廷璽 字卞玉乾隆己卯科武舉 誥封武功將軍

高祖妣氏陳 誥封夫人

曾祖沖霄 字紫亭乾隆庚子科武舉甲辰

廷琯 附貢生 廷瓚 廷瑾 太學生

再從堂高伯叔祖元吉 元發 元貴

胞曾伯祖夔龍 字調元武庠生候選衛千總 貤封武功將軍 耀墀 字丹序候選布政司理問 敕授承德郎 貤封武功將軍

從堂曾伯叔祖栻 邑庠生 楷 太學生 模 太學生 槐 字蔭三太學生 桓 字繼先太學生 敕授修職郎 桂 字樹馨太學生

再從堂曾伯叔祖永裕 永泰 字階平 永和 議敘從九品

胞伯叔祖紹勳 字立齋邑庠生原任陝西安定縣典史代理安定縣知縣 紹謨 字顯堂太學生 貤封中憲大夫 紹烈 出嗣從堂伯祖諱楷公 曾 紹業 候選從九品

嫡堂伯叔祖守清 字佩三 春第 字杏圃附貢生 開第 字容駟 誥封昭武都尉

科進士　殿試三等侍衛歷任湖南常德提標前營守備署古丈坪營都司陞靖州營都司署綏甯營遊擊署黃傘營遊擊陞武岡營遊擊宜章營參將署寶慶協副將署鎮篁鎮總兵永州鎮總兵　誥授武功將軍

曾祖妣氏汪太學生諱鐸公女乾隆乙酉科武舉原任直隸督標千總出師陝西西鄉陣亡　賞給雲騎尉世職諱銓公姪女嘉慶戊辰　恩科舉人頁鄉縣教諭軍功保案五品銜前主講輔仁書院諱澎公堂姑母　誥封夫人

紹言字衣德武庠生江南鳳常營領運千總　誥授武德騎尉　吉第字蟠五誥封武德騎尉

從堂伯叔祖純之字書田廩貢生候選訓導　善之　勤之候選從九品　儉之

太學生成之　澍　超字程遠天津鎮把總軍功六品藍翎　濼　洵

湘

胞叔錫朋字輔堂行二候選守禦所千總　誥授武德騎尉　誥封奉直大夫　錫祺字祉齋行三候選守禦所千總　誥授武德騎尉

嫡堂伯叔錫爵太學生　貤封中憲大夫　錫恭太學生　錫嘏議敘從九品　錫

太學生錫光

從堂伯叔綸書　彥題字月樵　誥封昭武都尉　貤封中憲大夫　彬字印棠

二

祖紹彤字雲峰武庠生候選衛千總 誥授武德騎尉 誥封中憲大夫 晉封中議大夫

祖妣氏宋乾隆甲寅科武舉諱敍公孫女邑庠生諱健公女 誥封恭人 晉封淑人

父錫九字桂生行一又行七廪貢生咸豐戊午科舉人甲寅科考取教習補鑲藍旗官學漢教習三年館滿引 見奉 旨以知縣用選授湖南郴州直隸州興甯縣知縣以直隸州陞用欽加四品銜丙子科湖南鄉試同考官 誥授朝議大夫

維城字雨樵太學生 貤封武德騎尉 勅封文林郎 維翰字輔周候選守禦所千總

敕封文林郎承蔭

再從堂伯叔長泰 長慶 長清 錫恩 毓濤議敍從九品 蔭甲 蔭堯 蔭斌 蔭崇 蔭薰 蔭科 錫元 蔭祿 蔭緒

胞兄嘉琳字耘蓀行二附貢生候選通判 敕授承德郎

嫡堂兄弟嘉珍字聘臣行一太學生光緒十一年津防保案五品銜 誥授奉直大夫 嘉璞字韞山行三太學生 嘉珩幼殤 嘉璋業儒 嘉琨 嘉琚 嘉珣 俱幼讀

從堂兄弟寶書議敍從九品 寶樹 寶興

母氏薛誥封恭人

氏翟原任豐潤營都司軍功藍翎諱世榮
公曾孫女國學生諱灝
公孫女嘉慶己亥科舉
人原任開州學正諱夢
麟公姪孫女國學生諱
秀岩公女
誥封恭人

具慶下

祖訓

庭訓

受業師謹以先後爲序

胞兄耘孫夫子諱嘉琳

再從堂兄弟臻銳字育湖候選守禦所千總欽加都
司銜誥授昭武都尉誥封中憲
大夫祐韋 祐生 祐宸 嘉琛字幼樵郡廩生光
緒乙酉科舉人庚
寅考取國子監學正學錄嘉琦字芋田郡庠生光緒壬午科
舉人候選國子監學正學錄

堂兄弟嘉賓 嘉鳳 嘉級 嘉鈺 嘉璠 士鑾
士斌 士宴

胞姪鶴年 鴻年俱幼殤

從堂姪金粱 金榜 金柱 金奎 金鼇

再從堂姪延年字挹珊候選從九品貤封中憲大夫彭年字性庵郡
庠生光緒
丙子科舉人內閣中書己丑科進士欽點翰林
院庶吉士散館改授刑部主事安徽司行走兼司
務廳熙年字鶴亭邑庠生有年幼殤

三

吳臨齋夫子諱承霖增廣生
王蔭庭夫子印家槐邑庠生
張星垣夫子諱熙同同治甲子
科副
貢
王蔭卿夫子印鴻翥附貢生鹽
提舉銜候
補通判
梁霽園夫子諱寶繩附貢生候
選縣丞欽
加五品銜
劉瀛士夫子印鳳洲優廩生同
治庚午科副貢光緒乙
亥恩科舉人丁丑考

堂姪耆年
再從堂姪孫式訓業儒式玉幼殤式穀式中出嗣再從堂姪名熙
年式會俱幼讀式孚幼
胞姊一適同邑道光甲辰科副貢咸豐丁未科教習
癸酉科恩詔考職候選州同乙卯科舉人
趙州學正同治甲戌科進士翰林院編修國史館
纂修功臣館纂修幸諱家彥公次子附貢生候補
知縣歷署河南閿鄉武安等縣知縣
欽加同知銜賞戴花翎名元炘
娶李氏太學生貤封奉政大夫諱樹屏公曾孫女
廩貢生原署正定府藁城縣儒學訓導嘉慶
庚申恩科舉人考取實錄館校錄選授河南新
鄭縣知縣歷任四川屏山桐梁等縣知縣道光辛
巳恩科四川鄉試同考官諱長清公歲貢生候
選訓導諱長棻公姪曾孫女候選從九品誥贈
昭武都尉諱灤公孫女附貢生原任安徽鳳陽府
宿州州判歷署定遠靈璧等縣知縣諱葆謙公太

取漢謄錄
議敘知縣
宗叔楚帆夫子 諱湘 廩貢生候
選訓導同治甲
子科挑取謄錄
陳挹爽夫子 諱印崑 咸豐辛酉科舉
人壬戌考取宗學漢教
習選授廣東和平縣知
縣調授潮陽縣知
縣 欽加同知銜

課師

表叔李筱林夫子 諱秉璋
履歷詳前
講凌雲文社
姻伯辛蘸田夫子 諱家彥

學生道光壬午考取 恩職候選主簿諱益謙公
堂姪孫女太學生 誥授昭武都尉名湯銘公女
貤封昭武都尉名淑銘公 誥授武德騎尉諱
漢銘公胞姪女廩膳生咸豐乙卯科舉人揀選知
縣壬戌會試大挑二等候選教諭同治七年津防
保案 欽加五品銜 賞戴花翎原任保定府安
肅縣儒學訓導諱秉璋公太學生布政司理問都
司銜二品封典諱耀璋公附貢生藍翎五品銜候
選巡檢名仲平公附貢生運同銜 賞戴花翎
貤封通奉大夫名運昌公郡庠生光緒丙子科挑
取謄錄諱國祥公歲貢生候選訓導諱叔泰公國
學生布政司理問五品銜名奉璋公堂姪女議敘
從九品名夢齡胞妹議敘從九品名夢松郡庠生
名夢吉嫡堂姊議敘從九品名潤田廩膳生光緒
乙亥 恩科舉人丁丑考取謄錄充補國史館漢
謄錄議敘知縣 欽加四品銜名春棣附貢生同
知銜諱春穠邑庠生名鍾俊堂妹廩膳生乙酉科
舉人庚寅考取國子監學正學錄名春澤邑庠生
名春第名春禧堂姊太學
生千總銜名應熊堂姑母

履歷詳前前主講輔仁書院

李星野夫子 印兆珍 癸酉科舉人庚辰會試大挑一等直隸候補知縣欽加同知銜

子惠年 幼讀

福年 幼讀出嗣胞兄諱嘉琳公

女三

肄業師

張雷門夫子 印震 前天津縣學教諭

沈雲巢夫子 諡文和 前主講輔仁書院

王雲舫夫子 印文錦 前主講輔仁書院

楊香吟夫子 印光儀 現主講輔仁書院

李鐵梅夫子 諱嘉端 前主講三取書院

張幼樵夫子　印佩綸　前主講三取書院

黄再同夫子　諱國瑾　前主講三取書院

李純客夫子　印慈銘　現主講三取書院

劉潤之夫子　印亨霖　前署天津縣知縣

張戟門夫子　印振棨　前署天津縣知縣

郭紹庭夫子　印奇中　前任天津縣知縣

朱允卿夫子　印乃恭　前任天津縣知縣

陳序東夫子　印以培　前任天津縣知縣

姚鐵珊夫子　印長齡　前任天津縣知縣

孫筱坪夫子　印錫康　前任天津縣知縣

履

年伯李搏霄夫子 印 振鵬 現任天津縣知縣

吳勉吾夫子 印 長劍 現任阜城縣知縣

吳曉蒼夫子 印 中彥 前署天津河防分府

馮少芝夫子 印 清泉 現任天津河防分府

嚴筱舫夫子 印 信厚 前長蘆鹽運分司

馬松圃夫子 諱 繩武 前任天津府知府

吳質夫夫子 印 汝綸 前署天津府知府

子望夫子 印 宜霖 前任天津府知府

汪子常夫子 印 守正 前任天津府知府

鄒岱東夫子 印 振岳 現任天津府知府

丁樂山夫子諱壽昌前任天津河間兵備道
年伯盛杏蓀夫子印宣懷前署天津河間兵備道
萬蓮初夫子印培因前任天津河間兵備道
劉景韓夫子印樹堂前署天津河
年伯胡雲楣夫子印燏棻現任天津河間兵備道
黎召民夫子印兆棠前任津海關道
鄭玉軒夫子印藻如前任津海關道
年伯周玉山夫子印馥前任津海關道
劉獻夫夫子印汝翼前任津海關道
李勉林夫子印興銳現任津海關道

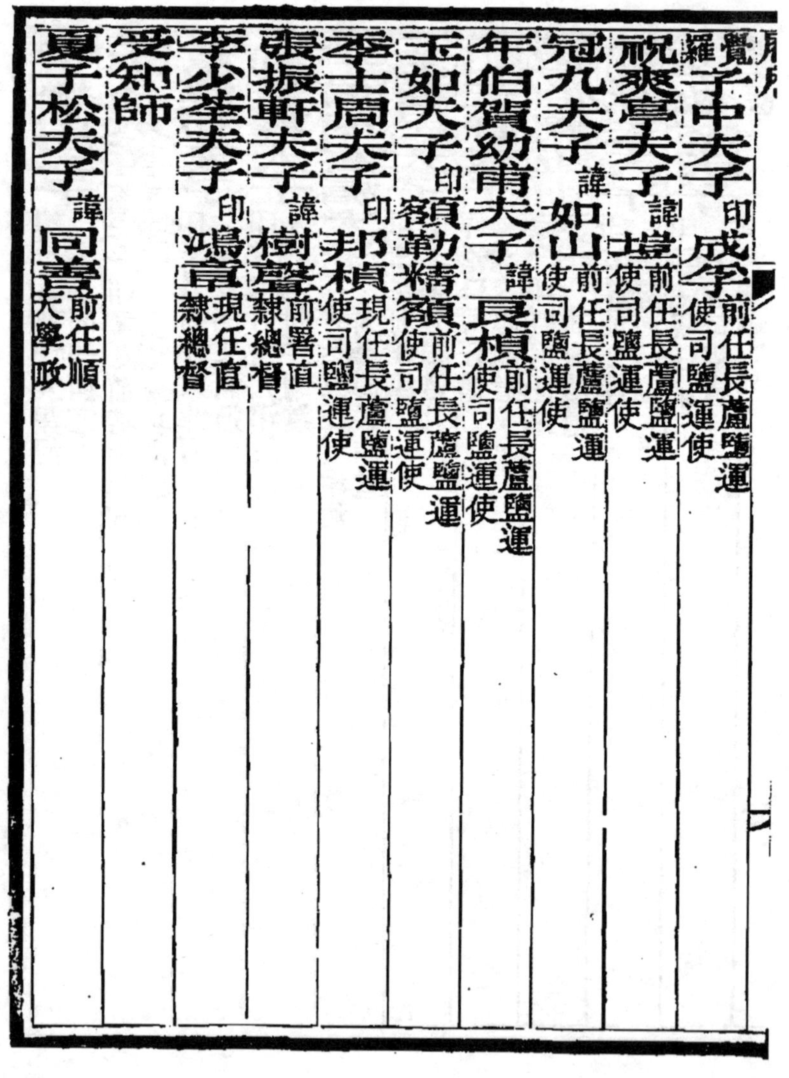

覺羅子中夫子　印成孚　前任長蘆鹽運使司鹽運使

祝爽亭夫子　諱塏　前任長蘆鹽運使司鹽運使

冠九夫子　諱如山　前任長蘆鹽運使司鹽運使

年伯賀幼甫夫子　諱長楨　前任長蘆鹽運使司鹽運使

玉如夫子　印額勒精額　前任長蘆鹽運使司鹽運使

季士周夫子　印邦楨　現任長蘆鹽運使司鹽運使

張振軒夫子　諱樹聲　前署直隸總督

李少荃夫子　印鴻章　現任直隸總督

受知師

夏子松夫子　諱同善　前任順天學政

何地山夫子 諱廷謙 前任順天學政

徐季和夫子 印致祥 前任順天學政

孫子綬夫子 諱詒經 前任順天學政

許筠庵夫子 印應騤 前任順天學政

周生霖夫子 印德潤 前任順天學政

龐華廷夫子 印錫榮 乙亥恩科順天鄉試同考官

王季樵夫子 印錫蕃 己卯科順天鄉試同考官

王保之夫子 印培祐 戊子科順天鄉試同考官

受益友

表兄李崧生先生 印春棣 履歷詳前

肄
李子松先生印壽郡庠
王芙汀先生印兆莊原名兆蓉丁卯科舉人甲戌考取宗學漢教習廣東南雄州州同戊子科廣東鄉試對讀官署廣東龍門縣知縣

鄉試中式第八十九名
保和殿覆試
欽定一等第十五名
會試中式第　名
覆試第　等第　名
殿試第　甲第　名
朝考第　等第　名
欽點

族繁不及備載
世居天津鎮海門外河東三甲

杜聯陛

曾祖諱國英字友安行二原籍浙江紹興府嵊縣人以從事叔岳直隸總督方諡敏恪諱觀承公幕府故入北直後留天津遂家焉例贈文林郎

曾祖妣氏方直隸總督諡敏恪諱觀承公堂姪女例贈孺人

祖諱紹祥行二例贈文林郎

祖妣氏石例贈孺人

父諱裕程譜名順程字鵠風行三例贈文林郎

母氏趙例贈孺人

字紫庭一字宇廷號升[illegible]咸豐乙卯年三月二十一日[illegible]係直隸天津府天津縣縣學附學生民籍

伯叔祖紹莆行一紹祺行三

胞伯鵬程行一雲程字萬青行二

胞兄聯捷字賀三行二聯步幼亡聯光幼亡聯珠譜名聯璧字秉珍行四

嫡堂兄聯芳字桂亭行一未入流聯奎行三幼亡聯元字耆甫行六聯甲字芝亭行七太學生

胞姪樽銘業儒禹銘

嫡堂姪誌銘勳銘心銘書銘石銘雍銘俱幼讀彝銘盤銘樹銘慈銘俱幼

承感下

庭訓

蒙業師

呂楚珍夫子 印寶善 附貢生

華茂林夫子 諱森 廩貢生候選訓導

范振齋夫子 諱廷珍 太學生

查東藩太夫子 諱毅勤 道光癸卯科舉人庚子科挑取謄錄原任懷來縣懷安縣教諭欽加五品銜

陶鎔齋夫子 印珍 增廣生光緒己丑恩科堂備

華芷庭夫子 印鈐 歲貢生同治甲子科挑取謄錄前任房山縣訓導現任吉林伊通州學正

查遂初太夫子 諱省勤 恩貢生候選教諭

堂嫂孫利仁二

娶張氏 議敘從九品諱允恭公胞姪女議敘從九品諱允善公女

子几銘 幼殤 金銘 業儒 將銘 幼殤 鼎銘 幼讀 世銘 譜名

酉銘 幼

女

李杏林夫子 諱開第 廩貢生候選訓導

張子芴夫子 印紳 同治壬戌恩科舉人辛未科會試大挑二等現任博野縣教諭

肄業師

吳傳巖夫子 諱士俊 前主講輔仁書院

馮桐君夫子 諱向榮 前主講輔仁書院

吳霖宇夫子 諱惠元 前主講輔仁書院

沈雲巢夫子 謚文和 前主講輔仁書院

辛燕田夫子 諱家彥 前主講輔仁書院

王雲舫夫子 印文錦 前主講輔仁書院

楊香吟夫子 印光儀 前主講輔仁書院

李鐵梅夫子 諱嘉端 前主講問津書院

歷屆

張幼樵夫子 印佩綸 前主講問津書院

黃在桐夫子 諱國瑾 前主講問津書院

李越縵夫子 印慈銘 主講問津書院

劉彥三夫子 諱傑 前任天津縣知縣

蕭廉甫夫子 諱世本 前任天津縣知縣

王璞臣夫子 諱炳燮 前任天津縣知縣

錢修白夫子 印敏 前任天津縣知縣

任石泉夫子 印爾會 前任天津縣知縣

劉潤之夫子 印亨霖 前署天津縣知縣

張戰門夫子 印振聚 前署天津縣知縣

何劍秋夫子 印承緒 前署天津縣知縣

郭紹庭夫子 印奇中 前任天津縣知縣

陳序東夫子　印以培　前任天津縣知縣

朱允卿夫子　印乃恭　前任天津縣知縣

姚鐵珊夫子　印長齡　前任天津縣知縣

宮玉甫夫子　印昱　前署天津縣知縣

孫筱坪夫子　印錫康　前任天津縣知縣

年伯李摶霄夫子　印振鵬　現任天津縣知縣

何駿生夫子　印樾泰　前任天津河防分府

李鐵帆夫子　印孟平　前任天津河防分府

陳襄甕夫子　諱錫麒　前任天津河防分府

吳曉滄夫子　印中彥　前任天津河防分府

程質齋夫子　諱廸華　前任天津河防分府

佩如夫子 印 裕綸 前任天津河防分府

馮少芝夫子 印 清泰 現任天津河防分府

沈松亭夫子 印 丞泉 前任長蘆鹽運分司

嚴筱舫夫子 印 信厚 前署長蘆鹽運分司

李提臯夫子 印 文敏 前任天津府知府

張翰泉夫子 印 光藻 前任天津府知府

馬慈圖夫子 諱 繩武 前任天津府知府

萬子和夫子 諱 年豐 前署天津府知府

吳摯甫夫子 印 汝綸 前署天津府知府

子寔夫子 印 宜霖 前任天津府知府

汪子常夫子 印 守正 前任天津府知府

鄒岱東夫子 印 振岳 現任天津府知府

周琳眾夫子印家勳前任天津河間兵備道

丁樂山夫子諱壽昌前任天津河間兵備道

吳春帆夫子印贊成前任天津河間兵備道

劉崑圃夫子諱秉琳前任天津河間兵備道

吳香畹夫子諱毓蘭前任天津河間兵備道

壽泉夫子印裕長前任天津河間兵備道

年伯盛杏蓀夫子印宣懷前署天津河間兵備道

萬蓮初夫子印培因前任天津河間兵備道

劉景韓夫子印樹堂前署天津河間兵備道

年伯胡雲楣夫子印燏棻現任天津河間兵備道

華亭夫子諱克明前任長蘆鹽運使司鹽運使

雲舫夫子諱恒慶前任長蘆鹽運使司鹽運使

覺羅子中夫子印成孚前任長蘆鹽運使司鹽運使

林綬卿夫子諱述訓前任長蘆鹽運使司鹽運使

祝爽亭夫子諱塏前任長蘆鹽運使司鹽運使

冠九夫子諱如山前任長蘆鹽運使司鹽運使

裕如夫子印額勒精額前任長蘆鹽運使司鹽運使

年伯賀幼甫夫子諱長楨前任長蘆鹽運使司鹽運使

季士周夫子 印 邦楨 現任長蘆鹽運使司鹽運使

陳子敬夫子 印 欽 前任津海關道

黎召民夫子 印 兆棠 前任津海關道

鄭玉軒夫子 印 藻如 前任津海關道

年伯周玉山夫子 印 馥 前任津海關道

劉薌林夫子 印 含芳 前任津海關道

劉獻夫夫子 印 汝翼 前任津海關道

地山夫子 印 崇厚 前三口通商大臣

張振軒夫子 諱 樹聲 前署直隸總督

李少荃夫子 印 鴻章 太子太傅文華殿大學士直隸總督一等肅毅伯

履歷

受知師

錢湘吟夫子諱寳廉原任刑部左侍郎順天學政

黄宣卿夫子印照己卯科順天鄉試同考官

鄉試中式第一百三十二名

保和殿覆試三等

會試中式第　名

保和殿覆試第　等第　名

殿試第　甲第　名

朝考第　等第　名

欽點

族繁未及備載

現居天津衛𧗱前內

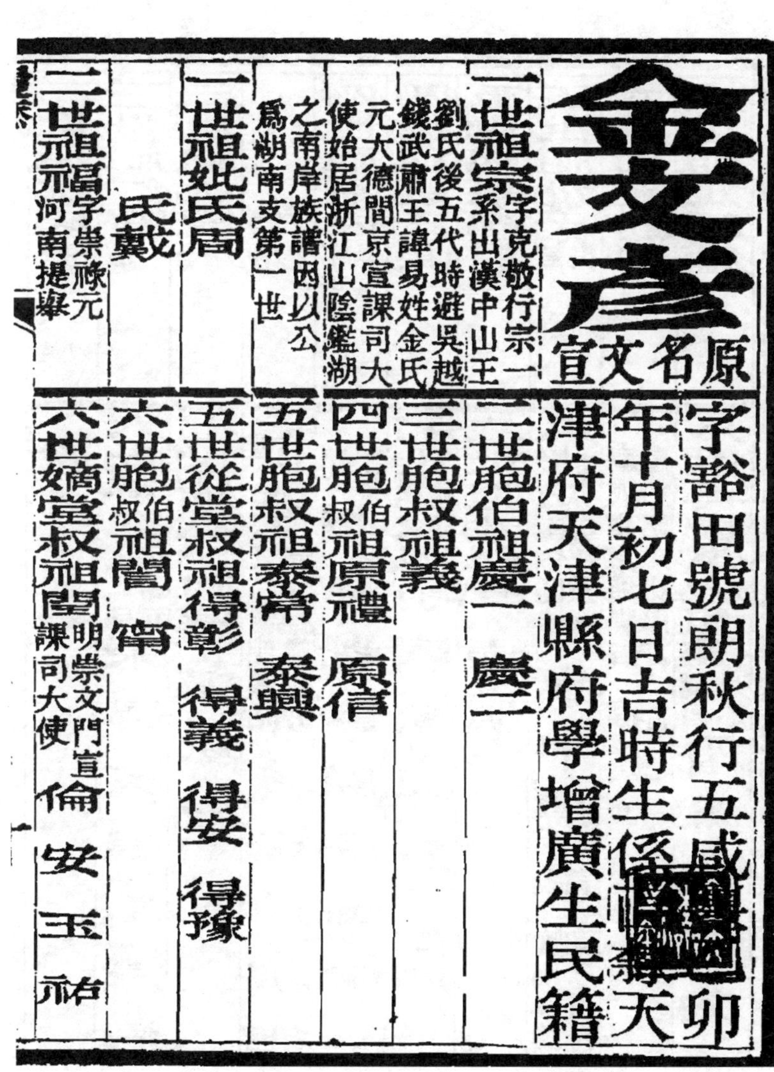

金文彥

原名文宣

字誇田號朗秋行五咸[illegible]卯年十月初七日吉時生係[illegible]籍天津府天津縣府學增廣生民籍

一世祖宗字克敬行宗一系出漢中山王劉氏後五代時避吳越錢武肅王諱易姓金氏元大德間京宣課司大使始居浙江山陰鑑湖之南岸族譜因以公爲湖南支第一世

一世祖妣氏周

氏戴

二世祖福字崇祿元河南提舉

二世胞伯祖慶一 慶二

三世胞叔祖義

四世胞伯叔祖原禮 原信

五世胞叔祖泰常 泰興

五世從堂叔祖得彰 得義 得安 得豫

六世胞伯叔祖閏 甯

六世嫡堂叔祖閏明崇文門宣課司大使 倫 安 玉 祐

二世祖妣氏王

三世祖仁字敬親

三世祖妣氏宋

氏楊

四世祖原佐字彥皋

四世祖妣氏陳

五世祖泰輝字耕讀

五世祖妣氏陳

六世祖昱字伯陽

六世祖妣氏鍾

黿

六世再從堂叔祖榮 昇 英 昊 源 清 潭

七世嫡堂伯叔祖璲 堇 瑾 珙 玘

七世從堂伯叔祖鐩明廩膳生 珹 珍 璘 瑜 瑢 能

誠 清 餘 魁 貴 悌 悅 恒 忠

七世堂叔祖昂 廉 瑀 晁 海三 海四

八世胞伯叔祖峻 屾 岄

八世從堂伯叔祖浩 嵩 峘 端 諴 謐明弘治己酉科舉人廣東海陽縣知縣文林郎 誥 詔

八世再從堂叔祖淮明員外郎 溥 濂 灤 瀾 洪

七世祖璇字文璣
七世祖妣氏王
八世祖岳字國鎮
八世祖妣氏蔣
九世祖鐸字孔振
九世祖妣氏姚
十世祖綰字大受明永清右衛經歷徵仕郎
十世祖妣氏王敕封孺人
十一世祖有功字可大明萬歷密雲

翰 湜 浙 汴 渼 偉 憲 佐 偏 偉
俊 寅 寘 寬 實
九世胞伯祖鏴 銓 鍊 鏊 鈿
九世嫡堂伯叔祖鑑 鉄 鑘 鐈 鉌 鏓 鑣
鉉 鋑 鑰 鉅 鎡 鎰 銑 鏄 鋭 録
九世再從堂伯叔祖鎭 鏊 鑨 銶 銛 錫 釗
鏵 鑄 [illegible] 軾 轍 輿 愷 性 懌
悃 慥 [illegible] 懸 志 恂 懋 愛 慈 愈
意 [illegible] 懾
九世堂叔祖榜 柱 椿 樞 材 朴 棠 柏

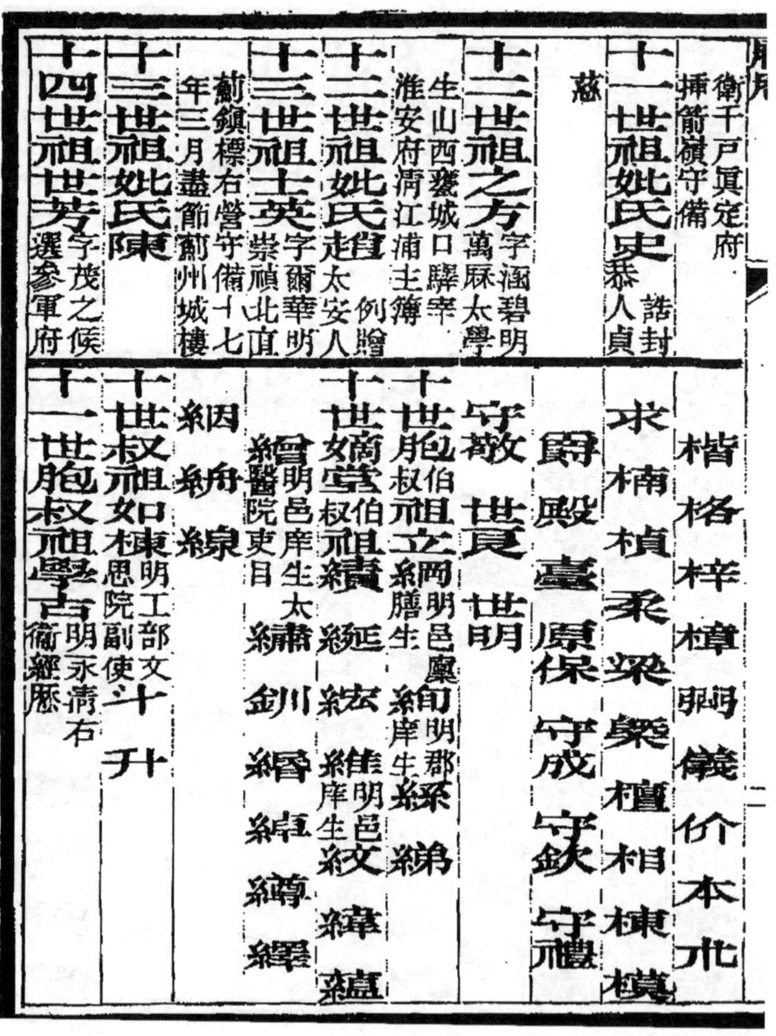

衛千戶眞定府
揷箭嶺守備

十一世祖妣氏史 誥封恭人貞
慈

十二世祖之方 字涵碧明萬曆太學
生山西夔城口驛宰
淮安府淸江浦主簿

十二世祖妣氏趙 例贈太安人

十三世祖士英 字爾華明崇禎北直
薊鎮標右營守備十七
年三月盡節薊州城樓

十三世祖妣氏陳

十四世祖世芳 字茂之候選參軍府

楷 格 梓 樟 翀 儀 价 本 朼

求 楠 楨 柔 梁 臬 檀 相 棟 模

爵 殿 臺 原 保 守成 守欽 守禮

守敬 世貴 世明

十一世胞叔伯祖立綱 明邑廩膳生
絅 明郡庠生
綵
綿

十一世嫡堂叔伯祖績
綖
絃
維 明邑庠生
紋
緯
縕

繪 明邑庠生太醫院吏目
繡
釧
緍
絙
繜
繹

絪
紨
線

十一世叔祖如棟 明工部文思院副使
斗
升

十一世胞叔祖學古 明永淸右衛經歷

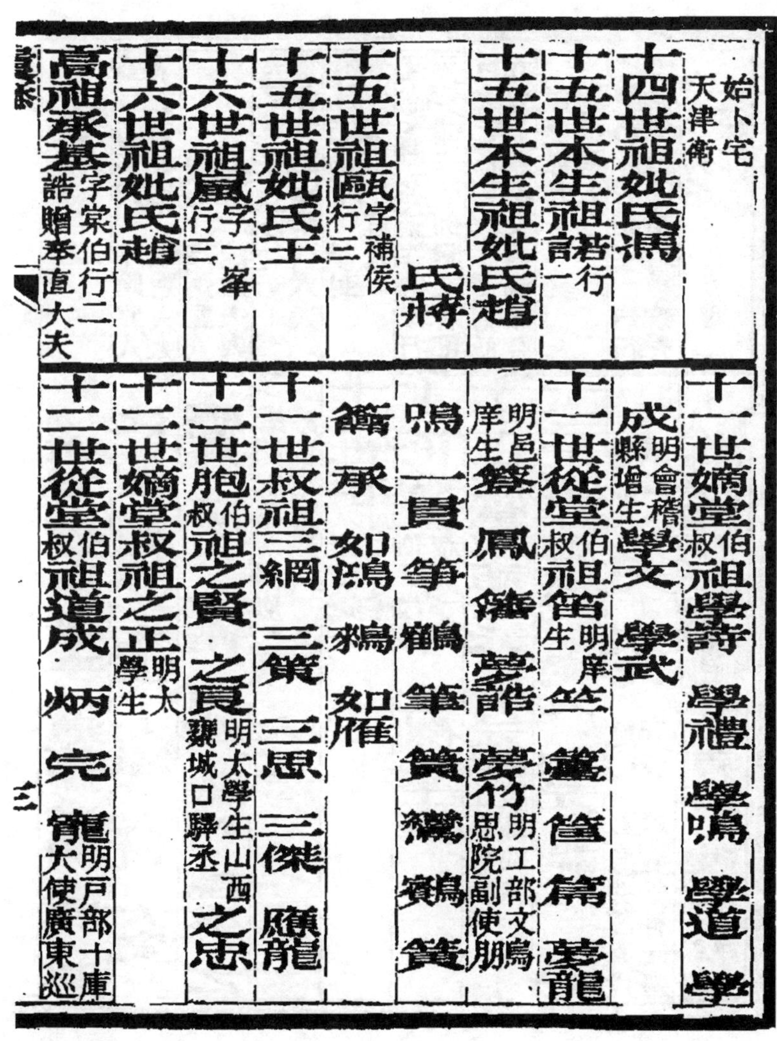

始卜宅天津衛

十四世祖妣氏馮

十五世本生祖諱若行一

十五世本生祖妣氏趙

氏蔣

十五世祖甌字補侯行三

十五世祖妣氏王

十六世祖鳳字一峯行三

十六世祖妣氏趙

高祖承基字棠伯行二誥贈奉直大夫

十一世嫡堂伯叔祖學詩 學禮 學鳴 學道 學

成明會稽縣增生 學文 學武

十一世從堂伯叔祖箇明庠生 竺 鑑 篁 篇 夔龍

明邑庠生鑒 鳳 儀 夔誥 夔仔明工部文思院副使 鵬

鳴 一貫 箏 鶴 筆 贊 鸞 [illegible] 簧

籥 承 如鴻 鵷 如雁

十一世叔祖三綱 三策 三思 三傑 龐

十二世胞伯叔祖之賢 之貞明太學生山西襄城口驛丞 之忠

十二世嫡堂叔祖之正明太學生

十二世從堂伯叔祖道成 炳 完 寵明戶部十庫大使廣東巡

世系 三

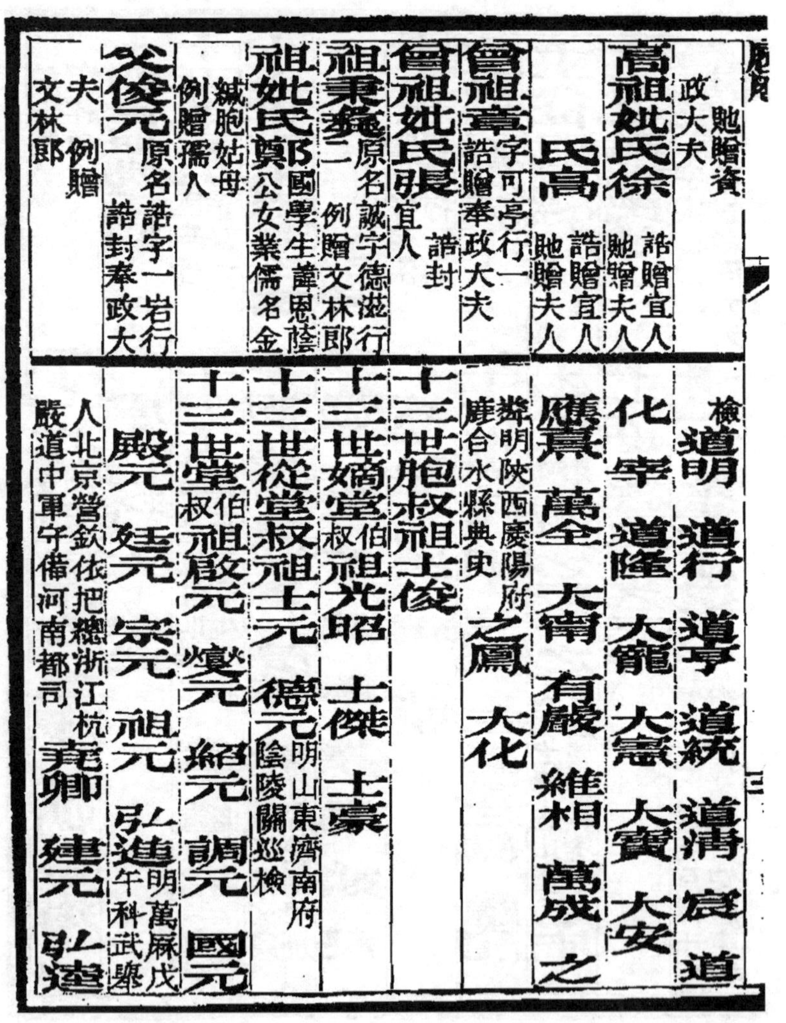

貤贈資政大夫
高祖妣氏徐 誥贈宜人 貤贈夫人
氏高 誥贈宜人 貤贈夫人
曾祖章 字可亭行一 誥贈奉政大夫
曾祖妣氏張 誥封宜人
祖秉彝 原名誠字德滋行二 例贈文林郎
祖妣氏鄭 國學生諱恩蔭公女業儒名金
緘胞姑母 例贈孺人
父俊元 原名諳字一岩行一 誥封奉政大
夫 例贈文林郎

檢 道明 道行 道導 道統 道溝 宸道
化宇 道隆 大寵 大憲 大賓 大安
應萬全 大衛 有嚴 維相 萬成 之
麟明陝西慶陽府合水縣典史 之鳳 大化
十三世胞叔祖士俊
十三世嫡堂伯叔祖光昭 士傑 士豪
十三世從堂叔祖士元 德元明山東濟南府陰陵關巡檢
十三世堂伯叔祖殿元 爕元 紹元 調元 國元
殿元 廷元 宗元 祖元 弘進明萬厤戊午科武舉
人北京營欽依把總浙江杭嚴道中軍守備河南都司 堯卿 建元 弘達

母氏徐敕授文林郎邑庠生諱方公曾孫女敕授儒林郎諱起沛公孫女例贈登仕郎郡庠生諱麟書公女敕授文林郎候選從九諱文蔚公胞姊國學生議敘五品銜名有榮胞姑母誥封宜人例贈孺人

繇傳下

廷訓

受業師

姨丈湯又銘夫子諱有銘增貢生候選訓導

弘遠 國祚明太學生永平府照磨南京松江府華亭縣縣丞東城兵馬司副指揮山東濟南府新城縣知縣 國泰 弘述 弘運 弘遂 從

龍 必達 必進廣東龍門縣龍門鎮巡檢 廷獻

十四世堂伯祖麗生 烋

十四世伯叔祖獻瑞 獻璋 獻珪 獻璣 獻瑛

仲江西廣信府巡檢 獻琳 璵 琪 球 應忠 珂

星 璣 琦 標 璜 應吉 應兆 應祥

瑞 應瓏 珄 瑛邑庠生 璪 璲 同郎 倜元

張 國禎 璡 璋 球 璿 珖 璣

十五世胞伯祖裕

閻坦齋夫子 諱履方 丁酉科拔貢 己亥恩科舉人揀選知縣

姻兄章廣陵夫子 諱濤 廪貢生 候選訓導

曹子貞夫子 印炳元 丁卯科經魁 庚辰科會試大挑一等 福建甌甯縣知縣 署福清縣知縣 欽加同知縣

徐杏橋夫子 諱楫元 郡庠生

王敬臣夫子 印用欽 丙子恩科進士 現官戶部郎中 會典館協修則例館

十五世胞叔祖定 濤

十五世伯祖瀚 渭 灝 震英 震雄 震能

官郎 光耀 光輝 晉賢 晉明 晉福 祖

郎 漢章 寅郎 震燕 震熹 震榮 震熊

震勲 震烈 震纁 光仁 光義 光禮

光智 光被太學生 光裕 光聲 光祉 長庚

長泰 長祚候選州同敕授承德郎 堂廣西梧州府懷集縣典史

十六世胞伯祖崑

十六世嫡堂伯祖巖候選布政司理問敕授儒林郎

十六世伯祖瑞龍 慶郎 二慶 全倫 立本

提調庚寅恩
科會試同考官
劉楚帆夫子 諱湘 廩貢生 甲子科
挑取謄錄
候選州同

肄業師

李鐵梅夫子 諱嘉端 前主講三
取書
院
張幼樵夫子 印佩綸 前主講三
取書
院
李越縵夫子 印慈銘 現主講三
取書
院

玉相 霄 邑庠生 玉堂 廩膳生 國士 郡庠生 廣仁 廣
基 廣義 廣忠
胞伯高祖以成
從堂伯叔高祖奕隆 奕豐 奕廷 奕成 奕魁 候選
布政司理問
敕授承德郎
伯高祖絅 監生 經 級 純 監生 紱 監生 聯芳 輔廷 綸
道扶 綬 勇 綺 綵 紹 縯
胞叔曾祖鼎 則 政大夫 誥贈奉直大夫 恩賞二品封典 誥贈資 暉
嫡堂叔曾祖簡
再從堂伯叔曾祖渲 湧 監生 例封修職郎 闓 漢 漳 泉

五

房

林綬卿夫子 印遜訓世川 前任長蘆鹽運使司鹽運使

冠九夫子 諱如山 前任長蘆鹽運使司鹽運使

玉如夫子 印額勒精額 前任長蘆鹽運使司鹽運使

年伯賀幼甫夫子 諱長楨 前任長蘆鹽運使司鹽運使

季士周夫子 印邦楨 現任長蘆鹽運使司鹽運使

曾祖振聲 玉聲 祚聲 作聲 來聲 敘倫

光第 監生 誥贈奉政大夫 敘仁 從九品職銜 泰 敘傑 敘俊

敘惇 敦仁 敦義 敦禮 敘智 開藹

開源

胞伯叔祖秉衡 鉞 誥封武署騎尉 鍈 誥封奉政大夫 貤封朝議大夫 澤

滿

嫡堂叔祖鎔 增廣生道光乙酉科舉人乙未科會試大挑一等分發南河以吏才改歸地方歷任江蘇金壇奉賢丹陽陽湖常熟青浦新陽等縣知縣 欽加知州銜 特授睢甯縣知縣道光癸卯科江南鄉試同考官 恩賞二品封典 誥授奉直大夫 誥封資政大夫 秉禮

鏡 候補衛千總 誥授武署騎尉 秉元

三

辛燕田夫子 諱家彥 前主講輔仁書院

王雲舫夫子 印文鏞 前主講輔仁書院

楊香吟夫子 印光儀 現主講輔仁書院

劉崑圃夫子 諱秉琳 前任天津河間兵備道

年伯盛杏孫夫子 印宣懷 前署天津河間兵備道

堂伯叔祖玉檢 玉振 肇甲 增廣生例封修職佐郎 起龍 作礪 玉棠 玉璞 玉書 玉磬 玉慶 玉春 作霖 監生 汝梅

叔祖汝礪 守禦所千總誥授武德騎尉 斌 候選從九品敕授登仕郎 誥贈奉政大夫 煥 候選州吏目敕授登仕郎 澍 鈞 湘 汝唐

嫡堂叔廷椿 監生 廷珪 河南候補縣丞補汝陽縣縣丞升用通判選授湖南衡州府通判告近選授山東泰安府通判欽加同知銜 誥授奉政大夫 廷琨 候補衛千總 誥授武畧騎尉 廷珍 候選主簿 廷琛 廣東候補巡檢補陽春縣古良司巡檢 廷珣 邑庠生

從堂叔光笏 甘肅候補通判署巴燕戎格通判改知縣分發安徽歷任建平定遠壽州各州

履歷

吳春曉夫子 諱毓蘭 前任天津
河間兵
備道

劉星韓夫子 印樹棠 前署天津
河間兵
備道

萬蓮初夫子 印培因 前任天津
河間兵
備道

年伯胡雲楣夫子 印燏棻
現任天津河
間兵備道

黎召民夫子 印兆棠 前任津海
關
道

縣升任廬州府知府 賞戴花翎奉 旨辦理壽
州團練事宜奉 旨著軍機處記名遇有道員缺
出請 旨簡放調署廬鳳潁兵備道督理鳳陽關
稅務統帶陝西壽春四川官兵 賞加按察使銜
賞給鏗色巴圖魯勇號咸豐七年閏五月督剿
正陽關大股逆賊在沫河口受傷陣亡奉 旨從
優議卹著照布政使陣亡例賜卹 諭旨遣官致
祭 國史立傳 給予卹賞銀六百兩全葬銀四
百兩一次致祭銀二十兩 予謚剛愍入祀京
師昭忠祠並本籍及陣亡地方府城昭忠祠又於
壽州建立專祠 給予騎都尉世職襲次完時以
恩騎尉世襲罔替 誥授通議大夫 卹贈資政
大夫十年奉 旨准於本籍建立專祠春秋致祭
給予祖父母父母二品封典同治元年二月奉
特旨再賜祭一壇七年七月奉 旨加恩賜祭
一壇事蹟詳載安徽通志天津縣志及馮中允桂
芬所撰江西候補知縣歷署大庾新喻石城
墓誌銘心箴等縣知縣候選同知 誥授奉政大
夫耀展江蘇候補縣丞升用知縣敕授文林郎廷俊

鄭玉軒夫子印藻如前任津海關道

年伯周玉山夫子印馥前任津海關道

馬松甫夫子諱繩武前任天津府知府

子箋夫子印宣棻前任天津府知府

汪子常夫子印守正前任天津府知府

叔進邑庠生候選訓導選授長垣縣訓導敕授修職佐郎

叔斯豐監生候選同知貤封朝議大夫　斯銘監生　斯謙監生河南候補巡檢敕授登仕郎　斯鏞議敘六品職銜　斯鈺監生候選從九品　斯升國史館供事候選典史　斯愜監生候選未入流　春元

胞兄有蘭監生候選從九品敕授登仕佐郎　玉雯原名有慶五品職銜　汝棻候選從九品加五品銜　欽　有銘監生

從堂兄弟其相監生　麟書　其昌郡庠生　其祥　鳳書　其濬　其賢　其煜　其奎　其蔭

再從堂兄弟厚增世襲騎都尉江蘇候補直隸州知州咸豐庚申罵賊殉難照守備陣亡例賜卹世襲雲騎尉誥授奉政大夫　頤增例襲騎都尉安徽候補巡檢

七

府

吳曉蒼夫子 印中彥 前署天津河防分府

弟棶惇監生 棶光

馮少芝夫子 印清泰 現任天津河防分府

弟振監生國史館謄錄候選鹽大使 搢 據 挹 捷 揚 抱

承業 承繼 承緒 承治 承勛 承訓 承

澤 承霖俱幼讀 承疇 承蔭 承棟俱幼

任石泉夫子 印爾會 前署天津縣知縣

胞姪連璧候選九品 從連第六品職銜 鴻壽監生五品職銜 崇越監生 鴻

州洲監生 士廉業儒 洼榮五品職銜 鼎治

蕭廉甫夫子 諱世本 前任天津縣知縣

再從堂姪冠瀛 葵 潤 登瀛 步瀛俱幼讀 占瀛

選瀛俱幼

郭紹庭夫子 印育中 前任天津縣知縣

堂姪志鵬 志鴻俱幼讀

姪鈺 璽俱幼

何劍秋夫子 諱承緒 前署天津縣知縣

王樸臣夫子 諱丙燮 前任天津縣知縣

陳序東夫子 印以培 前任天津縣知縣

張振軒夫子 諱樹聲 前署直隸總督

李少荃夫子 印鴻章 文華殿大學士現任直隸總督

姪旭如

胞姪孫松齡 柏齡俱幼

胞姊二 長適周候選訓導附貢生諱鏻公子國學生候選巡檢 貤封奉直大夫 貤封武顯將軍諱文伊次適董 誥授奉政大夫 誥封朝議大夫諱長治公次子候選從九品 例贈登仕郎諱煥

聚氏 候選從九諱光熊公曾孫女國學生諱維堂公孫女郡庠生諱維新公胞姪孫女軍功八品職銜諱濯元公女廩貢生原任開州訓導諱光公胞姪女從九職銜名福曾胞妹郡庠生名壽曾邑庠生名愷曾嫡堂姊

姜氏 國學生 誥封朝議大夫 晉贈中議大夫 諱宏路公孫女五品銜候選州同 誥授奉直大夫 貤封中議大夫諱士楷公長女附貢生光祿寺署正加一級珍饈司行走 誥授宣德郎

履歷

受知師

錢湘吟夫子 諱寶廉 前任順天學政

張書城夫子 印丙林 壬午 炳琳 科順天鄉試同考官

鄉試中式第二百四七名

保和殿覆試二等第十五名

會試中式第　名

殿試第　甲第　名

朝考第　等第　名

欽點

誥封奉直大夫諱士瀛公都司銜候選守禦所千總 誥授武德騎尉諱士良公國學生諱士奇公胞姪女附貢生乙亥科房薦壬午科堂備本科堂備名廷鎮胞妹附貢生壬午科房薦名廷鑄議敘五品銜名廷鏞胞姊

周氏 誥封朝議大夫 晉封中議大夫國學生諱作霖公孫女候選訓導附貢生諱鑅公姪女 誥封奉政大夫 貤封武顯將軍候選訓導附貢生諱錕公胞姪女 誥授奉直大夫 貤封武顯將軍諱鎧公女國學生候選巡檢 敕授登仕郎 貤封奉直大夫 貤封武顯將軍諱文澍堂妹州同銜候選巡檢名文溶胞妹五品銜候選布政司理問名文藻胞姊

子一 名諧 業儒娶婁氏候選州同附貢生諱恩敏公孫女候選同知附貢生諱舉彥公女

女二

族繁不及備載

世居鎮海門內

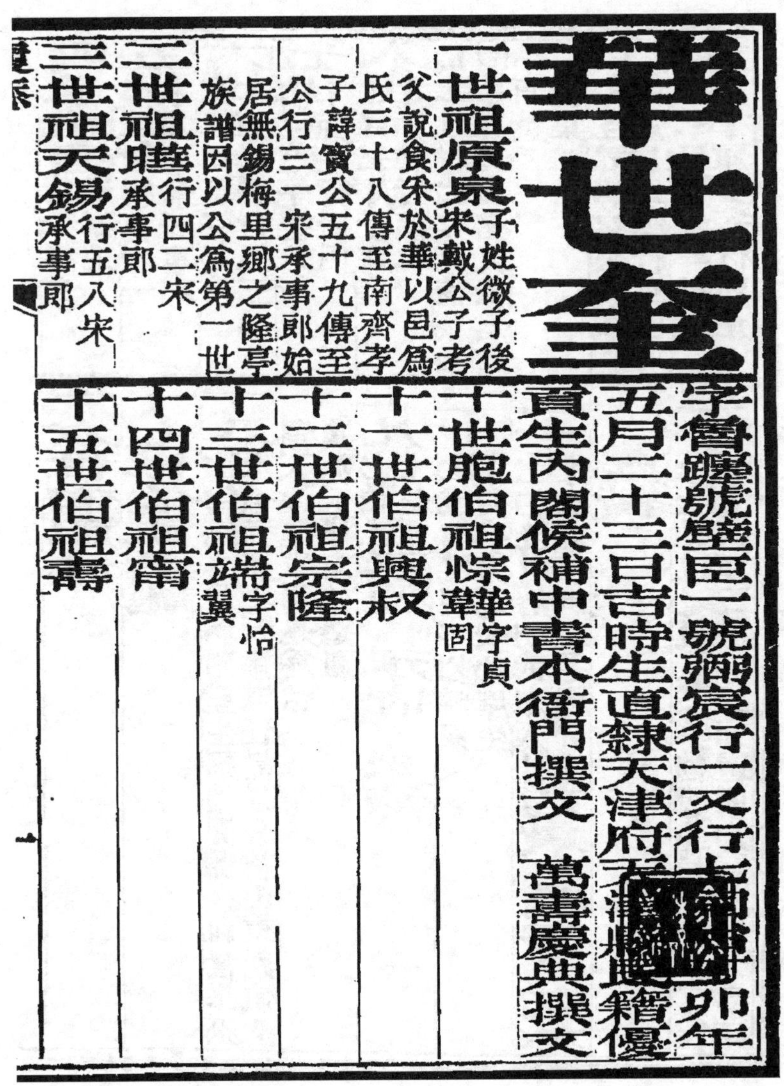

華世奎

字曾躧號璧臣一號弼宸行一又行七[illegible]卯年

五月二十三日吉時生直隸天津府天津[illegible]籍優

貢生內閣候補中書本衙門撰文　萬壽慶典撰文

一世祖原泉子姓微子後宋戴公子考父說食采於華以邑爲氏三十八傳至南齊孝子諱寶公五十九傳至公行三一宋承事郎始居無錫梅里鄉之隆亭族譜因以公爲第一世

二世祖曦行四二宋承事郎

三世祖天錫行五八宋承事郎

十世胞伯祖悰華字貞固

十一世伯祖興叔

十二世伯祖宗隆

十三世伯祖端翼字怡

十四世伯祖甯

十五世伯祖壽

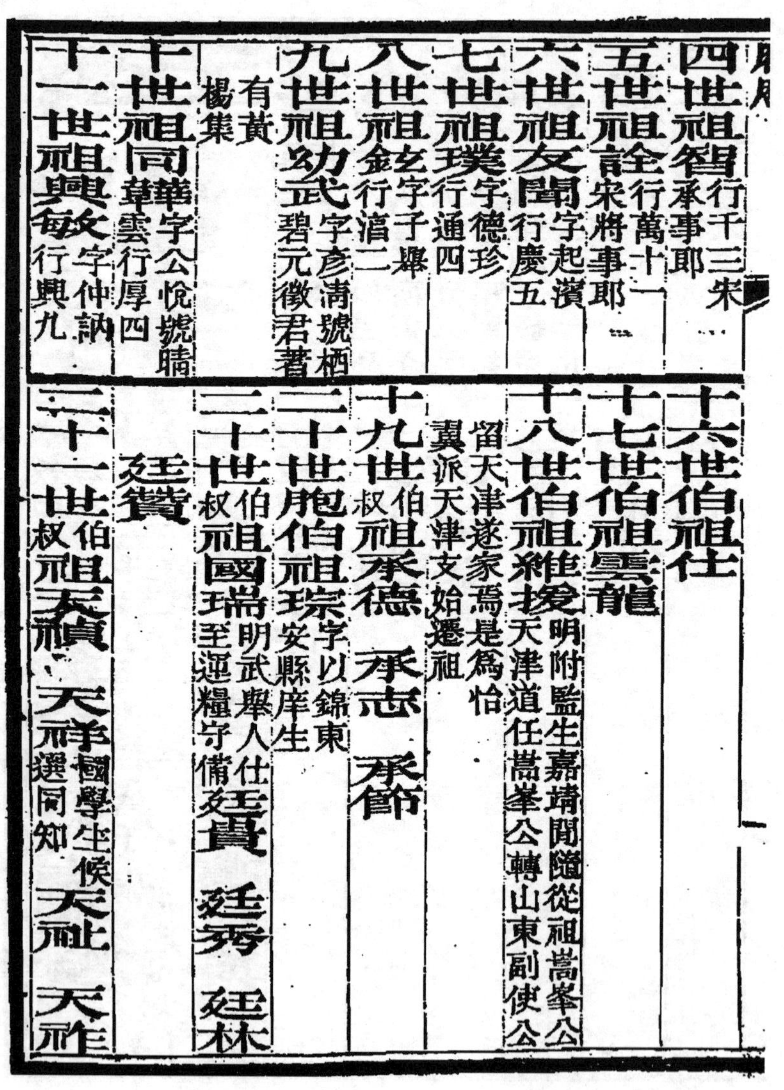
四世祖智行千三宋承事郎
五世祖詮全行萬十一宋將事郎
六世祖友聞字起濱行慶五
七世祖璞字德珍行通四
八世祖鉉字子犖行湆二
九世祖幼武字彥清號栖碧元徵君著有黃楊集
十世祖同華字公悅號晴韡雲行厚四
十一世祖興敏字仲訥行興九

十六世伯祖仕
十七世伯祖雲龍
十八世伯祖維援明附監生嘉靖間隨從祖嵩峯公天津道任嵩峯公轉山東副使公留天津遂家焉是爲恰翼派天津支始遷祖
十九世伯叔祖承德　承志　承節
二十世胞伯祖琮字以錦東安縣庠生
二十世伯叔祖國瑞明武舉人仕至運糧守備　廷貫　廷秀　廷林　廷贊
二十一世伯叔祖天禎　天祥國學生候選同知　天祉　天祚

十二世祖宗頤字以順行十明永樂間遷居浙江山陰之鑑湖

十三世祖駰字守翰行一

十四世祖香字永清明天順間復遷居會稽東擔山

十五世祖涓字源長

十六世祖存善行十一明正德己卯科副榜選授教諭著有周易補注

十七世祖材字養州行二十六明嘉靖

天爵國學生候選州同　天鎮議敘從九品職銜　天武　天禪

天裕歲貢生候選訓導

二十一世胞伯叔祖廷棟字玉摯　廷相字志皋國學生　廷樑字奕山國學生候選府經歷

二十二世胞伯叔祖嵩　崑　岱　嵒　嶙國學生候選同知　崇

峻　嶧　岳　崗　巒國學生　嶠

胞伯叔高祖發字上林國學生　之字秀珊國學生貤封奉政大夫　扆字作新國學生

蘭字省香邑庠生乾隆丁酉科鄉試挑取謄錄庚子科舉人充四庫全書館謄錄武英殿校錄議敘知縣分發安徽歷署含山五河當塗縣知縣歷任全椒縣知縣安慶府江防同知誥授奉

辛酉科舉人中書舍人工部營膳司主事署都水司郎中

十八世祖夢龍字近洲行二十八明萬曆戊子科拔貢四川合州州判署合州知州

始遷天津十九世祖文炳字益先行六十七候選同知國初奉母北遷寄籍東安康熙二年復遷天津始定籍焉

十九世祖妣氏何

二十世祖璐字以佩行六東安縣庠生

政大夫著有篁影山房遺稿 雯字麓堂誥贈奉政大夫 翰字瀛門

嫡堂伯叔高祖獻字遵友 昇字東白國學生 祝字苑珊國學生 祐字保之國學生

伯叔高祖漢 漣 文溥 文潤 文澍 文治 涵

鑑源 文澤 元滈國學生候選州同 龍光邑庠生 元清

文瀾 文溪 文滮 文溶 濱 洽國學生 津

渶貤贈武顯將軍 鍕 鋮

胞伯曾祖淞字芴屏國學生

嫡堂伯叔曾祖巖字適安國學生 崙字崑山 峻字介軒國學生誥封奉政大夫

崑字璞齋國學生 岡字允齋敕封儒林郎 岢字維崧國學生 嶧字桐崖國學生 國

二十世祖妣氏任

二十一世祖秉義字仲和行二國學生候選縣丞貤贈奉政大夫

二十一世祖妣氏王貤贈宜人

二十一世本生祖存仁字普長行一國學生候選州判貤贈奉政大夫

二十一世本生祖妣氏諸貤贈宜人

字治平候選從九品 堂字樹軒國學生敕贈文林郎貤贈朝議大夫 亭字鶴立國學生候選州同貤贈奉政大夫 翘瀛字閬風國學生 勻字治齋國學生候選布政司理問

墀字丹崖國學生候選布政司理問 泉字曉邨

從堂伯叔曾祖衡字持平 山字見園 靖字荔晴國學生候選布政司理問 章

伯叔曾祖如棟 如相 如阜 如欄 如桐 如桂

希堯 希舜 如楷 如棕 如樑邑庠生 如椿

永柏 永槐 永一 永植 永純 永桂

永模 森 如棠貤贈朝議大夫 如棣貤贈朝議大夫 如楠

邑庠生如栻 永相 永泰 永林 永彬 伯棣

二十二世祖廷桂字天峯行二國學生候選布政司理問誥贈奉政大夫

二十二世祖妣氏王誥贈宜人

二十三世繼祖妣氏王誥贈宜人

高祖申字直方行六國學生候選從九品貤贈武義都尉

高祖妣氏陳貤贈淑人

伯紅 伯聚 維翰 維典國學生 維謨敕封文林郎

維猷貤封朝議大夫誥贈武顯將軍 春議敘從九品職銜

胞伯叔祖長芳字吉人邑庠生貤贈武義都尉貤贈中憲大夫 長祥字薌樵國學生候選都司貤封武義都尉 長熙字敬齋貤贈中憲大夫 長蔚字碩甫貤贈中憲大夫

嫡堂伯叔祖長念 長忠字石田 長志字聖表 長憲 長[illegible]字小屏

從堂伯叔祖長春字邇暉 長震字竹谿邑庠生嘉慶丁卯科舉人道光丙戌科會試大挑二等東明縣訓導截取知縣借選湖南桂陽直隸州州同代理桂陽直隸州知州署湖南臨武

三

曾祖岑字晴巒行十四國學生候選從九品
誥贈武
義都尉

曾祖妣氏王
誥封奉直大夫諱杞公
女邑庠生陝西試用知
縣欽加五品銜諱大
勳公國學生諱成烈公
國學生諱士燦公胞姊
道光辛卯恩科舉人
大挑一等山東候補知
縣諱治安公增貢生諱
治隆公道光壬辰科舉
人大挑二等候選教諭
諱壽朋公國學生諱治
熙公增貢生諱治靖公
堂姑增廣生名兆鳳公

縣知縣欽加同知
銜誥授奉政大夫長紳字蓮溪邑庠生長逵字雲溪國學生長
忠字癸生廩膳生道光庚子恩科舉人咸豐癸
丑科會試大挑二等三河縣教諭敕授修職
郎著有四瓶齋文鈔二卷詩鈔六
卷倦鶴龕律賦四卷制藝六卷長信字誠之鼇
字荷長安字竹生長恩字石園國學生榜名
生廩膳生候選府經歷長卿長懋
字梅莊增貢生道光辛卯恩科舉人甲辰科會
試大挑二等試用訓導署順天房山縣教諭選授
奉天開原縣訓導充盛京通志局纂修大計保
薦卓異陞用知縣欽加國子監學正銜敕授
文林郎誥贈朝議大夫著有古本周易集注十
二卷尚書補闕一卷毛詩識小錄四卷春秋三傳
異同辨二卷唐宋陽秋五卷說雅六卷史駢箋注
四卷歷代宰相表五卷三國兩晉南北朝年表三
卷聖廟崇祀圖考二卷正字源八卷石鼓文存一
卷漢碑所見錄三卷說文形聲表十五卷說文引

長鼎
堂祖姑誥贈淑人

祖長治字醒兮行四候選縣丞誥封朝議大夫

祖母氏姜誥封武德騎尉諱廷燕公孫女廩貢生候選守禦所千總諱玉璠公女道光丙午科舉人諱鍾喆公嫡堂妹誥封恭人

父承瀛字寶珊行三誥封奉政大夫

母氏張旌表節孝誥封宜人

本生父承彥字屏周行五國學生候選

經考一卷俗音正誤一卷韻類一卷方輿韻編二卷疑年錄小傳四卷查初白張船山年譜二卷姓藪四卷樂譜二卷畿輔人物表一卷津門選舉錄六卷西嶽山房文鈔四卷梅莊詩鈔十六卷續詩鈔八卷朧香館詞鈔二卷 長吉字筠莊增貢生候選訓導著有小游僊館制藝四卷浣石居詩文鈔四卷 長新字榕莊考取天文官學生 長庚字漁莊國學生候選縣丞誥封奉政大夫 長椿字杏莊國學生候選按察司知事 長齡字菱莊 長順 長森 長康字雪樵 長華字筠孫天津鎮標郎補把總欽加六品銜 長儒字蒓齋 長福

再從堂伯叔祖長桂字靜谿 長本字樹之 長檖 長序字芳庭

森字茂林廩膳生 恩濃 恩榮 恩沛 恩祥 恩隆

部司務　誥
封奉政大夫
本生母氏田五品職銜
誥封資政大
夫諱璽公孫女國學生
誥封資政大夫諱琯
公國學生　誥封資政
大夫諱珩公廩膳生
貤封資政大夫諱照青
公六品職銜　貤封通
奉大夫諱瑄公胞姪孫
女道光己酉科拔貢刑
部郎中山東司行走總
辦秋審處　欽加四品
銜諱世均公女五品職
銜　誥封資政大夫諱
大鵬公國學生　誥封
中議大夫諱大安公國

恩瑞武庠生
伯叔祖和謙　福謙　應仁　應昌　應登　應元
應魁　應亨　應科　應期　應斌武庠生誥封昭武都尉
應春　應武　應盛　應文　四謙　六謙　隆
謙　禹謙　應奎　鐸　錦　銅　仁　鈺　劍
璋　璽　玲　瑽　珺　大有　富有　煊國學
生　誥封朝議大夫　照國學生　誥封朝議大夫　煓貤封奉政大夫　烈誥封奉政大
夫炳　長清　長泰　長凝　長富　長堃　長
集　長志　長壽　長中　紹庭　緒祖　仰祖

學生　誥封中憲大夫
諱大任公五品職銜
貤封中議大夫諱大用
公守禦所千總銜諱大
受公嫡堂姪女守備銜
諱凱元公胞妹國學生
候選布政司理問　誥
封通奉大夫諱啟元公
國學生　貤封朝議大
夫諱朗元公國學生候
選郎中諱惠元公候選
守備諱斌元公國學生
諱紀元公堂妹名蔭霖
名蔭果胞姑國學生工
部員外郎都水司行走
充火藥局監督名作礪
候選守備名蔭桐候選
鹽大使　欽加同知銜

國學生**燿祖**國學生　誥封奉政大夫

理廩膳生道光乙酉科拔貢　朝考一等第二名
歷任望都縣教諭浙江桐鄉縣知縣
署浙江諸暨縣知縣　敕授文林郎
琪貤封朝議大夫

誥封武顯將軍

瑨國學生浙江批驗所大使　敕授修職郎　誥贈朝議大夫　誥贈武顯將軍

琳國學生候選州同　誥封朝議大夫

珍

瑤

琛

胞叔承瀚字廉夫議敘守禦所千總　貤封中憲大夫出嗣胞叔祖長熙公

承澐字歘

石廩貢生光緒壬午科鄉試挑取謄錄充　實錄
館謄錄前浙江候補同知改分廣東候補知府
賞戴花翎

承謙字藝圃　貤封奉政大夫出嗣胞叔祖長蔚公

承勛字秋吟邑庠生光緒
乙酉科副榜分發河
南候補直隸州州判

嫡堂伯叔承霖字菊如廩貢生候選縣丞津防出力
賞戴藍翎　誥封武義都尉　貤贈中

名蔭榕名蔭棠堂
姑 誥封宜人

重慈侍下

本生具慶下

祖訓

庭訓

受業師

嫡堂伯菊如夫子諱承累

胞叔潄石夫子名承澐

胞叔秋吟夫子名承勛

憲大夫承訓字詠餘國學生候選州同欽加五品銜誥贈中憲大夫承烈字集芝國學生考充國史館謄錄議敘候選鹽大使欽加五品銜

從堂叔承宗字菱塘候選州吏目

再從堂伯叔承緒字小辰國學生候選鹽知事承弼字輔臣國學生承祖字秋槎國學生候選縣丞承祜字小蓮國學生承志字幼竹國學生光甌字幼葵國學生候選鹽大使光瑞字仙舟國學生議敘從九品職銜承榮字蓮浦光第字筱石國學生光碭字少梅邑庠生著有東觀室詩文集六卷輯有津門文鈔三十二卷鼎元字問三增貢生刑部司務廳司務兼山東司行走截取同知分發江蘇幫辦海運保獎補缺後以知府儘先補用先換頂戴著有津門徵獻詩六卷津門通典八卷爾雅注三卷儒林傳旁證六卷梓里

族伯壽莊夫子諱棫

族伯琴士夫子諱彬

王松樵太夫子諱治隆增貢生

陳竹卿夫子名法錄咸豐辛酉科舉人前東明縣教諭

王敬臣夫子名用欽光緒丙子恩科進士現官戶部山東司郎中

婁鶴田夫子名舉愷歲貢生現

聯珠集五卷 觀澄字桂農貢生刑部司務廳司務兼雲南司行走截取同知 承祉

承祚 承祺 承禧

三從堂伯叔 承儀 毓奇 毓秀字梅生國學生候選通判 承運

守珍 葆珍 承源業儒 承清 承[illegible] 景珍 輔

珍 瑞珍

伯叔 亟武庠生 明亮 明永 明祿 明利 明德 明

福 明禮 長發 長麟 龕 雲祥 雲集補候

營千總 有聚 雲彪武庠生天津鎮標左營千總署鄭家口守備欽加都司

銜賞戴花翎同治二年六月十五日在山東臨

清州劉官莊剿捻陣亡 賞雲騎尉世職 誥授

官國子監誠
心堂學正

陳旭峯夫子 諱泰開 邑庠生

王晉賢夫子 名恩溎 光緒丁丑科進士現官翰林院檢討 記名御史

戴藝郛夫子 名錫鈞 同治甲戌科進士現官吏部考功司郎中

課師

楊春吟太夫子 名光儀 咸豐壬子科舉人前東光縣教諭現主講輔仁書院

昭武都尉雲鵬 雲程 繼善 光奎 光融 光翥

武庠生候補營千總 欽加五品銜 賞戴藍翎光蔭 德奎 德元

德彪 致儼 致中 致和 士恭國學生候選從九品士

英 致恩 致賢 通奎 致泰 映奎 映斗

映文 典庠膳生嘉慶丙子科舉人道光丙戌科會試大挑一等分發山西知縣歷署高平左雲山陰繁峙河津平遙縣知縣蒲州府知府歷任趙城聞喜陽曲縣知縣渾源州吉州知州忻州霍州直隸州知州 誥授朝議大夫

封附貢生候選訓導 貤贈奉政大夫玉鳴

增貢生候選訓導晉墀國學生 貤贈奉政大夫鳳墀 貤封奉政大夫玉墀

邑庠生道光辛巳 恩科舉人乙未科會試大挑一等分發陝西知縣告近改分山東歷署山東霝

履歷

孟筱澥太夫子名繼坤同治壬戌科舉人現任撫甯縣教諭

林贊虞太夫子名紹年同治甲戌科進士現官山西道監察御史

趙心笙夫子名文粹同治辛未科進士現署涿州知州

問津書院肄業師

補仁

李鐵梅夫子諱嘉端前主講問津書院

山蓬萊嶧縣陝西大荔岐山縣知縣歷任山東昌邑縣陝西西鄉縣知縣欽加同知銜誥授奉政大夫玉衡國學生分發河南候補縣丞貤贈奉政大夫光裕光明光輝必金必德必齡必源必奎必勝必强棠國學生河南商水縣典史玉森桂文秉文煥樾候補衛千總楷椿邑庠生咸豐乙卯科副榜考充鑲白旗官學漢教習期滿引見以知縣用歷任福建海澄仙遊詔安泰甯縣安嶶青陽當塗縣知縣欽加同知銜賞戴花翎樽九品械生彬舉人光緒庚辰科會試大挑二等深澤縣訓導敕授修職郎樹附貢生議敘六品職銜賞戴藍翎誥封朝議大夫光焯國學生光祿寺署正珍饍署兼典簿廳行走候選奉天府治中賞戴花翎楨尊候選從九品械附貢生增貢生同治庚午科

張幼樵夫子名佩綸前主講問津書院

李越縵夫子名慈銘現主講問津書院

辛廡田夫子諱家彥前主講輔仁書院

王雲舫夫子名文錦前主講輔仁書院

李少荃夫子名鴻章現任直隸

候選都司欽加參將銜賞戴花翎光藻郡庠生咸豐辛亥恩科副榜考充正紅旗官學漢教習期滿引見以知縣用改戶部主事江西司兼江南司行走充會典館纂修欽加員外郎銜汝霖汝雯汝壽

嫡堂弟世羲字蔭農業儒世杞字楚材業儒世椿字叔怡業儒世駿字遹臣國學生世駉字虎臣

從堂兄世鎔字樹東候選都司世鑒字仲愚世濬字哲臣世銘字允卿邑庠生光緒壬午科舉人考充咸安宮漢教習已丑考取內閣中書充本衙門撰文庚寅恩科進士現官戶部主事浙江司兼廣西司行走世學字卓峯廩貢生候選訓導世楠幼讀

世珍字聘臣邑庠生世琛字獻臣國學生候選縣丞世瑜字瑾臣國學生議敘縣丞

厯

總督北洋大臣

張振軒夫子諱樹聲前署直隸總督北洋大臣

冠九夫子諱如山前長蘆鹽運使司鹽運使

裕如夫子名額勒精額前長蘆鹽運使司鹽運使

季士周夫子名邦楨現任長蘆鹽運使司鹽運使

銜世琦幼讀世蘂字檖臣國學生議敘縣丞銜世清字潔臣國學生世澂

字子通國學生世賢國學生世本幼讀

再從堂弟世倫世偓幼讀世伋幼世傑幼

三從堂兄弟世鏞字少輔邑庠生本科同榜舉人世銳字竹孫國學生世增

世同字古田業儒世印幼讀世輔幼讀世銓幼讀世錦幼讀世鎧

幼讀世錕字月舫國學生世錄字敬臣國學生世鐸孫字聽橋貢生考充國史館謄

錄候選縣丞敔孫字竺橋考充方略館供事候選巡檢世彤字子丹郡庠生世

彭字子壽國學生世昌幼世釗世亭幼

四從堂兄弟世璧世鑾字贊臣郡庠生世琨世琪世璋

鄭玉軒夫子名藻如前津海關道

周玉山夫子名馥前津海關道

劉獻夫夫子名汝翼前津海關道

吳香畹夫子諱毓蘭前天津河間兵備道

盛杏孫夫子名宣懷前天津河間兵備道

世璘 世璞

兄忠仁 忠源 忠信 忠和 忠誠 忠全 忠

弟合 忠麗 忠義 逢源 逢晨 逢智 逢椿

鳳椿 景椿 逢彩 逢年 忠洵 忠溥

忠沛 忠齡合襲雲騎尉世職 忠順 澂 淓 嵐 峯

崖 嘯 浚 準 涇 渥 洼 溶 注 淋

潕 成泰 成雲 成林 成智 成吉 成

祥 成如 成意 成全 鑅國學生道光癸卯恩科舉人咸豐壬子

恩科進士工部主事 鍈國學生分發山西知縣

都水司兼司務廳行走 鋆署靜樂縣知縣補平陸

萬運初夫子名培因前天津河
間兵備道

縣知縣 欽加運同鈞國學生咸豐辛亥 恩科
銜 誥授朝議大夫舉人同治壬戌科會試大
挑一等分發山東知縣歷署益都陵縣知縣補銘
曲阜縣知縣 欽加運同銜 誥授朝議大夫

胡雲楣夫子名燏棻前天津河
間兵備道

國學鉞郡庠生 貤欽鉁歲貢生同治甲子科
生封奉政大夫鄉試挑取謄錄歷任
順天房山縣吉林伊通州鍾國學鎏 恩貢生淦
訓導 誥封奉政大夫生候選教諭

汪子常夫子名守正前天津府
知府

銜錫國學銓錞國學鑑國學生候鼎銘國
生生選典史學
生議敘六品鏞國學鑄榜名鑄廩膳生咸豐辛酉
品職銜生科鄉試挑取謄錄同治丁

嚴小舫夫子名信厚前長蘆運
同

卯科舉人甲戌科二甲一名進士翰林院庶吉士
編修詹事府右贊善現官詹事府左贊善山東學
政歷充 國史館協修纂修 武英殿協修纂修
功臣館纂修光緒己卯科湖南鄉試正考官河南

劉潤之夫子名亨霖前天

學政庚寅 恩科教習鎮邑庠生同治丁卯
庶吉士 欽加五品銜科舉人候選知縣忠貞

津縣知縣

陳煦東夫子名以培前天津縣

知縣

受知師

王樸臣夫子諱丙燮前天津縣

知縣

祁子禾夫子諡文恪前順天學

政

孫子授夫子諱詒經前順天學

培直　培之　培芳　培興　培燕　錫疇國學

生　錫齡附貢生　錫蕃國學生　俊成邑庠生　俊年邑庠生　俊烈

俊會　俊第業儒　俊泉　映辰國學生候選鹽知事　貤封朝議大

夫　俊寵增貢生咸豐己未恩科舉人刑部主事山東司行走管理督催所事務欽加員

外郎銜　俊疇國學生候選同知　俊三國學生候選部司務欽加五品銜　俊同

附貢生議敘州同銜　俊彝國學生候選光祿寺署正　俊膺附貢生議敘州同銜　俊聲

廩膳生光緒乙亥恩科舉人內閣候補中書歷充本衙門撰文方略館校對庚寅恩科進士

翰林院庶吉士現官編修欽加五品銜　俊業　俊宅

嫡堂姪澤埏幼

政

沈仲復夫子名秉成前順天府府尹

楊蓉圃夫子名頤前順天府府丞

徐蔭軒夫子名桐丙戌優貢朝考閱卷大臣

宗室芝舜太夫子名麟書丙戌優貢朝考本科覆試閱卷大臣

宗室樹南夫子諱延煦丙戌

從堂姪澤溥字伯言國學生議叙縣丞銜　澤澗國學生　澤湘字鵬九業儒

澤灝字次遠業儒　澤沅字芷船業儒　澤洪字舒民業儒　澤漪幼讀　澤

潢幼讀　澤濤幼　澤衡幼

三從堂姪澤灑幼讀　澤施幼讀　澤溎幼讀　澤泰　澤沐　澤

霑　澤洗　澤涵　澤遠

四從堂姪澤淇幼

姪錫九　兆普　兆麟國學生　錦標武庠生　兆英　兆龍

兆熊　學源佾生　學涵　學溥　榮貴　榮先

澐國學生現任山東雒口鹽場大使　學海　學泌　學濤　學深國學

優貢　朝考
閱卷大臣
孫萊山夫子　名毓汶　丙戌優貢
朝考閱卷大臣
本科鄉試副考官
徐頌閣夫子　名郙　丙戌優
貢　朝
考本科覆試
閱卷大臣
少雲夫子　諱烏拉布　丙戌優貢
朝考閱
卷大臣
劉靜皆夫子　名世安　本科鄉試
同考
官

生
學瀾　邑庠生光緒乙酉丙戌科聯捷進士翰林院庶吉士現官編修充　國史館協修
學瀚　學浚業儒　學濂　學江國學生候選巡檢　學泗　學洙　學激業儒　學渭　學湘　學濤　學瀛國學生候選巡檢
學鴻國學生　學洛　學湜國學生　學涑邑庠生　學淇增廣生光緒壬午科舉人考充覺羅官學漢教習國子監候補學正學錄
學淦　偉傑業儒
景田議敘守禦所千總　景彥國學生議敘六品職銜誥封奉政大夫　景廉邑庠生候選鴻臚寺序班
景恆附貢生　景泰議敘從九品職銜　景恂附貢生議敘州同銜
景稱　景敭　景安議敘從九品職銜　景屏議敘從九九品職銜
景祿議敘從九品職銜　景綬國學生　景星議敘從九品職銜　景昕

二

翁叔平夫子 名同龢 本科鄉試
正考官
陳桂生夫子 名學棻 本科鄉試
副考
主
壽田夫子 名裕德 本科鄉試副考
官
李蘭孫夫子 名鴻藻 本科覆試
閱卷
大臣
許星叔夫子 名庚身 本科覆試

景昀 景昭 景紱 國學生光緒辛卯科癸巳恩科鄉試挑取謄錄
景綸 國學生 景緒 業儒 景紳
從堂姪孫克權 幼讀
姪孫以恪 以怡 以莊 以慎 以棻 以纂
作楫 國學生 作楨 以憲 以懿 以勷 以恩
以志 以慰 以慧 以恩 以惪 以悉 以
懋 以慈 以惠 以懋 以憙 以懿 以懃
以忠 業儒 以恕 業儒 以愈 業儒 以聰 鳳昌 議敘從九品職銜
鳳五 議敘從九品職銜 鳳岐 議敘從九品職銜 鳳沼 國學生 鳳揚

閱卷大臣

宗室吟濤夫子名松森本科覆試閱卷大臣

廖仲山夫子名壽恆本科覆試閱卷大臣

汪柳門夫子名鳴鑾本科覆試閱卷大臣

李泌園夫子名端棻本科覆試閱卷大臣

鳳池國學生　鳳翊　鳳書佾生議敘從九品職銜　鳳章邑庠生光緒乙酉丙戌科聯捷進士即用知縣分發湖南告近改分山西署陵川縣知縣現任石樓縣知縣欽加同知銜賞戴花翎　鳳舉議敘從九品職銜　鳳和　鳳圖國學生　鳳洲邑庠生　鳳阿邑庠生　鳳誥　鳳閣業儒　鳳石　鳳榮　鳳翰　鳳彩　鳳培　鳳賓　鳳聯　鳳坙　鳳詹

姪曾孫彭年　岱年　柏年業儒　瑞年　桂年　明年　鶴年　夔年　鴻年　獄年　萬年　潞年　漢年　贊年　驥年　貢年　大年　有年　宜年　延年

乙酉科考取優貢第三名 聘王氏

朝考二等以教職用 娶浦氏國學生候選都司欽加遊擊銜諱向辰公長女

癸巳恩科鄉試中式第二十七名 子澤俶幼讀

覆試第一等第十二名 女一

會試中式第　名

覆試第　等第　名

殿試第　甲第　名

朝考第　等第　名 族繁不及備載

欽點

世居天津鎮海門內

陶喆甡

始遷祖文獻公由浙江紹興府會稽縣陶家堰遷居天津

始祖妣氏韓

二世祖諱思忠字子昭誥贈奉直大夫

二世祖妣氏朱誥贈一宜人

高祖諱景武字丕承誥封奉直大夫

高祖妣氏李誥封宜人

曾祖諱永壽字松齡候選布政司理問敕授儒林郎

字潘愚號仲明行二又行九咸豐庚申年生直隸天津府天津縣縣學附生民籍戊子科試考取算學生

高伯祖景唐字開封候選州吏目 景虞字紹封從九品 景文字丕顯

曾伯祖永泰字大來馳封奉直大夫

從曾伯叔祖永晟字光遠 永吉字大相 永慶字善遠監生 永錫字純報 永裕字啟昆

伯祖世琦字壽圃監生 世瑤字衡候選從九品 世珍字聘之候選從九品

從伯祖世惠 世發字建業 世勳字清臣

再從伯叔祖世祿字鶴齡 世俊字越千 世榮字履平監生 世治字久安 世英字菊莊附生 世貴字知希 作新字筠溪廩生候選巡檢議敘六品銜 以賢字希聖

胞叔父旭升原名用中字蓉樓

曾祖妣氏周敕封安人

祖諱世瑩字簡廷監生覃恩誥贈奉政大夫浙江餘姚縣知縣即補同知

祖妣氏盧同邑誥封奉直大夫諱廷昇女從九品諱起璥監生諱起勛胞姊咸豐辛酉拔貢兵部七品小京官主事諱彤壽胞姑附生名炳麟祖姑覃恩誥贈宜人

繼祖妣氏徐同邑監生諱顯達次女附生名人杰名人文從祖姑覃恩誥贈宜人

庶祖母氏鄭

父諱雲升原名執中字可階號晴初附生道光丙午舉人咸豐壬子恩科進士浙江即

從伯叔父際昌字卜三監生 際和 際達 際豐字雨耕監生 際

謙 際華監生 際春

再從伯叔父元愷 元貞 元士字超伍從九銜 元隆字際盛從九品

元春字震青 元恩字錫九

三從伯叔父元理字善長 元醕字贊廷 元樸字誠之 元仁字體乾

元和字柳汀 源漢字蓉川 元澤遷居臨清 元兆字象乾 瀛賓字麗生

鑄字鏡涵附生 元章字煥卿從九品

胞兄弟堃甡殤 榮甡殤 季甡殤 赫甡原名嘉甡字抑齋出嗣從伯雨耕公

林甡字琳齋出嗣胞叔父

再從兄振鈞字掌卿 振鐸字省菴監生 恩承 振銓字衡齋 志

鵬字鷺坡 振彬字雅堂佾生 振銘字蕃孫

三從兄弟佩芝字香谷 佩蘭 佩蓉 佩蓮 佩敏字治遠

用知縣補授滄安縣知
縣調補餘姚縣知縣歷
署遂安上虞錢塘嘉善
等縣知縣兩次保薦卓
異海運保案以同知補
用乙卯科浙江鄉試同
考官 誥授
奉政大夫
母氏劉同邑監生貤封奉直大夫諱元傑
次女嘉慶戊午舉人教
習雲南羅次縣知縣諱
元俊胞姪女增貢生諱
廷珪嘉慶庚午舉人教
習山西洪洞縣知縣道
光辛卯科山西鄉試同
考官諱廷璐從妹
覃恩誥贈宜人
繼母氏鄭同邑九品銜諱思直女嘉慶甲
子副榜教習四川納溪
縣知縣諱思齊附生諱
思謨貲給二品封
典諱思吉姪女附生諱

佩芸字耀庭 佩芷字襄臣 佩芬字紉蘭 珍原名佩芳字鎔齋增生 佩
棻字菊舫 坤字菊生 壎字蓀生
四從兄弟 佩興字雨田從九銜 佩勤字敬亭從九銜 興周字郁哉 起周字立
菴 從周字彬亭從九銜 大鏞字雅庭 光祖字健三 輝祖字耀齋 訪
周字鎮清 繼祖字佑勤 述祖字敬臣
胞姪 履莊幼
再從姪 慎修字仙洲增生己丑鄉試房薦 濟修字蔭堂 家麟字子金 溥
修字錦堂 家修 家麒
三從姪 洛書字登清 麟書字瑞棠 璽書 敬書字右銘 友任
字少蘭 鳳書字少臣 玉書字小鎔 友益字宜哉 鴻書字蔭亭 友
禮字幼蘭 友直字近卿 友信 學變 友諒
四從姪 學彬字碩甫監生州同銜 錦澄字秀山未入流 錦波字俊岩 學曾

履歷

二

尼

明晉胞妹直隸補用副將歷任獻縣把總景州營守備賞戴花翎韓明保從姊附生名德邵候選縣丞名德濂名德純胞姑庠生本科舉人名德寶候選守備名德用附生候選縣丞六品庠生名德尚從姑附生名星橋祖姑覃恩誥封宜人

生母氏鄔

庶母氏張

氏周

氏徐守節待旌

繼慈侍下

庭訓

字省三 學彥字鞠舫從九品 學寬字小亭 學圃 學書 學厚

學孝 學詩 家駿

再從孫善璦字少洲 善琛字越九 善璐字小仙附生 善琮 善

珮 善璜

三從孫秉琮字棟庭 秉琳 秉琪 秉珪 秉璋 效

先 秉璧 守先 秉瑞

四從孫彭年字少甫 柏年字舜臣 桂年 鶴年 喬年

再從曾孫无疆 无忌 无懷 无咎

四從曾孫寶宸 寶森

胞姑五 長適同邑齊 次適同邑王附貢生五品銜諱毓崑 次適同邑韓花翎四品銜刑部候補郎中二品封典蔣省銓 次適同邑董 運同銜候選同知蔣維猷 次適靜海何

胞姊妹八 長適同邑劉五品銜浙江候補鹽經歷名維墉 次卽維墉繼配 次適同邑張 國史

二

館謄錄議敘鹽大使名其琛　次適同邑李山東
候補從九品名譜吉　次適同邑華㢖貢生候選
訓導名世垶守節待旌　次適同邑劉增生算
學生名夢鸞　次適同邑韓四品封典名宗淮
妹適同邑鄭
業儒名葆泰
妻氏劉同邑五品銜韓景祺女監生五品銜名維鈞
胞妹姊丈名維墉從妹監生名嘉琨監生五
品銜名㶿瑢胞姑本科
舉人名櫺壽從祖姑
子履恭幼讀
女二俱幼

鄉試中式第三十八名
覆試一等第二十九名
會試中式第　　名
覆試　等第　　名
殿試第　甲第　　名
朝考第　等第　　名
欽點
世居北門外

業師課師

表伯同邑附貢王杏農夫子毓霖

上虞進士前翰林院侍講陳書玉夫子夢麟

上虞拔貢王小鐵夫子鏗

歸安附生王蓉初夫子嘉駿

慈谿附生葛小亭夫子庭瑞

遵義廩生前餘姚縣縣丞李筠卿夫子維楷

餘姚舉人張吉舫夫子謙

表兄同邑附生鄭小舟夫子德劭

表兄同邑附生徐春璋夫子人杰

同邑舉人前廣東潮陽縣知縣陳挹爽夫子墱

前掌教問津書院大興李鐵梅夫子嘉端

前掌教問津書院剏設學海堂經古課豐潤張幼樵夫子佩綸

前掌教問津書院學海堂貴筑黄再同夫子國瑾

掌教問津書院學海堂會稽李越縵夫子慈銘

前掌教輔仁書院同邑王雲舫夫子文錦
掌教輔仁書院同邑楊香吟夫子光儀
大學士直隸總督捌設學海堂經古課稽古書院合肥李少荃夫子鴻章
前長蘆鹽運使捌設學海堂經古課滿洲冠九夫子如山
前長蘆鹽運使滿洲玉如夫子額勒精額
長蘆鹽運使江陰季士周夫子邦楨
前署天津道武進盛杏蓀夫子宣懷
前津海關道年伯建德周玉山夫子馥
前署長蘆運同慈谿嚴小舫夫子信厚
前天津府知府捌設稽古書院錢塘汪子常夫子守正
前天津縣知縣合肥陳序東夫子以培
前順天學政己卯科試蒙取入學世伯壽陽祁文恪夫子世長
受知師
前順天學政戊子科試蒙取算學生年伯番禺許筠菴夫子應騤
己卯科順天鄉試同考官黃縣王季樵夫子錫蕃

陳恩榮

五世祖日宣字宇明貤封修職郎定興縣教諭貤贈昭武都尉廣東羅定營都司康熙壬戌自浙江山陰遷天津

五世祖母氏張貤封孺人貤贈恭人

高祖禮字齋亭附生乾隆庚辰恩科舉人大挑二等定興縣教諭敕授修職郎

高祖母氏許敕封孺人蕭山諱漢臣女

曾祖世讚字贊工候選縣丞敕授修職

履歷

字柘圃號澤曾又號季桐行五同治丁卯年[illegible]

十八日吉時生直隸天津府天津縣縣學附生

五世伯祖日且字旭初貤贈徵仕郎武清縣丞定河北岸主簿

高伯祖吉仁譜名元字天一吏滿考授從九品　利字象方　正譜[illegible]永賢吏滿考授從九品候選州吏目誥封昭武都尉廣東羅定營都司　琮譜名仁字用方貤封朝議大夫運同銜廣東合浦縣知縣　義字我遵貤封朝議大夫運同銜廣東合浦縣知縣

從高伯祖乾字連三　吉亨字德方吏滿考授八品職銜候選府經歷投效河工補授武清縣丞定河北岸主簿

曾叔祖世珍　世琦字揩超　世範字良度監生　世璋字奉宜

從曾伯叔祖世英字與三　世雄字斌南附生　世蕃　世芬　世英誥封朝議大夫運同銜廣東合浦縣知縣　世謙　世霖監生軍功議敘從九品河南候補典史署延津縣典史　世泰武生乾隆庚寅恩科武舉廣東羅定營都司

一

郎 奉直大夫 誥封

曾祖母氏龔 勅封孺人 誥封宜人

祖允中 諱名雙城字翰卿五品銜候選縣丞 誥封奉直大夫

祖母氏毛 誥封宜人

繼祖母氏呂 同邑候選布政司照磨諱文龍孫女 誥封宜人 候選訓導諱長年女 監生諱大智胞姊 候補把總名寅書六品軍功名雲範胞姑

父學曾 字省吾候選從九品 敕授登仕佐郎 誥封奉直大夫

母氏俞 封宜人同邑監生 敕封孺人 誥

再從曾伯祖應選 字登如 應遴 字畯如 應達 字端如 世瓛 貢生

勅封徵仕郎江西甯都州州判 胥

封承德郎六品銜雲南白鹽井大使

伯祖安城 字益三候選按察司照磨

從伯祖德城 候選通判 萬城 字倘賢

再從伯祖煥增 召棠 監生 文垣 道坦 承坤 秉

均 開址 對墀 裕鑠 裕坤 文蔚 裕寬

監生候補典史歷任江西長甯新建崇義縣典史代理星子縣清溪司臨川縣東館司崇義縣金杭司大庾縣鑾林司鄱陽縣石門司

裕奎 監生候選縣丞分發巡檢升用州判署甯都州州判

廣東知縣補授合浦縣知縣歷署開平靈山縣知縣 欽加運同銜

裕垂 字問亭附貢生雲南白鹽井大使 欽加六品銜

裕賓 字虞封監生候補守禦所千總

三從伯祖國榕 國康 國瑞 國治 國祚 國

安國泰

誥世翰孫女附生四川鹽源縣典史諱世寅廣東翁源縣知縣諱世琛姪孫女貤封中憲大夫諱昌第女監生諱文鎔胞妹名文鋭名文銓名文鉦名文銘從妹三品銜賞戴花翎即補府安徽蒙城縣知縣陣亡奉旨建立專祠賞雲騎尉世職諱文斟再從妹世襲雲騎尉名明姿再從姑議敘從九品名明德胞姑

繼祖母侍下

永感下

慈庭訓

伯父仰曾字魯堂六品銜候選州判　法曾字雅泉監生候選從九品出嗣伯祖益三公

從伯父燿曾候選州吏目　顯曾候選典史　保曾字春林　有曾字星垣

再從伯父忠安　忠臣　忠勇　忠元　忠處　忠

奎　大發　大祥　大剛　大有　大勇　廷揚

廷桂　廷傑　敬祖敕封修職郎　興祖誥封奉政大夫　燿祖候選從九品　嘉惠　承惠　學慈　錫三　錫璋

錫瑞　錫珏　錫珍　銘　鐵　鈺　鏞　錦

鏜

三從伯父興業　鴻業

兄恩藻字竹軒監生候選府經歷順屬辦賑議敘五品銜

從兄弟恩綬字衛廷五品職銜　恩第字階平監生議敘五品銜　恩纍幼讀

再從兄家珠監生　邦珠　廷珠監生　樹珠　聖珠　光珠

二

元珠監生 明珠
三從兄友功 友明 友德 青雲 青田 青和
青善 青山 肯堂 洪泰 洪安 洪昆
洪猷 洪福 洪平 洪貴 洪恩 爾準字鳳亭
爾瀛 爾灝 爾濟 爾濤 爾潔 爾沅 爾
沅 爾振 其峻監生 其光貤封奉政大夫 其文附貢生 其
訓監生 其祥候選通判五品銜 其賢附貢生 其愷六品頂戴 其疇從九
品
四從兄立仁 立義 立禮 立智 立信 立德
立恭 立彥 立鄴
再從姪雲書 鶴書 鳳書 彤書 鴻書幼讀
三從姪啟富 啟貴 啟麟 啟順 啟祥 延齡

松齡六品頂戴遐齡五品頂戴全齡 永齡 長齡 耆
齡 鶴齡 奎齡廩生鴻齡附生昌齡 錫齡 億齡
桐齡 柏齡 望齡 九齡 岡齡 雯齡
寶山 寶成 寶珂 寶廷 寶書 文魁 文
源 文慶
四從姪永年 鉅年 鏶年 鈺年
三從姪孫萬庫 萬倉 鳴皋 鳴儀 鳴盛 鳴
勳 鳴梧 鐺 鈐 銘 鑑 錕 鉞纠讀
四從姪孫思永 同慶 元勳 作礪
從姑一適嚴同邑 誥授武德佐騎尉 誥贈榮祿
大夫諱家瑞室候選員外郎 誥封榮
祿大夫諱克寬本生母附貢生三品銜刑部郎中
一品封典名振光緒壬午癸未聯捷進士翰林院
編修名修
本生祖母

三

鄉試中式第一百三十六名
保和殿覆試
欽定第一等第二十六名
會試中式第　名
覆試第　等第　名
殿試第　甲第　名
朝考第　等第　名
欽點

從姊四長適李同邑例封文林郎諱錦昌長子附生光緒乙亥恩科副榜名雲章繼室次適郭同邑附生諱夢熊次子監生名榮章室次適金同邑監生諱廷楨長子監生議敘從九名承照繼室次適趙同邑增生名士傑次子業儒名桂星室

從妹一適于同邑議敘縣丞單功賞戴藍翎諱禧昌次子增生名長懋室

娶武氏同邑候選從九品名邦彥長女歲貢生候選訓導諱鳳翔廩貢生署正銜現任安州鄉學訓導名承謙咸豐辛亥恩科舉人大挑二等現任昌黎縣訓導名承厚前山西靈石縣巡檢名承敬廩貢生現任交河縣訓導名兆熊三從姪女同治癸酉甲戌聯捷進士鹽運使銜河南候補府名登第優貢生名登儁馳贈登仕郎名德滋議敘從九品名德潤名德深名德藍監生名恩銘監生理問銜名德溥三從妹名祖功名祖德胞姊

子

女一

世居衛安門內

三

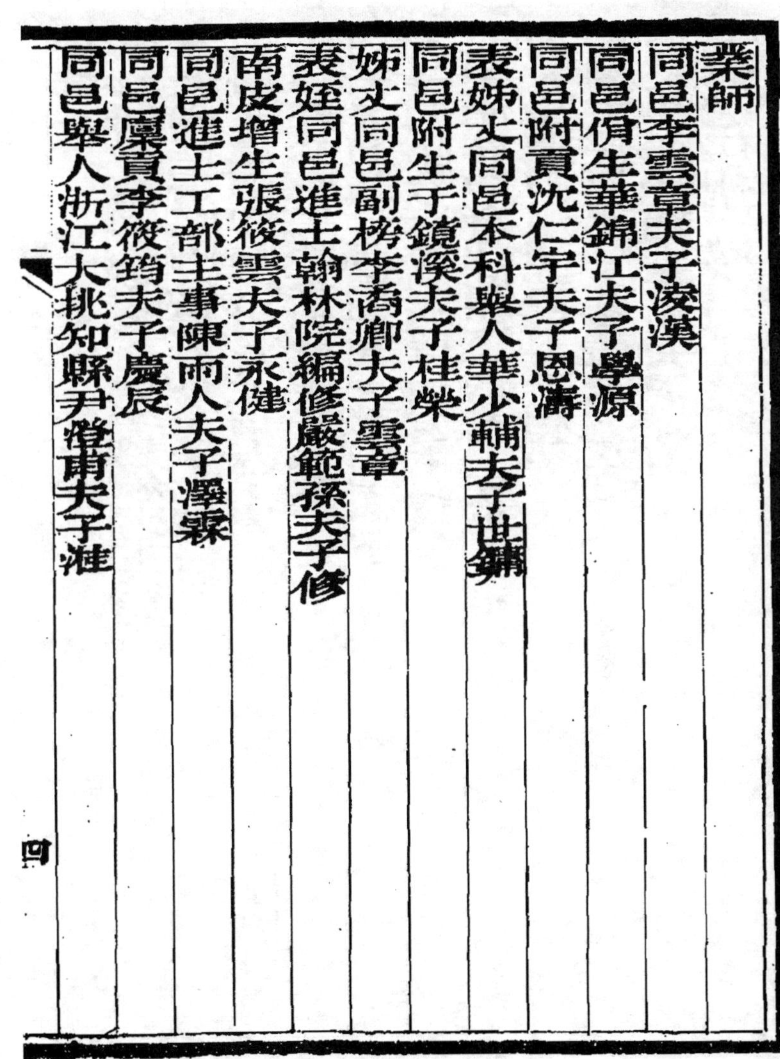
業師

同邑李雲章夫子浚漢

同邑佾生華錦江夫子學源

同邑附貢沈仁宇夫子恩濤

表姊丈同邑本科舉人華少輔夫子世鏞

同邑附生于鏡溪夫子桂榮

姊丈同邑副榜李禹卿夫子雲章

表姪同邑進士翰林院編修嚴範孫夫子修

南皮增生張筱雲夫子永健

同邑進士工部主事陳雨人夫子澤霖

同邑廩貢李筱鈞夫子慶辰

同邑舉人浙江大挑知縣尹澄甫夫子滙

課師

掌教問津書院學海堂會稽李越縵夫子慈銘

掌教輔仁書院同邑楊香吟夫子光儀

前署天津縣知縣泰州宮玉甫夫子昱

天津縣知縣吳縣李搏霄夫子振鵬

前天津河防分府桐鄉馮少芝夫子清泰

天津河防分府合肥陳序東夫子以培

前天津府知府錢塘汪子常夫子守正

前天津道泗州胡芸楣夫子𤒹棻

前署天津道涇縣吳贊臣夫子廷斌

前天津道錢塘周子瑜夫子懋琦

天津道仁和方勉甫夫子恭釗

前長蘆鹽運使滿洲五如夫子額勒精額
前署長蘆鹽運使年伯建德周玉山夫子馥
長蘆鹽運使江陰季士周夫子邦楨
前津海關道貴池劉薌林夫子含芳
前津海關道廬江劉獻夫夫子汝翼
前津海關道瀏陽李勉林夫子興銳
津海關道武進盛杏孫夫子宣懷
大學士直隸總督刱設學海堂經古課稽古書院合肥李少荃夫子鴻章

受知師

前天津縣知縣歸安孫筱坪夫子錫康
前天津府知府淄川鄒岱東夫子振岳
前順天學政辛卯科試錄取入學臨桂周生霖夫子德潤

欽命四書詩題

鄭德寶

始祖公讓原籍江南鳳陽永樂二年遷居天津東沽
始祖妣氏毋
九世祖逢性
九世祖妣氏張
氏金

字伊農號緗亭一號香舲行七同治
庚午年六月十五日吉時生係直隸
天津府天津縣商學廩膳生竈籍
八世叔祖兆芳 兆蕙
嫡太高高叔祖聿亨考授承務郎 聿利 聿貞考授承務郎
聿義國學生 聿書乾隆辛酉科舉人
堂太高高叔祖聿仁 聿禮 聿智
嫡高高叔祖枚候選州同 檟國學生
堂高高叔祖棟 楷武庠生 極 柱 樑候選縣丞 棨

一

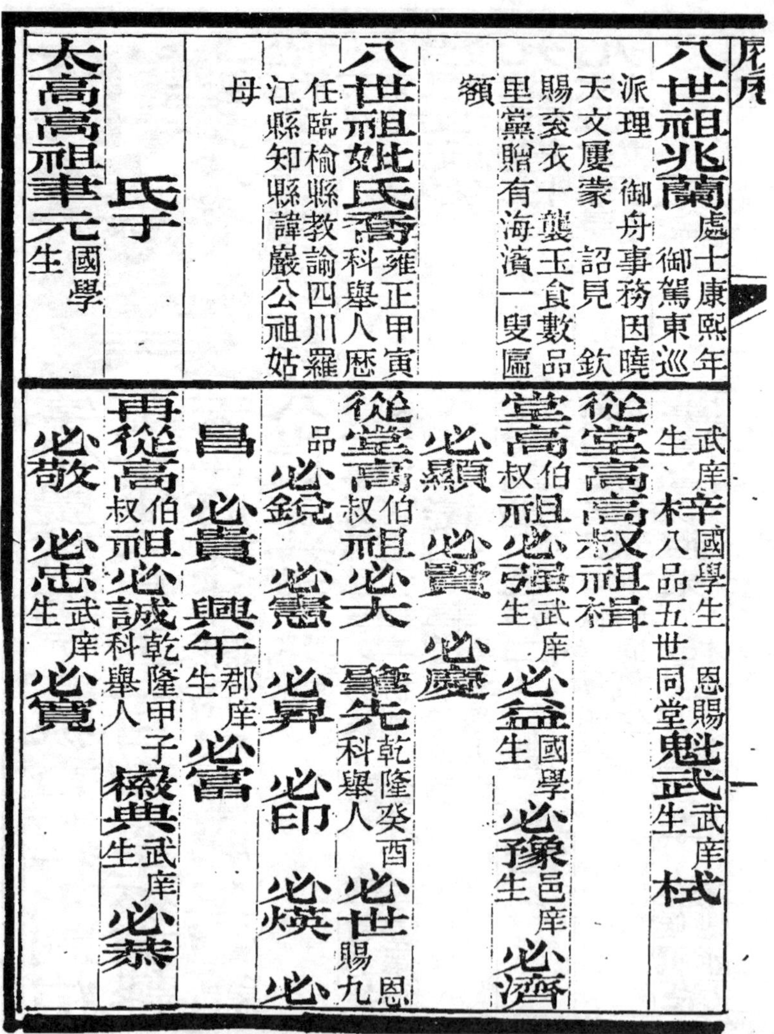

八世祖兆蘭處士康熙年御駕東巡派理御舟事務因曉天文屢蒙詔見欽賜衮衣一襲玉食數品里黨贈有海濱一叟匾額

八世祖妣氏喬雍正甲寅科舉人歷任臨榆縣教諭四川羅江縣知縣諱巖公祖姑母

氏孚

太高高祖聿元國學生

武庠生、梓國學生八品五世同堂恩賜魁武武庠生栻

從堂高高叔祖韡

從堂高伯叔祖必強武庠生　必益國學生　必豫邑庠生　必濟

必顯　必寶　必慶

從堂高伯叔祖必大　必先乾隆癸酉科舉人　必世恩賜九品

必銳　必憲　必昇　必節　必煐　必

昌　必貴　興年郡庠生　必富

再從高伯叔祖必誠乾隆甲子科舉人　繼典武庠生　必恭

必敬　必忠武庠生　必寬

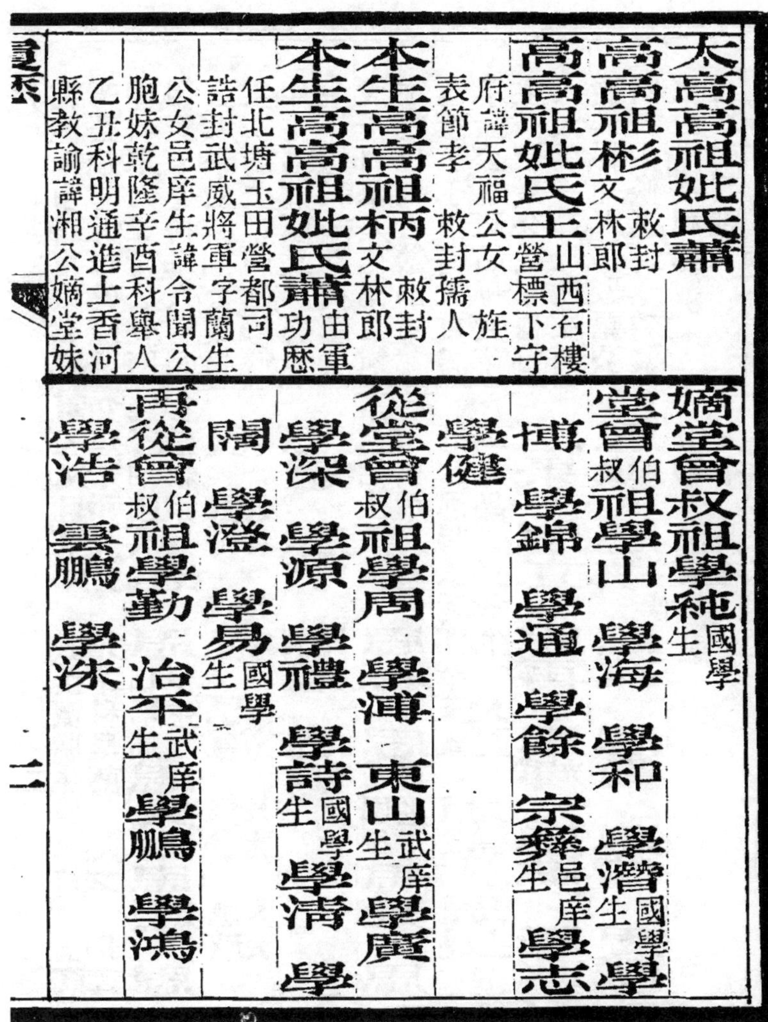
太高高祖妣氏蕭
高高祖彬敕封文林郎
高高祖妣氏王山西石樓營標下守府諱天福公女旌表節孝敕封孺人
本生高高祖柄敕封文林郎
本生高高祖妣氏蕭由軍功歷任北塘玉田營都司誥封武威將軍字蘭生公女邑庠生諱令聞公胞妹乾隆辛酉科舉人乙丑科明通進士香河縣教諭諱湘公嫡堂妹

嫡堂曾叔祖學純國學生
堂曾伯叔祖學山　學海　學和　學潛國學生　學學
博　學錦　學通　學餘　宗彝邑庠生　學志
學健
從堂曾伯叔祖學周　學灃　東山武庠生　學廣
學深　學源　學禮　學詩國學生　學清　學
闊　學澄　學易國學生
再從曾伯叔祖學勤　治平武庠生　學鵬　學鴻
學浩　雲鵬　學洙

乾隆辛酉科舉人諱連芳公嫡堂姑母乾隆癸卯科舉人諱翰公乾隆甲寅　恩科舉人諱翊公太學生諱翎公廩膳生諱翮公堂祖姑母武庠生名達蔭公　恩貢生候選教諭諱桐蔭公戊子科舉人花翎協鎮銜歷任大沽營都司諱桂蔭公丁酉科拔貢諱承蔭公堂祖姑母武庠生諱聚奎公戊午科舉人大挑一等現任陝西寶鷄縣知縣名聚星公附貢生候選縣丞諱聚賢公堂高祖姑母　敕封孺人

嫡堂叔祖思永　思範廩膳生數科呈薦　思本　思謙

從堂伯叔祖思遠　思九增廣生　思榮　思超　思頲　思同　思行　思道　思靜　思惠　思達　思中　思廉　思敬

再從伯叔祖思重　思聰　思直國學生　思凝　思瑞九品恩賜　思模郡庠生　思聖　思慧　思長　思杲　思立　思再　思輝　思敏　思政　思敦　思興　思孜　思學　思僑　思儼　思仰　思吉

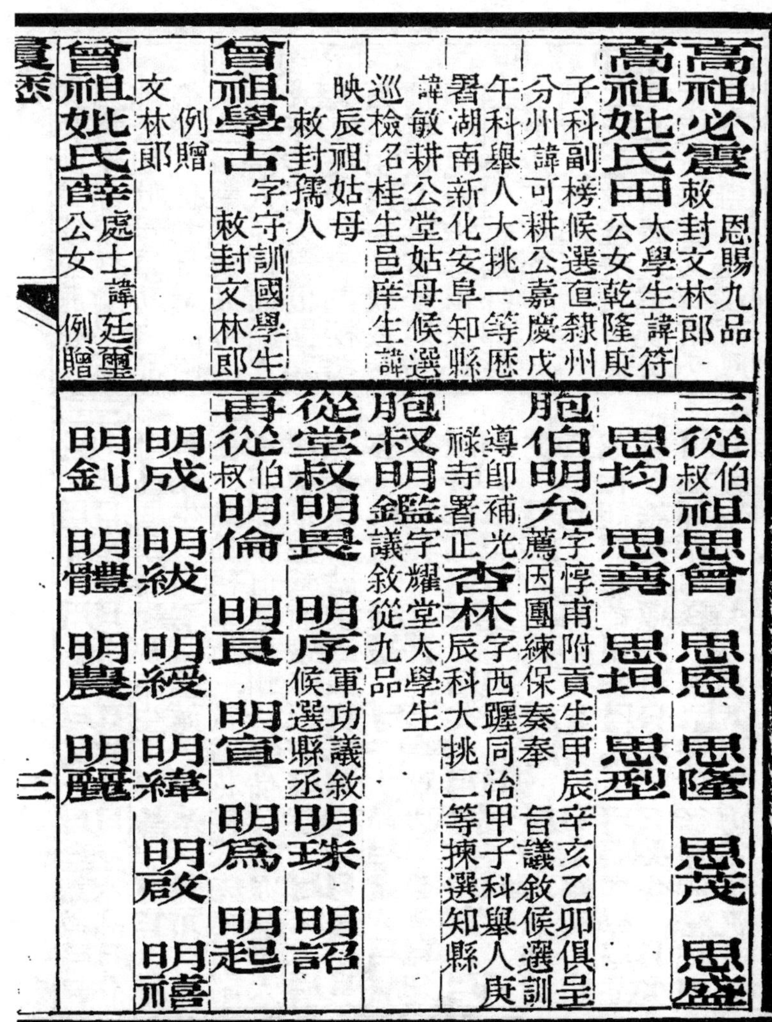

高祖必震 恩賜九品 敕封文林郎

高祖妣氏田 太學生諱符公女乾隆庚子科副榜候選直隸州分州諱可耕公嘉慶戊午科舉人大挑一等歷署湖南新化安阜知縣諱敏耕公堂姑母候選巡檢名桂生邑庠生諱映辰祖姑母敕封孺人

曾祖學古 字守訓國學生 敕封文林郎 例贈文林郎

曾祖妣氏薛 處士諱廷璽公女 例贈

三從伯叔祖思會 思恩 思隆 思茂 思盛 思均 思冀 思垣 思型

胞伯明允 字停甫附貢生甲辰辛亥乙卯俱呈薦因團練保奏奉旨議敘候選訓導卽補光祿寺署正 杏林 字西躔同治甲子科舉人庚辰科大挑二等揀選知縣

胞叔明鑑 字耀堂太學生議敘從九品

從堂叔明畏 明序 軍功議敘候選縣丞 明珠 明詔

再從伯叔明倫 明良 明宣 明爲 明起

明成 明紱 明綬 明緯 明啟 明禧

明釗 明體 明農 明麗

文林郎諱銀公胞妹
恩貢生卽選教諭名延
祚公胞姑母軍功六品
銜諱誠從九品諱謙附
貢生諱慧胞祖姑母
敕封孺人　例贈孺人
祖思齊字善夫號也園嘉
慶甲子科副榜癸
酉科由薦卷挑取教習
補授鑲藍旗官學期滿
引見以一等用原任
四川瀘州納谿縣知縣
敕授文林郎
例贈文林郎
祖妣氏元乾隆庚寅恩
科舉人諱璞公
女庚寅科舉人諱琯公
丁酉科舉人任江南鳳

三從伯叔明新　明經　明威　明廷議敘八品　明伸
明紀國學生　明晉郡庠生丁酉呈薦　明緒　明祚　明
保欽加總鎮銜賞戴花翎儘先補用副
將開缺直隸景州營守備奏派統帶天
津練軍左營前帶奉天新
練步隊誥授武顯將軍　明善　明欽　明
鎔　明閎　明閣　丙午六品軍功　明發　明鏞
明山六品軍功　明綮　明試　明泰　明誼　明
誠　明位　明煇　明東　明德欽加總鎮銜賞
戴花翎儘先補用參
將誥授武顯將軍　明煥　明燠國學生　明焜
明煊生郡庠　明煇　明忠守備銜豐潤營把總
現署海沿子汛千總

陽衛督運守府諱理公
丁酉科拔貢任陝西邠
州長武知縣諱璣公堂
姪女郡庠生諱艮鍔公
胞姊太學生諱艮材公
堂妹候選同知諱爾公
從九品諱鞏公胞姑母
邑庠生諱澤公道光壬
午科舉人歷任晉州學
正新城縣教諭諱烺公
堂姑母 敕封孺
人 例贈孺人

父明揚字揄齋從九品因
團練保奏奉 旨
議敘候選縣丞敕授
修職郎 例封文林郎

母氏郭太學生候選理問
諱棻公女國學生

明照 明星 明霖候選縣丞 明義 明奎 明
旺 明景

嫡堂兄德玉國學生 德錫衍聖公府即補隨朝伴官 德鍾衍
聖公府即選知印官 德齡五品銜 廷翰國學生已卯科呈薦

從堂兄德仁

再從兄弟德馨 德卲邑庠生 德泰 德春 德麟
國學生 德瀛候選縣丞 德醇 德潤 德所 德風
德佩 德滋業儒 德壽 德鸞 德鳳 德龍
德懋 德福 德祿業儒 德棨 德淇六品軍功 維

曆

諱紹曾公胞妹衍聖
公府候選知印官名滙
衍聖公府候選隨朝
伴官名浙胞姑母敕
封孺人
例贈孺人
氏張鹽邑誥封奉直大夫任雲南彌勒
州知州諱宏璽公元孫
女誥封朝議大夫原
任山東東昌府同知陞
湖北德安府知府花翎
補用道諱昌齡公胞姪
元孫女誥封奉政大
夫由內閣中書分發山
東候補同知歷署臨朐
鄒平等縣諱繼榮公孫
女山東臨淄縣知縣調

厚賞戴花翎都司銜儘先守備蘆台右營把總德尙邑庠生由恩廕候選通
判德用現任奉天水雷營幫带藍翎補用千總德有六品軍功德三
德貴五品銜德發德來
三從兄弟德運德興德望德原德華
德聚德輔德溶德吉德舉德珠
嫡堂姪秉鈞業儒秉簪衍聖公府即補書寫官秉錄郡庠生秉
符秉箋秉箴秉[illegible]秉綺秉笏俱業
儒
再從姪秉鉞邑庠生壬午科呈薦秉鏞幼讀秉田秉鑄

授榮城縣知縣諱鼎榮公胞姪孫女從九品候選巡檢諱廣杰公女分發廣東鹽知事諱廣煜公庠生諱廣照公　貤封承德郎諱廣熙公前任廣西臨桂縣典史諱廣丙公從九品諱焯公庠生辛卯科挑取謄錄諱廣煦公胞姪女國學生名垚公胞姊從九品諱培公增廣生諱墉公庠生諱璧公嫡堂妹候選縣丞諱均公嫡堂姊庠生名錫瑞堂姑母
敕封孺人　例封孺人

貝慶下

秉錢　秉鈞六品軍功　秉乾　秉彝　秉植　秉錫　秉公　秉正　秉全　秉忠俱幼讀

嫡堂姪孫道敏幼讀　道寬　道先　道緜　道存　道安俱幼

三從姪孫道常　道恩俱幼讀　道生　道傳　道宗　道顯　道會　道隆

胞姊長適同邑例授儒林郎布政司理問李公諱聯芳三子國學生諱步庸　次適同邑候選兵馬司吏目張公諱大受四子名淮齡　三適同邑國學生王公諱福順次子廩膳生戊子科挑取謄錄名文煥

五

履歷

庭訓

受業師 謹依先後爲序

胞伯西疇夫子 諱杏林

李仰青夫子 諱步雲 歲貢生候選訓導

王鸞軒夫子 印之襄 同治丁卯科舉人庚辰科大挑二等卽選教諭

賀幼甫夫子 諱艮楨 前任長蘆鹽運使司鹽運使

娶蕭氏 廩膳生諱翮公曾孫女乾隆癸卯科舉人諱翰公乾隆甲寅 恩科舉人諱翊公太學生諱翩公胞姪曾孫女國學生諱勳蔭公孫女邑庠生 貤封文林郎諱德蔭公道光丁酉科拔貢候選直隸州分州諱承蔭公胞姪孫女 恩貢生候選教諭諱桐蔭公戊子科舉人軍功 賞戴花翎歷任大沽左營新雄營祁口營都司 欽加協鎮銜諱桂蔭公嫡堂姪孫女國學生候選州判名瑞鎮公女五品銜名瑞珊公胞姪女國學生翰林院待詔名瑞星公附貢生名瑞琛公邑庠生鴻臚寺序班名瑞鈐公嫡堂姪女咸豐戊午科舉人同治辛未大挑一等分發陝西歷任榆林雒南等縣現任寶鷄縣知縣名聚星公從堂姪女優增生名鴻翥公從堂妹郡庠生名鴻熙公胞妹

繼娶陳氏 甯河縣道光乙酉科優貢 誥封資政大夫諱梅公孫女己酉科拔貢工

姻兄高曦亭夫子 印 賡恩 丙子翰林 國史館纂修 上書房行走教習庶吉士 記名以道府用

張雲舫夫子 印 仲儒 乙亥恩科經魁官學教習壬辰科進士

張露生夫子 諱 承恩 乙酉舉人

課師

楊香吟夫子 印 光儀 壬子舉人 揀選知縣主講輔仁書院

部郎中花翎三品銜貴州補用道貴陽府知府諱鴻翕公女 誥封奉直大夫諱鴻翥公貤封奉直大夫印鴻翰公胞姪女辛卯科優貢肥鄉縣訓導江蘇補用知府諱鴻詡公戊戌科教習運同銜山西懷仁等縣知縣兼理應州知州印鴻翥公甲午科舉人戊戌科進士吏部郎中軍機章京工科掌印給事中欽差辦理津南團練事宜福建汀漳龍道諱鴻翊公癸卯科優貢新樂縣教諭諱鴻翽公 貤封通議大夫增廣生諱鴻習公己酉科優貢庚戌科教習同知銜前山東臨邑縣知縣諱鴻翩公嫡堂姪女邑庠生名學聃公胞姊庚午科優貢內閣中書諱學彭公廩貢生即選訓導名學周公分發河南候補知州名學張公廩膳生名學陸公國學生名學愈公嫡堂妹邑庠生名學鄭公嫡堂姊

子秉鍼 幼

歷屆

李越縵夫子 印慈銘 主講三取書院本科內監試官

女

課友

楊信泉 印衍符 增廣生歷科呈薦

肄業師

李摶霄夫子 印振鵬 現任天津縣知縣

鄒岱東夫子 諱振岳 原任天津府知府

卜

方勉夫夫子 印恭釗 現任天津兵備道

季士周夫子 印邦楨 現任鹽運使司鹽運使

盛杏蓀夫子 印宣懷 現任津海關道

李少荃夫子 印鴻章 現任直隸總督部堂

受知師

履

許筠庵夫子 印 應騤 前任順天

學政

李若農夫子 印 文田 順天學政

鄉試中式第一百三十七名

覆試二等第　名

會試中式第　名

殿試　甲第　名

朝考　等第　名

欽點

族繁不及備載

世居鎮海門外東大沽

順天鄉試硃卷光緒癸巳恩科

中式第一百五十七名舉人鄭德寶直隸天津府天津縣商學廩膳生竈籍

同考試官翰林院編修國史館協修加三級陳　閱　薦

大主考會典館副總裁刑部右侍郎鑲黃旗滿洲副都統管理戶部三庫事務加三級裕　批　又取批

大主考戶部右侍郎兼管錢法堂事務加三級陳　批　又取批

大主考經筵講官太子少保軍機大臣會典館副總裁刑部尚書管理八旗官學大臣總理各國事務大臣加三級孫　批　又取批

大主考經筵講官太子少保毓慶宮行走會典館正總裁戶部尚書管理國子監事務稽察京通十七倉大臣加三級翁　批　又中批

步法齊整經策光昌

神味淵永經策詳明

局度雍容經策條貫

氣韻清華經策博雅

本房原薦批

筆意沉著氣息深厚提二及中幅尤刻摯不浮詩諧次三皆昌明博大經意精詞湛五藝俱出色當行策條對詳明

聚奎堂原批

彈丸脫手不蔓不支次三勻適詩工經策皆可

故君子必愼其獨也曾子曰十目所視十手所指其嚴乎

鄭德寶

獨益加愼愼獨者明其要矣夫獨非鑒於小人而始愼惟曾子能明其故也指視綦嚴揜著之小人盡鑒諸且君子異於小人者以其獨之不敢寬也且不惟己之不敢寬而實覺人之必不我寬非人之不我寬也終此身在欺慊之中而誠形曾不少假是我本予人以易乘之隙斯人之環伺我交摘我者亦若抵其隙以俱來此非身歷其境者不能知亦非實致其力者不能言也誠中形外獨之不愼如此此不必虛搆一至危之境而已難掩其至密之修也

而知其故者惟君子獨至靜也而有至紛之象則必守靜以處此獨焉而息紛而爲靜者復即靜以見紛嚴密不敢寬大易所以昭敬愼不敗也獨至微也而有至顯之幾則必謹微以持此獨焉而因顯愈懍於微者復即微益徵其顯嚴畏無敢懈中庸所以言戒愼恐懼也必愼其獨是豈待視指之已加而始嚴愼之功乎吾有以窺其隱矣神明之警惕亦微矣哉片念不知防檢畢生即多作僞之端而況匪彝滔淫之引於物交者更多方以巧試事後而圖之悔何及哉君子謹於先焉而要非鑒小人而始釐策勵也半生來求慊綦殷確見夫人生成敗之機祇爭俄頃設閑存未密動於

意者端倪甫露卽伺其意者相逼偕來縱諱莫如深不憚多爲文護而鬼神所鑒察直將以冥冥之斧鉞發爾陰私則天地卽在方寸矣內念之糾虔亦密矣哉寸衷偶弛防閑此身不免背馳之患而況貪求傾軋之牽於世故者又百出以相嘗稍縱卽逝之復何補哉君子持於常焉而亦非因小人而益密功能也爾室中戒欺倍切深識夫千古聖狂之界祇判幾希設省察未精在內有偶玷之身名卽在外有難逃之鑒別縱藏身孔固不難巧作彌縫而有道所糾繩不啻有赫赫之雷霆悚其幽隱則屋漏儼若大廷矣不觀曾子之言乎曰十目所視十手所指嚴乎否乎目手一幻象耳

極之曰十則紛至沓來之數乃並非若離若即之得遁其形所視所指無幻之非眞焉愼獨者能勿悚然惕乎視指一虛境耳惕之曰所則發奸摘伏之餘斷難假不覩不聞以少留其間十目十手無虛之非實焉愼獨者能勿皇然懼乎求誠者曷諸

本房加批

筆意鑱刻無一語寄人籬下可謂心精力果

子曰爲政以德譬如北辰居其所而衆星共之子曰詩三百一言以蔽之曰思無邪

鄭德寶

示爲政學詩之要皆不外守約而已夫政不約無以爲政詩不約無以學詩也諭以居所括以一言非各得守約之旨乎且帝王之圖治與學者之窮經騖廣而多荒誠不如守約而有據也使不知守約則圖治而拘於綱紀之文窮經而泥於章句之蹟即令撫馭有方披吟日事而本之既昧末亦紛焉果何由恃靜而制動即少以概多乎惟然而天下之圖治與窮經者宜知所從來矣嘗見夫古之爲政者矣無偏無黨協於中也無怨無惡惠及下也自唐虞

以迄成周世運無論古今而得人則治世果有大有爲之君具臨民之德以之立政將見百爲胥理庶績咸熙一時之億人兆人莫不舍和吐氣而言曰休哉乎斯世蓋端居淵默而眾庶各戴聲靈作所有基而共向無分遐邇是何異北辰之居所而共者有眾星乎爲政之道可一言而盡也亦曰以德而已矣夫古者太史陳詩以觀民風而十五國之歌謠其貞淫美刺具焉古詩三千餘篇子刪之僅存三百十有一言三百舉大數耳其間朝廟所賡歌草野所諷詠要莫不有眞意之所存豈徒王風附國風之後見爲政者之去古已遥商頌列魯頌之終見以德者之取法貴上哉蓋詩者

思之流也駉之篇有思無私一語其諸可蔽全詩之旨乎吾黨類記子言知爲政之原學詩之要大抵不外於守約云爾且夫政以御衆而衆不遽歸焉者無德以主宰之也爲政者曷弗守之以約而以德操其樞紐乎試觀鶉首在秦實沈在晉析木在燕極衆星之右轉左旋無不仰北辰而相爲環繞從知不動而化爲政而約之以德君道一天道之自然也誦詩而閲國政懸書讀灋在所弗矜覃思而溯宸居旰食宵衣行其無事仰觀而有會矣幾見帝諦王往之朝猶尚夫小補驩虞之術哉且夫詩以達思而思不皆正焉者惟邪有以紛擾之也學詩者曷弗守之以約而以無邪扼其

○○○○○○○○○○○○○○○○○○○○○○○
統宗乎我觀國風居首二雅居中三頌居末統三百之連篇累牘

○○○○○○○○○○○○○○○○○○○○○○○
要可持一言以定厥指歸信能取義斷章學詩而約以無邪有辭

○○○○○○○○○○○○○○○○○○○○○○○
一無辭之所貫也六經皆砥德之書而麟趾騶虞尤關心性十載

○○○○○○○○○○○○○○○○○○○○○○○
修匡居之業而桑中溱洧亦見性情索解不在多矣爲望抒雅揚

○○○○○○○○○○○○○○○○○○○○○○
風之士有以悟温柔敦厚之原哉凡此皆守約之旨也

本房加批

氣動墨中聲流簡外極洋洋灑灑之觀

伯一位子男同一位

鄭德寶

位有遞亞於公侯者可由不同以觀其同焉夫伯固遜於公侯而猶尊於子男也若子與男同居一位非亦天子所班之爵乎嘗考班爵之制天子而下公侯尚已由此而遞及之有位不同而名亦因之不同者有名不同而位要不妨從同者或則獨擅其位而較公侯爲猶近焉或則共有其位而去公侯爲倍遠焉要皆天子之命吏也獨擅其位者固無妨於不同共有其位者又何妨於大同耶夫獨擅其位者何也伯是也聞之伯之言長又取於明白其德之義周之受命西伯而其先實爲公焉晉則世稱晉伯而其始實

爲侯焉是無論王畿之內伯之爵二十二九州之大伯之爵有六十而既稱爲伯則必尊於子且更尊於男矣以視夫門東門西各按明堂之位旂南旂北共參禮器之圖者不同也不同也吾得由公侯而更舉之曰伯一位至若穀璧以示能養蒲圭以示能安子則奉命以宣德男則立業而任功其位既降於伯尤降於公侯矣子之班二十五而司徒所載不少槪見於風詩男之班以百計而職方所司僅得二三於魯史維子與男或則膺五命之榮或則受五章之賜書爵不必爭先來朝亦何庸特長哉蓋分有同尊循其名原寓父母之義而勢則相等考其實適成兄弟之稱不得與伯

同一位更不得與公侯同一位也吾得統而言之曰子男同一位
且夫郤原諸國以伯爲王室之親梁薛諸邦以伯荷天家之寵先
子男而須以秬鬯亦謂凡我造邦皆宜懔分土分民之義則無論
爲同姓爲異姓凡班爵而爲伯者皆得別公侯而各得一位也夫
渠伯爲冢宰芮伯爲司徒儼然與周公召公並峙矣秦伯居西陲
曹伯列東藩赫然與齊侯晉侯爭雄矣而當建伯之初則未始不
嚴其限制也汝往欽哉尚當體長人之意哉且夫郜沿子爵與曹
並系夫周宗驪守男邦與燕皆稱夫姬姓繼乎伯而錫爾介圭亦
謂屬在列服各宜有相推相戴之思則無論備內藩備外藩凡班

爵而爲子男者皆得從伯與公侯而同爲一位也夫封曹有請楚因之而釋其圍伯固見存於子矣讓鄭有辭許因之而全其祀伯又大庇夫男矣而當命子男之始則未嘗稍判夫低昂也式相好矣庶可無傾軋之憂哉此班爵之通於天下也

本房加批

思風發於胸臆言泉流於唇齒文筆尤矯健不羣

賦得秋鷹整翮當雲霄 得才字五言八韻　鄭德寶

萬里雲霄迥蒼鷹作勢來當秋初整翮得路此翹才大野雄
心豁寥天倦眼開風塵辭澒洞毛羽奮遲徊影掠青冥近威
騰紫塞回新霜呼獵早落日解絛纔遠籟金商送涼颸玉宇
催幸隨鵷鷺序珥筆侍
蓬萊

本房加批

氣韻沉酣

龐奎垣

始祖爾熙字中朗號壽菴康熙乙卯科舉人原任正定府獲鹿縣教諭 敕授文林郎

始祖妣氏呂孺人 敕封

二世祖敬字譽臣議敘從九品 敕授修職郎

二世祖妣氏王孺人 敕封

氏閆孺人 敕授

太高祖鴻聲字振九廩貢生候選訓導

字星聯號繼孫一號樂耕行五同治

乙丑年五月十九日吉時生係直隸

天津府天津縣縣學附學生民籍

二世胞伯祖任

胞太高叔祖友聲歲貢生候選訓導 敕授修職郎 仁聲邑庠生

嫡堂太高叔祖述聲

胞高伯祖霞舉郡庠生

嫡堂高叔祖正邑庠生 直增貢生候選訓導 例贈文林郎 翥邑庠生 鵬

太學生 誥封武德騎尉 驥太學生 麒 熊 彪

堂高叔祖纘

胞曾叔祖聯甲

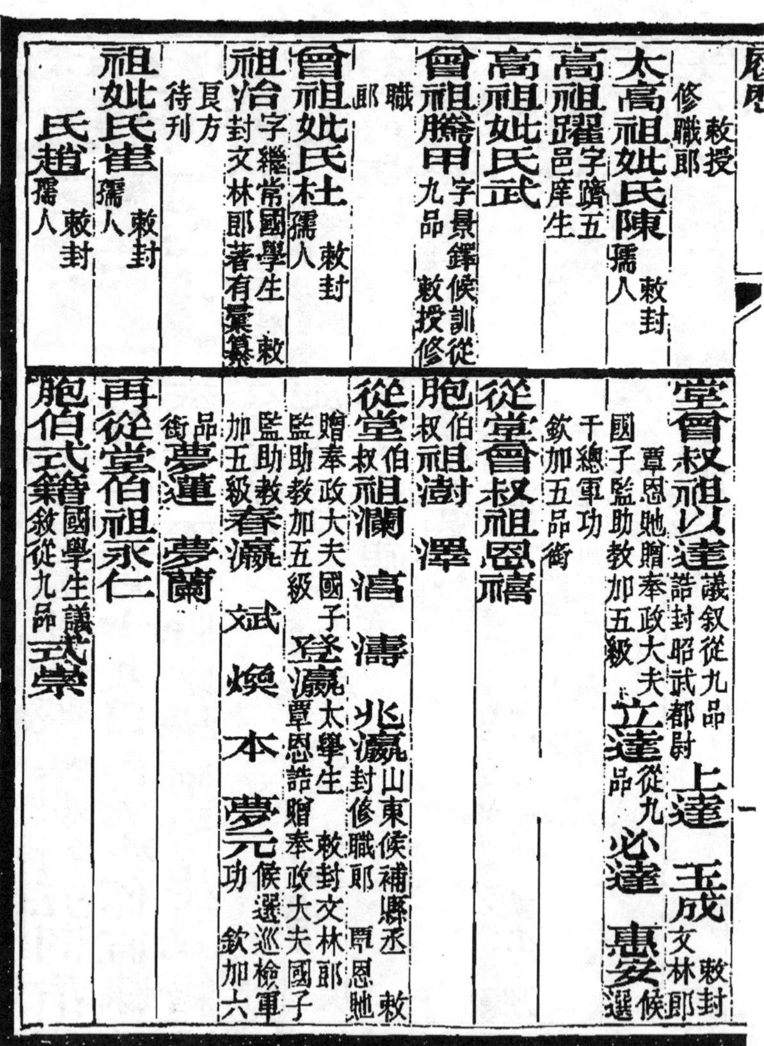

敕授修職郎
太高祖妣氏陳 孺人 敕封
高祖躍 字躋五 邑庠生
高祖妣氏武
曾祖勝用 字景鐸 候訓從九品 敕授修職郎
曾祖妣氏杜 孺人 敕封
祖治 字繼常 國學生 敕封文林郎 著有彙纂良方待刊
祖妣氏崔 孺人 敕封
氏趙 孺人 敕封

堂曾叔祖以達 議敘從九品 誥封昭武都尉 上達 玉成 敕封文林郎候
覃恩貤贈奉政大夫國子監助教加五級 立達 從九品 必達 惠安 選
千總軍功 欽加五品銜
從堂曾叔祖恩禧
胞伯叔祖澍 澤
從堂伯叔祖瀾 滈 濤 兆瀛 山東候補縣丞 敕封修職郎 覃恩貤 敕
贈奉政大夫國子監助教加五級 登瀛 太學生 敕封文林郎 覃恩誥贈奉政大夫國子
監助教加五級 春瀛 斌 煥 本 夢元 候選巡檢軍功 欽加六
品銜 夢蓮 夢蘭
再從堂伯祖永仁
胞伯式籍 國學生議敘從九品 式棨

父式侃字效陶　敕封文林郎

母氏范乾隆癸未科進士欽點主事籤掣戶部諱杜公四川重慶府游擊諱棶公姪孫女國學生候選同知諱棣公孫女廩貢生候選訓導諱光俊公姪女候選從九品諱光祜公女邑庠生諱士純邑庠生道光壬辰科謄錄諱士筠邑庠生議敘從九品諱士琦堂妹附貢生諱廷鈺邑庠生名廷芳堂姑母

具慶下

庭訓

業師

嫡堂伯叔式榮　式泰

從堂伯叔世昌　世轂河南卽補都閫府軍功賞戴藍翎　世隆　世鏞

慶榮　世麟　世清　毓霖從九品　汝霖　世鈐

慶彌國學生　志卿從九品　恩霖　慶恩　瑞霖邑庠生同治甲子科舉人光緒丁丑考補國子監學正現任國子監助教俸滿引見記名以同知用　京察一等加一級　慶源　世華　世傑　世卿　昺卿

再從堂伯紹文

胞弟寶垣字挹珊國學生　銘垣字蘊卿守禦所千總

嫡堂兄弟林　震　耀先國學生　耀祖　雲　耀宗業儒

堂弟兆桂

再從堂兄弟文藻　文彩　文翰　文俊　振　霦

二

履歷

胞伯仁輔夫子諱式鎔履歷詳前

表兄陳心泉夫子諱杰附貢生

華幼琴夫子印景恂附貢生州同銜

李建山夫子諱伯勳壬戌恩科副榜辛未考取教習館滿以知縣用署河南內鄉縣知縣欽加同知銜

張繡山夫子印偉郡庠生

王聘卿夫子印廷珍同治庚午

文蔚郡庠生 泗銘 泗鈺 文祥 文銘 文源邑庠生 文煥 泗銳 泗鈔 文漢 泗鑄 泗鈞

祖光業儒 文郁 文彥 文福

胞姪金鵬

嫡堂姪金題 金琦 金藻

堂姪金運

再從堂姪德寶 雲程 雲翔 雲升

胞妹二 長適同邑國學生五品銜章名金芝公三子國學生名之鑑 次適同邑附貢生中書科中書戶部四川司主事癸卯科會試內簾收掌官楊諱毓柟公曾孫拔貢生己酉科舉人歷任甘肅西甯伏羌永昌等縣知縣安西直隸州知州署平涼府鹽茶同知諱毓錦公姪曾孫國學生諱耀清公孫邑庠生諱德施公本生孫候選縣丞諱光陛公長子國學生名葆泰

科舉人庚辰大挑知縣分發湖北署來鳳縣知縣光緒己丑恩科湖北鄉試同考官

李北溟夫子 印 金海 廪貢生候選訓導

張少甫夫子 諱 恩溥 同治甲子科舉人國史館漢謄錄議敘知縣

姻伯楊香吟夫子 印 光儀 咸豐壬子科舉人東光縣教諭現主講輔仁書院

課師

李鐵梅夫子 諱 嘉端 前主講問津書院

粱氏 廪貢生候選訓導諱興文公曾孫女軍功賞給八品銜諱一醇公孫女從九品名治公堂姪女聖廟七品執事官名漢公女國學生名鴻儒胞姊

子

女

三

張幼樵夫子 印佩綸 前主講問津書院

李蓴客夫子 印慈銘 現主講問津書院

姻伯辛庶田夫子 諱家彥 前主講輔仁書院

王雲舫夫子 印文錦 前主講輔仁書院

年伯李少荃夫子 印鴻章 現任直隸總督

張振軒夫子 諱樹聲 前署直隸總督

祝爽亭夫子 諱塏 前長蘆鹽運使司鹽運使

林綏卿夫子 印述訓 前長蘆鹽運使司鹽運使

冠九夫子 諱如山 前長蘆鹽運使司鹽運使

賀幼甫夫子 諱良楨 前長蘆鹽運使司鹽運使

裕如夫子 印額勒精額 前長蘆鹽運使司鹽運使

季士周夫子 印 邦楨 現任長蘆鹽運使司鹽運使

鄭玉軒夫子 印 藻如 前津海關道

年伯周玉山夫子 印 馥 前津海關道

劉獻夫夫子 印 汝翼 前津海關道

盛杏蓀夫子 印 宣懷 現任津海關道

黃花農夫子 印 建筦 現署津海關道

劉崑圃夫子 諱 秉琳 前天津河間兵備道

劉景韓夫子 印 樹棠 前天津河間兵備道

萬道初夫子 印 培因 前天津河間兵備道

胡雲楣夫子 印 燏棻 前天津河間兵備道

方勉夫夫子 印 恭釗 現任天津河間兵備道

[illegible]

沈松亭夫子 印 永泉 前長蘆鹽運分司

嚴筱舫夫子 印 信厚 前長蘆鹽運分司

馬松圃夫子 諱 繩武 前天津府知府

惲筱山夫子 諱 桂孫 前天津府知府

汪子常夫子 印 守正 前天津府知府

鄒岱東夫子 諱 振岳 前天津府知府

沈子敦夫子 印 家本 現任天津府知府

馮少芝夫子 印 清泰 前天津河防分府

吳曉滄夫子 印 中彥 前天津河防分府

程質齋夫子 印 迪華 前天津河防分府

陳厚東夫子 印 以培 現任天津河防分府

蕭廉甫夫子諱世本前天津縣知縣

王樸臣夫子諱炳爕前天津縣知縣

朱允卿夫子印乃恭前天津縣知縣

姚鐵珊夫子印長齡前天津縣知縣

孫筱坪夫子諱錫康前天津縣知縣

李搏霄夫子印振鵬現任天津縣知縣

受知師

郭紹庭夫子印奇中前天津縣知縣

于望夫子印宜霖前天津府知府

孫子授夫子諱詒經前順天學政

年伯許筠庵夫子印應騤前順天學政

[illegible]

業師前[illegible]

徐品三夫子諱國珍廪貢生候選訓導

鄉試中式第一百五十名

保和殿覆試二等

會試中式第　名

覆試第　等第　名

殿試第　甲第　名

朝考第　等第　名

欽點

族繁不及備載

世居天津鎮海門內

欽命四書詩題

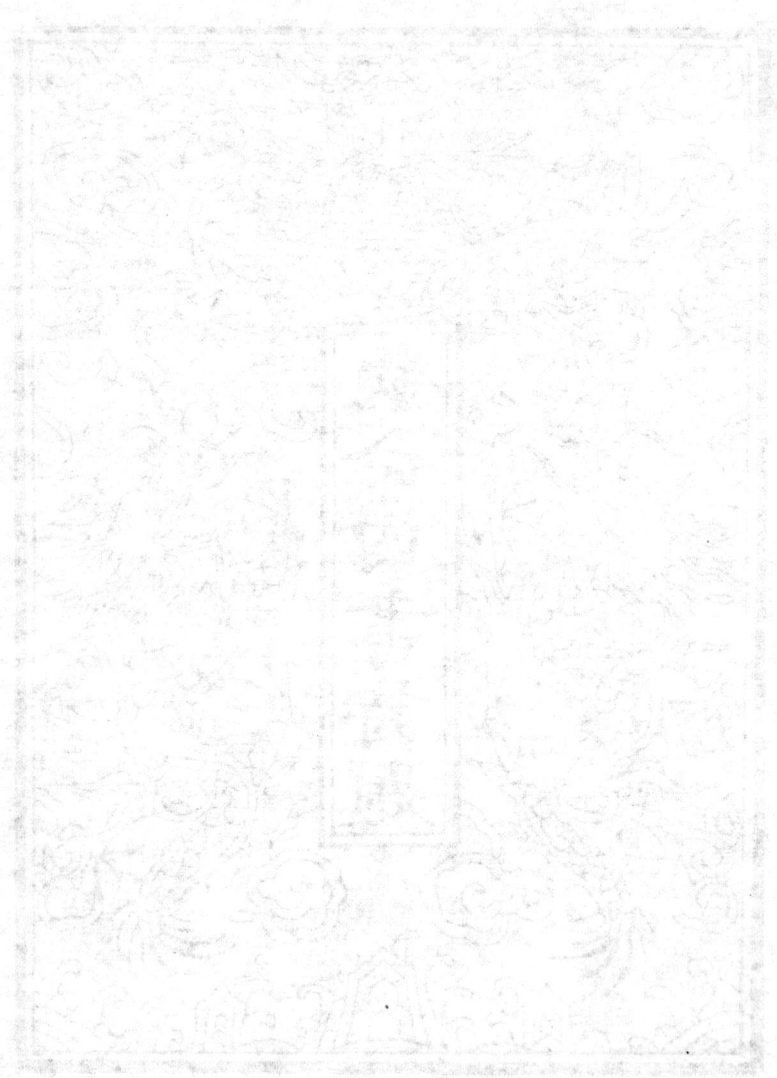

劉寶慈

字掃雲號竹生行二又行六同治癸酉年五月初七日吉時生直隸天津府天津縣縣學附學生民籍

始祖諱文舉字貴宇增廣生 貤贈儒林郎
始祖妣氏柳安人 貤封
二世祖諱應富字明吾郡庠生 敕贈儒林郎
二世祖妣氏王安人 敕封
氏閻安人 敕封
高高祖諱世萬字鵬然光祿寺署正 敕授儒林郎
高高祖妣氏王安人 敕封
氏張安人 敕封
高祖諱錡字重廷號可遠國學生候選州吏目 敕授登

二世叔祖應貴字芸閣
高高叔祖世千殤
高伯祖錕 鐙殤 錩字孔昭國學生
胞曾叔祖佩蘭字春浦候選從九 佩璐原名佩蓮字玉鳴號橙蹊廩膳生道光庚戌正貢壬辰 恩科鄉試房薦候選訓導軍功 欽加六品銜 佩萸國學生無嗣
嫡堂曾伯叔祖汝洋字肯泮國學生 鳳曉字竹湄邑庠生 清泰字松樵國學生 覲湖字雲樓國學生
胞叔祖祝延字硯香殤 祝穀字芝農號蓴樓翰林院供事充補 國史

仕佐郎敕贈文林郎貤封朝議大夫

高祖妣氏黃 敕封孺人 貤封恭人

氏柳 敕封孺人 貤封恭人

氏陳 敕封孺人 貤封恭人

氏王 敕封孺人 貤封恭人

曾祖諱佩蘅字亦紉號湘騷俊行廩膳生嘉慶戊午科鄉試謄錄充補 會典館校錄癸酉科拔貢戊寅 恩科舉人選授雞澤縣教諭歷署雞澤肥鄉平鄉等縣訓導卓異保升知縣分發河工 敕授文林郎 誥封朝議大夫 貤封中議大夫

曾祖妣氏宋同邑 敕授登仕佐郎候選從九國學生諱愷公女 誥授奉直大夫五品銜候選理問印蓉公胞姑母

館校錄議敘縣丞分發湖北試用保升知縣 欽加同知銜 賞戴藍翎 賞換花翎歷署大冶麻城等縣知縣政績載麻城縣志

嫡堂伯叔祖祝增字勝武原名祝清 祝友字藝堂 祝熙字養田 祝山字桂巖國學生精研漢宋之學襄辦津郡軍務 恩賞五品銜 祝元字樹人 祝九字竹軒

從堂伯叔祖禧崇字晴橋郡庠生 禧第字介堂議敘從九 炳旺字玉亭 炳順字盛馨 炳德字慶齋 源濬原名禧鏻字行言 禧緣字壽山 禧善 禧安殤 禧元字用九 禧亨 禧利字玉棠 禧貞字含章

胞叔宗濟殤

本生胞叔宗漢字味唐貢生議敘光祿寺署正捐升主事簽分戶部四川司行走光緒戊子科鄉試堂備 欽加員外郎銜 宗愷字南湖國學生精鍥

光緒已丑恩科舉人印文濱
公胞祖姑母　敕封孺人　誥
封恭人
貤封淑人
祖　諱祝同字華農號多三國學生
咸豐甲寅科謄錄充補
國史館校錄議敘候選鹽大
使　敕授修職郎　誥封中議
大夫
祖妣氏王　敕封孺人　誥封淑人
庶祖妣氏朱　節孝例贈孺人　旌
本生祖　諱祝慶字餘非號筱珊廩
膳生道光癸卯科
鄉試堂備甲辰恩科副元庚
戌科考取八旗官學漢教習充
補正黃旗漢教習期滿奉旨
以知縣用選授湖南永興縣知
縣調署清泉縣知縣調補桃源
縣知縣同治十年改選廣東封
川縣知縣兼理開建縣知縣
補直隸州知州　賞戴藍翎

筆勤學
早世
嫡堂叔宗植字子尊內閣供事充補國史館校錄議敘鹽經歷　宗
幹字少樓附貢生浙江候補縣丞　欽加五品銜
從堂叔宗銘字少馨　宗訓字式古　宗儔字秀圃　宗棠
字蔭南　宗彝　宗城字子維號橙孫廩膳生　宗昉殤
再從堂伯叔青照字烺齋邑庠生縣試冠軍入泮道光乙未恩科鄉試房
薦　青選字蓮溪　青雲字冠卿　湧泉原名青純字西汀官守禦
所千總　元善字曼卿　元凱字奎卿　森原名錫恩字樾亭　邦
彥字觀臣　林原名錫有字杏村　青疇字潤田　青松字茂承
青嵐字曉峯
胞兄寶勳字梅生國學生廣東候補典史未婚而卒
本生嫡堂兄弟寶長殤　寶祥殤　寶源字濬田邑庠生　寶

二

欽加運同銜　覃恩加一級　晉封中憲大
誥授朝議大夫
大夫　貤封
中議大夫
本生祖妣氏譚　同邑　敕授登仕
佐郎　議敘從九品
中吉公女　誥封
恭人　貤封淑人
父崇燮　印　字觀唐號湘孫國學生
湖北府經歷捐升同知
分發浙江海運出力歷保欽加知
府銜補缺後以知府用　欽加
三品銜
賞戴花翎
妣氏王　同邑　誥授武德騎尉
賞戴花翎　欽加守備銜
原任文安縣把總諱恩
溶公女　誥封淑人
母氏張　同邑　覃恩累贈光祿大
夫諱文博公字煥如曾孫
女　覃恩累贈光祿大夫諱士
然公字潛修孫女　覃恩累贈
光祿大夫諱祖垣公字輝三胞
姪女　貤封中議大夫候選鹽

庭字蓉生業儒　寶詩殤　寶和字雲笙邑庠生壬辰歲試同案冠軍
一入泮　寶樞字向辰幼讀　寶鑾字蔚卿幼讀
從堂弟寶賢殤　寶璟　寶珩　寶璠字實夫　寶
璐俱幼讀
再從堂弟寶謙　寶諶
三從堂兄弟毓麟　毓珍　鴻綸　鴻緈　鴻
綬　毓淇候選典史
胞姑一　適同邑道光丙午科舉人咸豐壬子
恩科進士浙江即用知縣補授湻
安縣知縣調補餘姚縣知縣歷署遂安上
虞錢塘嘉善等縣知縣兩次保薦卓異海
運保案以同知用乙卯科浙江鄉試同考
官　誥授奉政大夫陶諱雲升公次子邑
庠生光緒戊子科考取算學生癸巳恩
科舉人　印喆甡公字仲明胞弟印赫甡公
字絜明
元配

知事諱西銘公字問渠長女
敕授文林郎原任浙江龍游縣
縣丞升用知縣諱寶元公字稼
軒候選縣丞諱春元公字熙臺
國學生印同元公字少言從堂
姊邑庠生咸豐辛亥　恩科鄉
魁歷任福建邵武縣知縣汀軍
邵軍同知福甯台灣等府知府
福建台灣道兼理學政按察使
銜福建廣西布政使三品卿銜
福建船政大臣歷署閩縣建安
等縣知縣三任福防同知邵武
興化福州等府知府台灣道兼
學政福建布政使按察使歷充
戊午己未辛酉壬戌等科福建
鄉試同考官癸酉科內監試壬
午戊子己丑等科提調監試
賞戴藍翎　賞換花翎頭品頂
戴現充　欽差天津團練大臣
誥授光祿大夫印夢元公字
蓉軒誥贈中憲大夫候選府
經歷諱鼎仲公字餘亭嫡堂妹
廩膳生光緒己卯科舉人候選
訓導印連元公字鍇洲國學生

胞姊一　適同邑增貢生咸豐乙卯科副榜己
未科八旗官學漢教習期滿奉　旨
以知縣用歷任福建海澄仙游泰甯詔安
等縣知縣安徽當塗青陽等縣知縣　大
計保薦卓異　欽加同知銜　賞戴花翎
誥授奉政大夫華印椿公三子國學生
議敘從九品印錫
蓉字少蓉元配

娶王氏同邑國學生諱松喬公孫女壬戌
恩科舉人　國史館謄錄升用知縣
懷來縣教諭印煜公女甲子
科舉人諱雯公女嫡堂姪女

子

女

三

卯解元公字弼臣胞姊光緒戊子科順天鄉試挑取漢謄錄中書科中書河南補用同知賞戴花翎邱毅字仁府嫡堂姑母

具慶下

祖訓

庭訓

慈訓

鄉試中式第七十二名

會試中式第　名

保和殿覆試　等第　名

殿試　甲第　名

朝考　等第　名

欽點

族繁不及備載

世居帶河門外

受業師

遵化附生陳蓬仙夫子慶培

錢塘附生黃子安夫子鵬飛

同邑國學生劉仁卿夫子嘉賢

華亭廩生沈友岑夫子同慶

婁縣附生顧漱六夫子錫疇

錢塘廩生吳子紱夫子槐綬

同邑附生張星南夫子彭壽

仁和廩生姚蓮舫夫子林奎

青浦附生何幹臣夫子鑽猷

會稽壬辰科進士江蘇即用知縣王履安夫子慶埏

會稽廩生衛少莘夫子延壽

蕭山癸巳　恩科舉人金致祥夫子祖培

蕭山乙酉優貢陳笠山夫子綱

諸暨廩貢生蔣信儕夫子國亮

表兄同邑廩生高星彩夫子增奎

問業師

清苑附生乙亥　制科孝廉方正浙江主簿戎樹屏夫子藩

諸暨附生何蒙孫夫子頌華

受知師

現任天津縣知縣吳縣李搢霄夫子振鵬

前天津府知府淄川鄒岱東夫子振岳

前順天學政壬辰歲試蒙取入學順德李芍農夫子文田

順天鄉試硃卷 光緒甲午科

中式第七十二名舉人劉寶慈直隸天津府天津縣縣學附學生民籍

同考試官 記名遇缺題奏翰林院編修 國史館協修加三級 陳 閱

薦 批

大主考 都察院左副都御史稽察東四旗覺羅學加三級 楊 批

又 取 批 高超英爽經策淹賅

大主考 吏部右侍郎加三級 長 批

又 取 批 識卓辭新經策樸茂

大主考 經筵講官太子少保賞戴花翎都察院左都御史管理戶部三庫事務南書房翰林加三級 徐 批

又 取 批 老潔名貴經策宏通

大主考 刑部尚書加三級 薛 批

又 中 批 削膚存液經策淵博

本房原薦批

沈着痛快領異標新次三亦力埽陳言詩工雅

聚奎堂原批

發揮透闢一切浮泛語芟淨揚扢華彈次清暢三議論榮闊詩秀

子夏曰百工居肆以成其事君子學以致其道子夏曰小人之過也必文

劉寶慈

兩揭用心之專君子成而小人敗也夫君子觀於居肆而專所學小人憚於改過而專所文子夏兩揭其用心君子小人於是乎定今謂君子求諸己而不知有人小人求諸人而不知有己此不可以論君子并不可以論小人蓋君子惟欲萬物皆備於己必以鑒於人者竟修己之功小人實無一事可告於人必以飾於己者爲欺人之計其致力同其趨嚮異其終分爲兩局其始皆決於一心夫君子道中人也而又將擴充其道小人過中人也而又將彌縫

其過是非專其心焉不可曰者子夏兩揭之曰君子以傳家之業在弓冶傳世之業在詩書一惻焉斷難造就也千古之名師名儒未有不自辛苦來者因而知聖賢之始基在學小人則衾影之地不知慚大廷之地不知懼百計焉以肆矯誣也千古之大奸大惡未有不從權智出者因而知下流之自棄在文其學也觀於工之居肆而不能不學也天下無難幾之業要惟謀其業於託業之區而後念慮有專營入冬官之府而一日不敢嬉戲遊聖人之門而半途不敢廢其文也憚於過之難改而不得不文也人生無自昧之愆若欲匿其愆於無愆之地是必精神有專注使忠厚待人者

既不忍疑其僞且使精明察物者亦不能辨其奸觀此則學道勉之曰致君子猶是專心也文過決之曰必小人亦猶是專心也然而君子進矣小人誤矣與世一無所爭惟道不可不爭爭之而不能修焉非道能限我實我之自限耳因自限而遜謝君子之號不過與賤師拙匠同譏因自限而忝竊君子之號且將與奇技淫巧同罪而君子則專心於學矣學堯舜焉而帝道明學湯武焉而王道明學伊周焉而臣道明始與藝士競刻苦終與神聖競功能此砥礪之一歸於中正者也萬事皆貴能忍惟過斷不可忍忍之而不知悛焉非過足累人實人之自累耳因自累而甘受小人之名

昧操履倘不昧天良因自累而巧避小人之名逃斧鉞必難逃史筆而小人竟專心於文矣執拗之過以復古文之悖謬之過以法先文之褒異之過以搠教文之可以欺心在身前不能欺世在身後此才智之誤用於歧途者也故曰君子小人專心之分也可勿慎諸

本房加批

兩章各還實義無一語不大聲疾呼者詮上章處可以厲志勸

学詮下章處可以破愚訂頑

詩曰衣錦尚絅

劉寶慈

引衣錦者以爲譬若未嘗自有其錦也夫既已衣錦矣尚胡爲者而況其爲絅乎然而詩言如是作中庸者引之以爲譬曰天下之事有絕不相類者而天下之理有皆可相通者故子貢之引詩也曰切磋琢磨與言貧富者不相涉也而其理可以是推之子夏之引詩也曰素以爲絢與言禮後者亦不相及也而其理可以是概之匪直此也蓋嘗讀詩之言衣錦尚絅而爲之求其解焉上古卉衣草服無錦之名亦無絅之名若既衣錦矣是天地之日趨於華猶夫易穴處而爲宮室易結繩而爲書契也而必繼之曰尚絅此

不可解者也後世綺繡纂組絅不爲重卽錦亦不爲重若旣尙絅
矣是萬物之終返於樸猶夫明水之以薦天地疏冪之以陳宗廟
也而必先之曰衣錦此不可解者也且也衣錦胡爲乎獨非以其
美乎如以美而言則推羔裘豹飾麛裘絞裼之例衣錦尙錦焉可
也而必曰尙絅美而不美此不可解者也尙絅胡爲乎獨非以其
質乎如以質而言則循少而逢掖長而章甫之名尙絅衣絅焉可
也而必曰衣錦質而非質此不可解者也謂鵜翼在梁曹風動彼
其之戒羔裘出日檜人興是悼之譏奇焉而淫過焉而奢原非所
以合中和之節則壓錦之弊絅也斯可矣而曰絅先曰錦此不可

解者也謂弗婁弗曳山樞陋儉嗇之風要之襋之葛屨刺褊心之俗樸焉而野喬焉而僿亦非所以登大雅之堂則懲絅之失錦也亦宜矣而曰衣復曰尚此不可解者也叛齊物之論謂錦不啻絅絅不啻錦似也而茲之內其錦而外其絅者固明明有錦之見在也以藻火華蟲之彩而忽被以疏布韋帶之觀是無論錦之不見爲錦也即人人知之曰錦而此貴賤先後之間其位置亦幾幾乎無以辨也此不可解者也存好異之見謂錦不如絅絅勝於錦似也而茲之珍夫錦而褻夫絅者又明明無絅之心存也以菅蒯布帛之才而使附於玉藻龍延之次是無論絅之難乎爲絅也即人

人安之曰絅而此光輝雍容以出其掩蓋又何獨不可以已乎此不可解者也噫吾知之吾知之吾觀於君子之道而知之曰惡其文之著也

本房加批

通設疑辯難絶不呆寫一筆預占下文地步發揮化筆墨為煙雲

征者上伐下也

劉寶慈

定征伐之名權在天子也夫征伐者天下之大權也上下定則征伐定權於是乎在天子且彼蒼不能有雨露而無風霜卽朝廷不能有笙簧而無斧鉞天子權所不及者彼蒼得而風霜之諸侯權所不及者天子得而斧鉞之天子不能干風霜之權卽諸侯不敢干斧鉞之權同懔一尊也今夫春秋之天下不有天子在哉有天子卽有天子之權權何在曰征是已慘刻非天心所忍特數百年無兵甲則海內亦慮生齒之繁運會推遷俎豆與干戈迭用聖世所以不諱言武也問討非上帝所能舉數萬衆之師徒使天子操

其尊嚴之柄憲章違背弓矢隨符璽偕來天下所以不復有霸也征何以定以定上下者定之耳不禁睪然高望於上下昌明之日也是蓋有德無罪天子爲天下靖血氣之偏違王制者誅征以討之虐斯民者殺征以懲之使跋扈豪彊咸懾於皇威之震疊所以司馬一職即爲天子嚴生殺之權而於上下大定時遇之是蓋秉命畏威天子在大廷收羣侯之柄征之而服罪四海恩焉征之而有名列辟懔焉故黃童白叟咸樂觀天討之王師可知方伯宣勞即代天子伸朝堂之令而於上下相承時見之翹首神聖迭興之代德威暢泝方寓莫不遵成憲於天家故格苗有師戡甘有誓使

寰域震攝天威知干戚之嚴不容輕褻赫怒不異雷霆舉夫海甸邦畿盡統於巍巍睿明之仁主則喜怒操之深宮羣倫奉命孰不懍當陽之出治也哉遐想鎬洛郅治之年主極獨尊寰海孰不懍尊王之大義故伋備宿衛曾滅淮夷即公卿悉嫺將畧知戎衣既定不敢忘兵君威宣以旄鉞凡夫尊卑貴賤咸拱夫明明仁德之聖王則內外咸遵皇極寰宇同風謂非大無外之規模也哉上下之名定斯征伐之權尊敵國相征春秋之變局也可慨也夫

本房加批

英姿颯爽天骨開張少年文

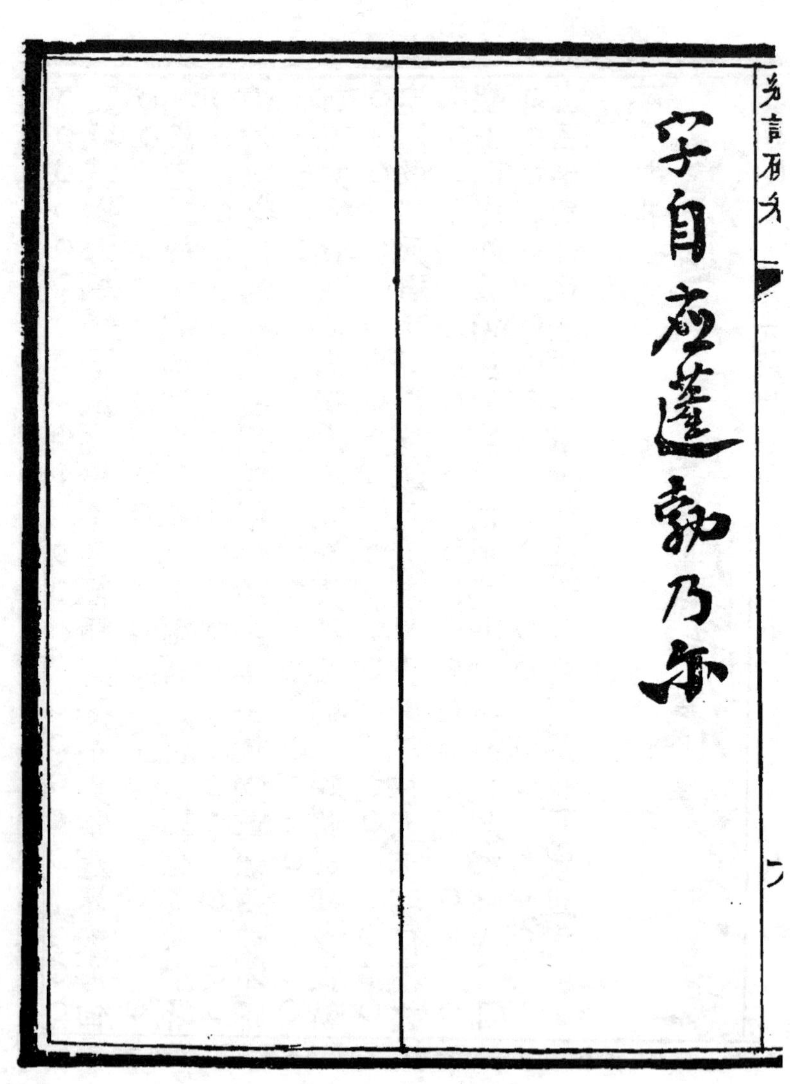

字自為蘧勃乃爾

○○○○○賦得五色詔初成得成字五言八韻

劉寶慈

仙詔從天下鴻文誥撰成一緘昭黼黻五色映旗旌丹管詞臣珥黃麻宰相紫抽毫鵷鷺署脫口鳳鸞聲錦軸凝霞燦裳華擁日明雲章書太史露筆灑江生喜氣三霄動洋謨九寓傾絲綸司

聖代染翰繪

昇平

本房加批

花團錦簇組織精工

李秉元

字幼庵一字乾資行一光緒丙子年二月十一日吉時生係直隸天津府天津縣縣學附學生民籍

曾祖伯然增廣生　誥封奉直大夫

曾祖妣氏楊　誥封宜人

祖繩祖候選府知事　誥封奉直大夫

祖妣氏孟　誥封宜人

父鵬池本科同榜副貢

母氏陳

胞叔鵬鑫

胞弟秉奎　秉彝

嫡堂弟秉成

胞妹一

娶趙氏同邑　敕封武畧騎尉　誥封奉政大夫諱學曾公曾孫女　藍翎五品封典原任浙江歸安安吉縣縣丞諱芬公孫女候選州吏目諱春慶公軍功六品頂戴天津鎮標唐官屯汛把總咸

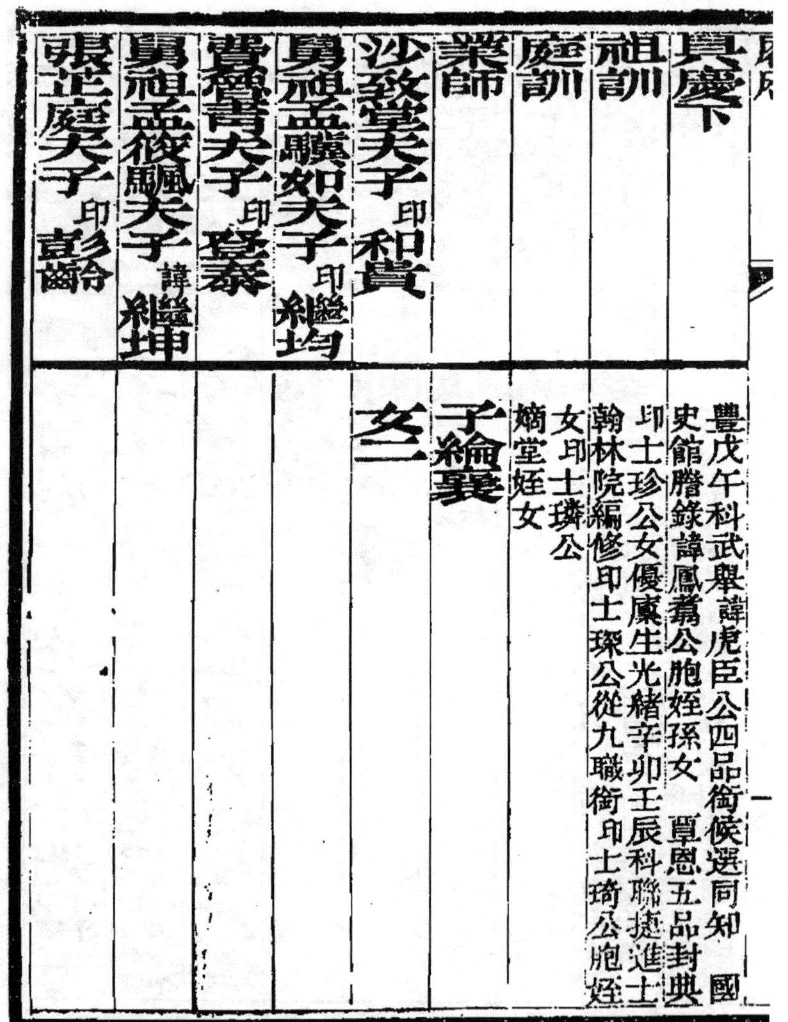

庭
貞慶下
祖訓
庭訓
業師
沙致堂夫子 印和貴
舅祖孟驤如夫子 印繼均
曾藹青夫子 印登泰
舅祖孟筱颿夫子 諱繼坤
張芷麐夫子 印彭齡

豐戊午科武舉諱虎臣公四品銜候選同知 國
史館謄錄諱鳳翥公胞姪孫女 覃恩五品封典
印士珍公女優廩生光緒辛卯壬辰科聯捷進士
翰林院編修印士琛公從九職銜印士琦公胞姪
女印士璘公
嫡堂姪女
子綸襄
女二

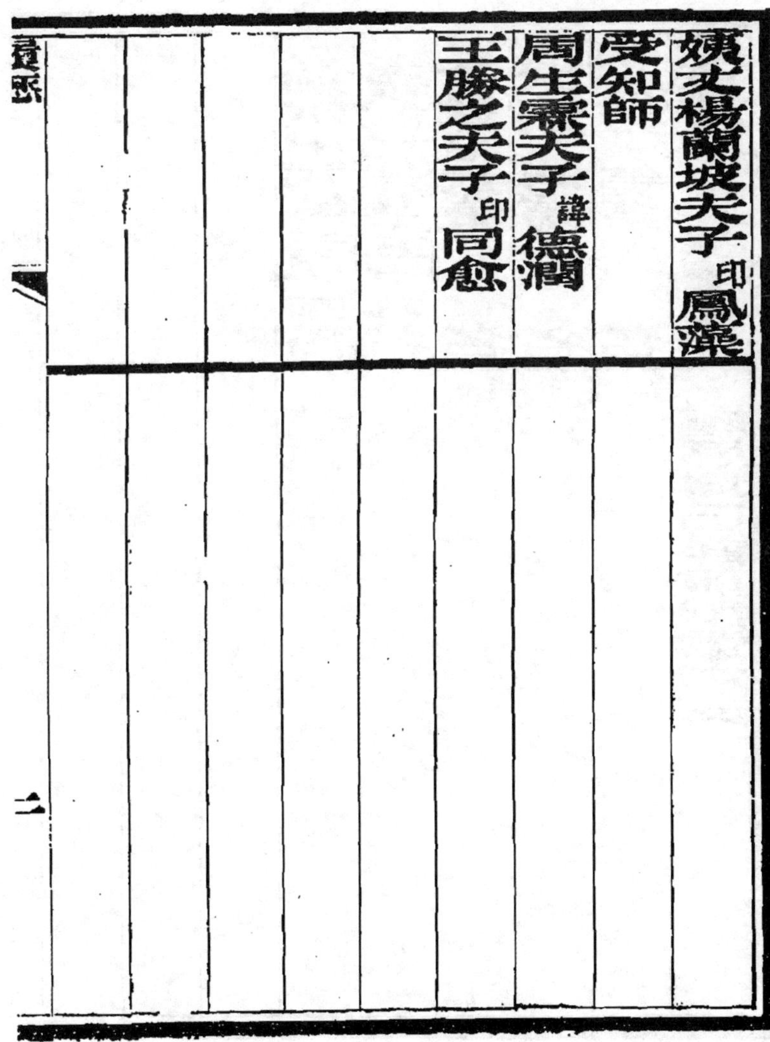
姨丈楊蘭坡夫子 印 鳳藻

受知師

周生齋夫子 諱 德潤

王滕之夫子 印 同愈

鄉試中式第三百十四名
覆試二等第五十八名
會試中式第　名
殿試第　甲第　名
朝考第　等第　名
欽點

履歷均已詳前祇載本支

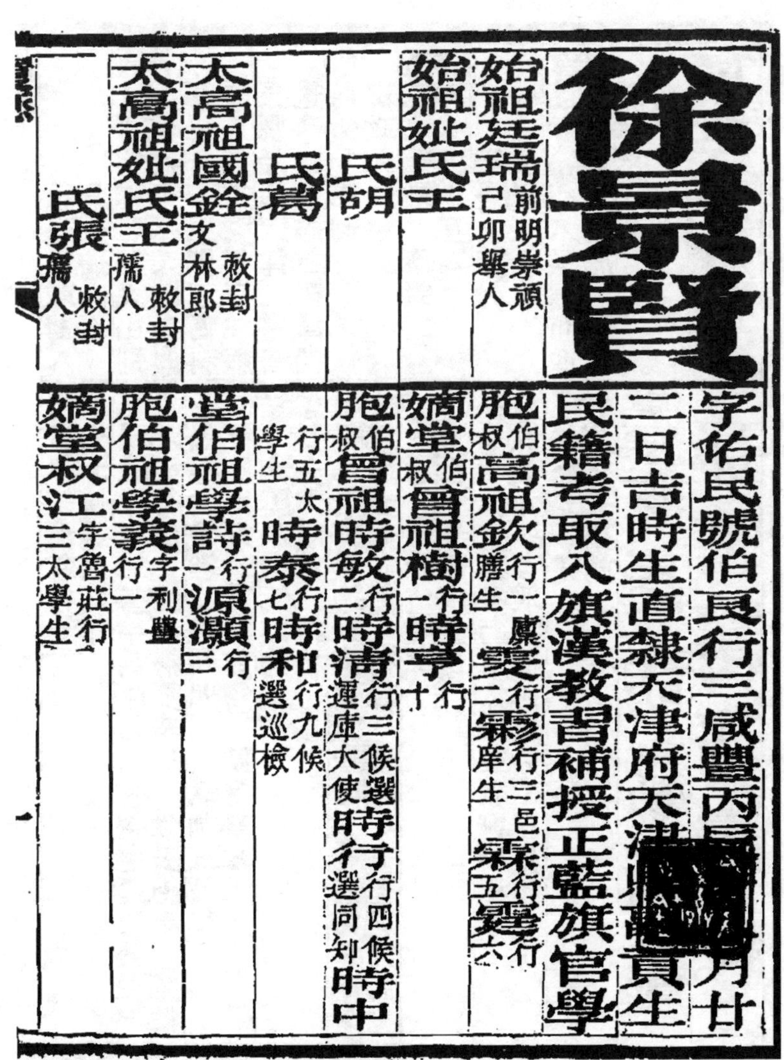

徐景賢

字佑民號伯良行三咸豐丙辰[illegible]月廿二日吉時生直隸天津府天津[illegible]貢生民籍考取八旗漢教習補授正藍旗官學

始祖廷瑞 前明崇禎己卯舉人

始祖妣氏王

氏胡

氏葛

太高祖國銓 敕封文林郎

太高祖妣氏王 敕封孺人

氏張 敕封孺人

胞伯叔高祖欽 行一廩膳生 雯 行二 霧 行三邑庠生 霖 行五 霆 行六

嫡堂伯叔曾祖樹 行一 時孚 行十

胞伯叔曾祖時敏 行二 時清 行三候選運庫大使 時行 行四候選同知 時中 行五太學生 時泰 行七 時和 行九候選巡檢

堂伯祖學詩 行一 源灝 行三

胞伯祖學義 字利豐行一

嫡堂叔江 字魯莊行三太學生

氏魏 孺人 敕封

高祖雲 字稼若號文山別號東皋又號宿巖居士行四康熙丁酉科舉人雍正初年自江蘇吳縣始遷天津工書善畫事詳縣志並載津門詩鈔 誥封奉政大夫

高祖妣氏張 宜人 誥封

氏張 宜人 誥封

曾祖時鴻 行八候選布政司經歷 敕授儒林郎

曾祖妣氏傅 安人 敕封

胞伯坤 字廣鏜行一候選從九品

胞叔煜 字奎章行四 鎔 字蔭亭行五候選鹽運司經歷繼娶辛氏 欽表節孝 鐸 字譽愚行六候選直隸州州同 欽加五品銜津防出力 賞戴藍翎 誥授奉政大夫

堂弟景祺 早逝元配陶氏 守節 待旌

嫡堂兄弟景曾 早適元配曹氏 守節 待旌 景彬 景星 海運議敘從九品

景康 景華 景麟

胞弟景祚 字雅林行五太學生候選縣丞辛卯考取漢謄錄鑯分 國史館

從堂姪振聲 業儒

堂姪克澂 克讓 克明 克勤 克昌 克寬

克廉 克仁 克忠 克剛 克純 克恆

祖學信字靜安行二誥封奉政大夫　誥

祖妣氏孟宜人　誥封

父芬字樂田行二太學生候選縣丞豫省勦匪出力議敘五品銜誥授奉直大夫

母氏林宜人　誥封

氏許　誥封宜人　敕授徵仕郎諱大經公女候選州吏目諱裕昆公胞姊候選從九品名文錦胞姑母

繼孫傳下

庭訓

胞姪克家　克甫

娶許氏候選州吏目諱裕昆公女候選從九品名文錦胞妹

繼娶吳氏原任霸州營文安汛千總調署天津鎮標守營千總軍功奏保以儘先守備補用欽加四品銜儘先遊府　賞戴花翎統帶長蘆團練勇諱承恩公前任通商大臣行營前敵葛沽營守備軍功奏保儘先參將　賞戴花翎諱榮恩公胞姪女　欽加五品銜候選縣丞國學生諱連恩公女

子克振業儒　克烈　克杰

女一

履

業師 謹以受業先後恭誌

陳益庭夫子 諱士墉

張雨樵夫子 諱書之

姻叔陳敬菴夫子 諱景華 附貢生

許竹溪夫子 諱廷璋 邑庠生

李芝樵夫子 印澤春 同治癸酉科拔貢現任福建松溪縣知縣

王曉湘夫子 印駿文 由附生考取謄錄特授山東昌邑縣富國場大使在任即補縣

盧存甘夫子 諱蔭棠 光緒乙亥恩科舉人戶部山東司候補郎中

侯近仁夫子 印元善 咸豐辛酉科挑取謄錄候選州同

王春泉夫子 印文駿 附貢生候選同知

族叔少雲夫子 印維域 郡廩生同治庚午科舉人揀選知縣光緒己丑會試大挑二等候選教諭

道芷卿夫子 印鑾揚 光緒乙亥恩科舉人壬辰科進士現任國子監助教記名同知

林杏農夫子 印 駿元 同治甲子科舉人現任四川昆甯縣知縣

張子芴夫子 印 紳 同治壬戌恩科舉人同治辛未會試大挑二等現任博野縣教諭

肄業師

太年伯沈雲巢夫子 諱 文和 前主講輔仁書院

叔母舅辛蔗田夫子 諱 家彥 前主講輔仁書院

王雲舫夫子 印 文錦 前主講輔仁書院

楊香吟夫子 印 光儀 主講輔仁書院

李越縵夫子 印 慈銘 主講問津書院

何劍秋夫子 印 承緒 前署天津縣知縣

郭紹庭夫子 印 奇中 前任天津縣知縣

朱允卿夫子 印 乃恭 前任天津縣知縣

陳序東夫子 印 以培 前任天津縣知縣

履

姚鐵珊夫子 印長齡 前任天津縣知縣

宮玉甫夫子 印昱 前署天津縣知縣

孫筱坪夫子 印錫康 前任天津縣知縣

李搏霄夫子 印振鵬 現任天津縣知縣

馮少芝夫子 印清泰 前任天津河防分府

沈松亭夫子 印永泉 前任長蘆鹽運分司

嚴筱舫夫子 印信厚 前任長蘆鹽運分司

吳質夫夫子 印汝綸 前署天津府知府

子望夫子 印宣霖 前任天津府知府

汪子常夫子 印守正 前任天津府知府

鄒岱東夫子 諱振岳 前任天津府知府

沈子敦夫子 印家本 現任天津府知府

三

壽泉夫子 印 裕長 前任天津河間兵備道

盛杏蓀夫子 印 宣懷 前署天津河間兵備道

萬蓮初夫子 印 培因 前任天津河間兵備道

劉景韓夫子 印 樹堂 前署天津河間兵備道

胡芸楣夫子 印 燏棻 前任天津河間兵備道

方勉甫夫子 印 恭釗 現任天津河間兵備道

黎召民夫子 印 兆棠 前任津海關道

鄭玉軒夫子 印 藻如 前任津海關道

周玉山夫子 印 馥 前任津海關道

劉薌林夫子 印 含芳 前署津海關道

劉獻夫夫子 印 汝翼 現任津海關道

覺羅子中夫子 印 成孚 前任長蘆鹽運使司鹽運使

房師

林綬卿夫子印述訓川前任長蘆鹽運使司鹽運使

裕如夫子印額勒精額前任長蘆鹽運使司鹽運使

季士周夫子印邦楨現任長蘆鹽運使司鹽運使

李少荃夫子印鴻章太子太傅文華殿大學士直隸總督北洋大臣長蘆鹽政

受知師謹依受知先後恭誌

錢范泉夫子諱寶廉道光庚戌科翰林原任刑部左侍郎前提督順天學政

周郁齋夫子諱雲章同治甲戌科進士內閣中書戊子科順天鄉試同考官

詹𪲔廷夫子印鴻謨同治甲戌科進士禮部郎中現任江蘇徐州府知府光緒己丑　恩科順天鄉試同考官

孫子授夫子諱詒經咸豐庚申進士原任戶部左侍郎光緒己丑　恩科順天鄉試大主考

許筠菴夫子印應騤道光庚戌科進士現任倉場侍郎光緒己丑　恩科順天鄉試大主考

犢山夫子諱嵩申同治戊辰進士原任刑部尚書光緒己丑　恩科順天鄉試大主考

徐蔭軒夫子印桐道光庚戌進士現任吏部尚書協辦大學士光緒己丑　恩科順天鄉試大主考壬辰考取教習閱卷大臣管理八旗官學大臣

宗室允孚夫子 印 阿克丹 咸豐庚申進士現任刑部左侍郎壬辰考取教習閱卷大臣

宗室年伯龢年夫子 印 寶豐 光緒己丑進士現任翰林院檢討國史館協修正藍旗管學官

孫萊山夫子 印 毓汶 咸豐丙辰進士兵部尚書管理八旗官學大臣

吳鑾臣夫子 印 樹梅 光緒丙子進士南書房行走現任國子監司業

節之夫子 印 多歡 現任國子監司業

景蘇夫子 印 瑞洵 光緒丙戌進士現任國子監司業

安甫夫子 印 闊普通武 光緒丙戌進士前任國子監司業

王蓮生夫子 印 懿榮 光緒庚辰進士南書房行走現署國子監祭酒

陸鳳石夫子 印 潤庠 同治甲戌進士南書房行走現任國子監祭酒

儉齋夫子 印 薩廉 光緒庚辰進士現任國子監祭酒

翁叔平夫子 印 同龢 咸豐丙辰進士戶部尚書總理國子監事務

陳小圃夫子 印 榮昌 光緒癸未進士現任翰林院編修國史館協修本科鄉試同考官

房師

楊蓉浦夫子印頤同治乙丑進士現任都察院左副都御史稽察東四旗覺羅學本科鄉試大主考

蔚雲夫子印長萃光緒丁丑進士現任吏部右侍郎本科鄉試大主考

徐頌閣夫子印郙同治壬戌進士現任都察院左都御史管理戶部三庫事務南書房翰林本科鄉試大主考

薛雲階夫子印允升咸豐丙辰進士現任刑部尚書本科鄉試大主考

己丑恩科鄉試中式副貢

壬辰考取八旗漢教習第一名

甲午鄉試中式第二百三十七名

保和殿覆試　等第　名

會試中式第　名

殿試　甲第　名

朝考　等第　名

欽點

族繁祇載本支

現居天津衛安門內

姜擇善

字心從號鈍齋一號達夫行十二同治丁卯年十一月十[illegible]時生

直隸天津府天津縣府學廩膳生民籍

始祖鎮 世襲百戶侯陞千戶侯明永樂年間以軍功授官遼東居海州衛倉門口

始祖妣氏馬

二世祖輔元

二世祖妣氏王

三世祖禎 廩膳生

三世祖妣氏李

四世祖啟文

二世胞伯叔祖輔周 襲千戶陞指揮 輔全 輔基 輔卿

三世胞伯祖國祚 武庠生 國臣

三世嫡堂伯叔祖國棟 國佐 國勛 國選 國望

四世嫡堂伯祖顯文 新文 玉璐 郡庠生 玉琦

四世堂伯叔祖載文 郡庠生 從文 遇文 邑庠生 興隆 成

龍 雲龍 黼文 臣文 成文 基文 漢軍旗下生員

崇文 甯文 建文

四世祖妣氏周
五世祖錫履庠名昌齡歲貢生候選訓導修族譜
五世祖妣氏陸
六世祖理廪膳生
六世祖妣氏楊
氏孫
太高祖印光
太高祖妣氏顧
氏高
氏姚

五世胞叔祖錫彤 錫鉞太學生 錫圖
五世堂伯叔祖錫伯 錫介
五世從堂伯叔祖錫壽 振緒太學生 振乾 戭漢軍鑲紅旗
瓚 湧 理 魁 賓 錫田太學生 錫章邑庠生 錫
爵 錫祿 錫福 錫侯
六世胞伯叔祖璲 瑢 璟
六世嫡堂伯叔祖玠 璣太學生孝行純篤本傳載廣宗縣志 璘 璐武庠生 瑀
六世從堂伯叔祖琮 璜 琦 瓚 璠 璽 玹
瑛 琰 珣 玨廪膳生重修族譜 玥 瑾 琯 瑍
瑢武庠生 琬 琚 清敬 清渭 清渠 清漪

高祖孝儒

高祖妣氏朱

曾祖德寬 誥贈奉直大夫

曾祖妣氏張 誥贈宜人

祖堅成 敕授修職佐郎

祖妣氏周 敕封孺人

氏楊 敕封孺人

本生祖堅盟 敕授登仕佐郎 誥贈奉直大夫

本生祖妣氏董 誥贈宜人

氏鄭 誥贈宜人

太高嫡堂伯叔祖爲光 旭光 縉光 保光

太高堂叔祖道光太學生

太高再從堂伯叔祖希望 明望 魁光 劍光 黎光 乙光 漢光 鳳光 朱光 清光武庠生 大光 積光 暉光 偉光 斗光 迪光

堂高伯祖鴻儒 仕儒 崇儒 大儒

從堂高叔祖通儒 名儒廩膳生丁酉科拔貢

再從堂高伯叔祖純儒 酯儒 學儒 宗儒 振儒郡庠生 而儒 雄儒 英儒 惇儒 尊儒 繼儒 卓儒 正儒 成儒 興儒 漢儒 肇儒 承儒

氏孫宜人 誥贈
父温和 敕封文林郎
妣氏敎 敕封孺人三品
銜山東麗城營都
司世襲武騎都尉諱雙
全公仍孫女 欽賜孝
廉方正康熙已未科舉
人六品銜諱詠祥公第
孫女江西領運幫守府
欽加都司銜諱憲珠
公來孫女康熙癸酉科
舉人光祿寺署正諱連
璧公元孫女 貤封中
憲大夫諱文德公曾孫
女 敕授奉直大夫諱
起龍公孫女 貤封奉
直大夫諱易馨公女
貤封朝議大夫諱登瀛
公胞妹從九品
名鉞胞姑母

胞曾叔祖德敏
再從堂曾伯祖德滋邑庠生 德馨 德恆廩膳生 德劭廩膳生
德溥邑庠生 德昌 德佩 德宣 德裕 德元
德華 德峻 德發 德備 德謙
再從堂曾叔祖洪
嫡堂叔祖堅業敕授登仕佐郎
再從堂伯祖堅永 堅瓠邑庠生 堅本 堅聘 堅韞
堅幹 堅介 堅毅
再從堂叔祖堅典太學生六品軍功
胞伯温華國學生 温慶字韞山國學生欽加同知銜
從堂叔温洪敕授登仕佐郎

二

嚴侍下

庭訓

再從堂叔溫貞　溫明　溫煥布庫大使

胞兄弟寳善國學生　為善殤　秉善字少雲廩膳生乙酉科拔貢舉人揀選知縣壬辰科甲午恩科會試房薦　培善考取翰林院供事咨送方略館全書告成奉旨以巡檢分省歸候補班補用現指省河南欽加五品頂戴議敘加二級紀錄三次　誠善殤　銘善　益善　立善幼

嫡堂兄性善　得善　樂善　聞善　同善　宗善

胞姪世恩業儒　世保業儒　世官幼讀　世本　世瀛　世宏

世鏞

從堂姪世澤　世琦　世泰　世曾　世熙　世鎧

世儁

胞妹一適同邑從九品覃恩四品封典誥封朝議大夫賞戴花翎劉名藍公次孫國學生

三

名元第公次子國學生 覃恩四品封典 貤封
朝議大夫 賞戴花翎名開第公國學生光緒丁
亥考取漢謄錄簽掣 國史館差滿議敘候選州
同知 欽加鹽提舉銜 賞戴花翎名榮第公胞
姪從九品
名省勤

鄉試中式第三百四十三名

保和殿覆試 娶楊氏國學生諱祖棟公曾孫女國學生諱雲彪
公孫女 誥授武德騎尉名魁章公女

欽定一等第二十二名 子世瑩

會試中式第 名 女一

保和殿覆試

欽定 等第 名

殿試第 甲第 名

朝考第 等第 名 族繁不及備載

欽點 世居天津縣帶河門外

業師課師謹以先後爲序

胞伯韞山夫子

胞兄少霞夫子

同邑副榜山西候補知縣苑覲臣夫子家楨

表伯同邑處士鄭治三夫子金緘

同邑附生武聘卿夫子席珍

同邑拔貢現任福建甯德縣知縣李芝樵夫子澤春

同邑舉人四川冕甯縣知縣林杏農夫子駿元

姻兄同邑舉人　國史館謄録候選知縣　欽加四品銜李崧生夫子春棣

同邑廩膳生乙亥　恩科丙子科謄録張筱亭夫子淑芠

太姻伯同邑舉人前任湖南興甯縣知縣劉桂生夫子錫九

掌教問津書院學海堂會稽李越縵夫子慈銘

前掌教輔仁書院同邑王雲舫夫子文錦

掌教輔仁書院同邑楊香吟夫子光儀

掌教會文書院元和陸鳳石夫子潤庠

大學士前直隸總督剏設學海堂經古稽古書院合肥李少荃夫子鴻章

前長蘆鹽運使剏設學海堂經古課滿洲冠九夫子如山

前長蘆鹽運使滿洲玉如夫子額勒精額

長蘆鹽運使江陰季士周夫子邦楨

前津海關道建德周玉山夫子馥

前津海關道武進盛杏孫夫子宣懷

前署天津道宣城劉景韓夫子樹堂

前天津道泗州胡雲楣夫子燏芬
前天津道仁和方勉甫夫子恭釗
前署長蘆運同慈谿嚴小舫夫子信厚
前天津府知府楙設稽古書院錢塘汪子常夫子守正
前天津府知府淄川鄒岱東夫子振岳
天津府知府歸安沈子惇夫子家本
天津縣知縣吳縣李搏霄夫子振鵬
受知師
前順天學政番禺許筠菴夫子應騤
前順天學政臨桂周霖生夫子德潤
前順天學政順德李若農夫子文田

癸巳恩科順天鄉試同考官陽湖劉葆良夫子樹屏
本科覆試閲卷大臣漢軍旗徐蔭軒夫子桐
本科覆試閲卷大臣貴筑李苾園夫子端棻
本科覆試閲卷大臣高陽李蘭蓀夫子鴻藻
本科覆試閲卷大臣滿洲壽田夫子裕德
本科覆試閲卷大臣宗室玉岑夫子溥良
本科覆試閲卷大臣滿洲穎之夫子啟秀
本科覆試閲卷大臣宗室允廷夫子阿克丹
本科覆試閲卷大臣長沙徐壽衡夫子樹銘
本科覆試閲卷大臣安陸陳桂生夫子學棻
本科覆試閲卷大臣滿洲竹岡夫子鳳鳴

李鵬池 原名鳳池

遷津始祖秀 原籍安徽徽州府休甯縣
前明嘉靖間徙居天津敕封儒林郎
始祖妣氏徐 敕封孺人
二世祖通 前明庠生考授州同敕授儒林郎
二世祖妣氏張 敕封安人

字桐庵一字圖南號文齋一號海門行一
咸豐甲寅年六月十二日吉時生係
直隸天津府天津縣縣學廩膳生民籍

八世胞伯祖同倫 國子監生 誥贈奉直大夫山西永甯州知州 同仁 國子監生 誥贈朝議大夫雲南楚雄府知府 同義 國子監生 誥贈奉政大夫陝西綏德直隸州知州

九世胞叔祖鋮 武庠生乾隆癸酉科鄉魁候推衛守備 誥授武德騎尉 鏸 武庠生乾隆壬午科鄉魁候推衛守備 誥授武德騎尉 鑄 附貢生候選布經歷 敕授儒林郎 釗 國子監生 敕封文林郎 誥封武德騎尉 誥贈朝議大夫 晉贈武顯將軍江南南贛鎮總兵

九世嫡堂伯叔祖鏜 通州貢生 誥贈奉直大夫山西永甯州知州 錦 順天貢生歷任

三世祖強前明以軍功授昭信校尉
三世祖妣氏王敕封安人
四世祖敎前明以軍功授武德將軍
四世祖妣氏張誥封宜人
五世祖倘文貤贈奉直大夫
五世祖妣氏翟貤贈宜人
六世祖國楷誥贈奉政大夫兵部車駕司郎中
六世祖妣氏楊誥贈宜人

刑部河南司員外郎兵部車駕司郎中兼武選司
行走 京察一等 記名簡放知府雲南楚雄府
知府 誥授朝議大夫 誥封中憲鑑密雲庠生
大夫 晉贈中議大夫懿行載邑志 誥贈奉
政大夫陝西綏錡國子監生 敕封承德郎河南
德直隸州知州 河南府通判 誥封武德騎尉
江南興武衛守備 貤贈奉政
大夫陝西綏德直隸州知州
胞伯高祖元熙國子監生 貤元溥四川候潡芳湖
叔 封奉直大夫 補典史 北
候補縣丞 敕授修職郎 誥元燮附貢生 實
封奉直大夫陝西葭州知州 錄館議敘選
授廣東淡水場鹽課景元國子監生 貤
大使 敕授修職郎 封武德騎尉
嫡堂伯高祖虎文邑庠汝琬武庠汝瑜候選從肇元
叔 生 生 九品
國子一元 方畧館議敘選授浙江紹興鼎元國
監生 府批驗所大使 敕授修職郎 子

七世祖朝貴 貢生 誥贈朝議大夫雲南楚雄府知府

七世祖妣氏劉 誥贈恭人

八世祖同和 國子監生 敕封儒林郎 誥封武德騎尉 誥贈朝議大夫 晉贈武顯將軍江西南贛鎮總兵

八世祖妣氏馮 敕封安人 誥封宜人 誥贈恭人 晉贈夫人

九世祖銓 國子監生 誥封奉直大夫陝

監生 贊元 國子監生 先元 國子監生 汝端 郡庠生 汝圖 貤贈朝議大夫

汝徵 候選從九品 汝巖 國子監生 貤封武德佐騎尉 汝坰 廩貢生嘉慶辛酉科副榜 實錄館議敘選授廣宗縣教諭 敕授修職郎 敕封文林郎 汝埔 國子監生 汝嵐 候選從九品

斌 武庠生乾隆乙卯恩科鄉魁歷任江蘇太倉江西鉛山湖北荊州等衛守備 誥授武德騎尉 追贈運同銜 誥封朝議大夫 貤贈武顯將軍江西南贛鎮總兵 汝淇 邑庠生

汝清 武庠生嘉慶癸酉科鄉魁歷任河間府任邱縣千總候推衛守備 誥授武德騎尉 誥贈武顯將軍江西南贛鎮總兵 汝呂 誥封昭武都尉 汝松 覃恩貤封武功將軍

從堂伯叔高祖 汝嶠 邑庠生 敕封文林郎 誥贈奉政大夫 汝嶢 候選布理問 敕授儒林郎 一鶴 附貢生 誥封奉直大夫山西永甯州知州 汝巒 附貢生 貤封

西葭州知州貤贈朝議大夫知府銜候選員外郎

九世祖妣氏張同邑敕封文林郎山西汾西縣知縣諱墀公次女雍正乙卯科舉人福建邵武縣知縣諱廷瑜從堂妹邑庠生五品封典諱麟書乾隆丙午科舉人正定縣訓導諱崇質堂姑乾隆戊申科經魁河南魯山縣知縣汝州直隸州知州諱樹之堂祖姑咸豐壬子科會魁貴州龍泉縣知縣諱雲輝歲貢生候選

奉直大夫立德貢生候選員外郎欽加知府銜誥授朝議大夫立功國子監生浙江鹽運使司副使誥授奉直大夫誥贈中議大夫立言附貢生分省補用道誥授中憲大夫炎邑庠生乾隆庚子科舉人充四庫全書館謄錄武英殿校錄議敘陝西知縣署理郃陽縣知縣歷任涇陽岐山鎮安等縣知縣綏德直隸州知州乾隆壬子科陝西鄉試同考官誥授奉政大夫壎優廩貢生候選訓導敕授修職郎勇武庠生乾隆丁酉科鄉魁江南興武衛守備誥授武德騎尉增桒歷任江蘇宿遷縣典史阜甯縣羊塞司巡檢敕封承德郎河南河南府通判煨國子監生炘國子監生炌國子監生煊國子監生

胞伯曾祖桂林候選道庫大使誥贈奉直大夫杜候選巡檢誥贈奉政大夫

嫡堂伯叔曾祖楷國子監生模國子監生森敕封修職郎彬國子監生榜候選

訓導諱雲翰胞祖姑
誥封宜人　貤封恭人
高祖元瑞增廣生　誥贈
朝議大夫同知
銜江蘇鎮
江府通判
高祖妣氏陸同邑五品封
典諱宗瀚公
孫女乾隆丙辰科明通
進士清苑縣教諭諱維
藩公邑庠生諱宗瀓公
胞姪孫女五品封典諱
四謙公女候選縣丞諱
民讃胞妹浙江蕭山縣
驛丞諱舜琴候選布政
司理問諱民懷胞姊湖
北荆州衛守備諱光第
道光乙酉科舉人懷柔

從九品新候選從九品長裕議敘六品銜椿廩膳生嘉慶丙子科優貢朝考二
等丁丑考取鑲黃旗官學漢教習歷署順天景州
成安武強等縣訓導臨城撫甯香河等縣教諭歷
署陝西藍田白河高陵岐山等縣知縣歷任洵陽
山陽等縣知縣葭州知州道光辛卯科陝西鄉試
同考官武闈監試官甲午科
同考官　誥授奉直大夫淦國史館謄錄曾甲國子監生
從堂伯叔曾祖本國子監生棣國子監生梓國子監生楓國子監生香曾候選
鹽大使向曾候選巡檢承業方略館供事承志實錄館供事承恩國子
監生繩武議敘六品銜承詔敕封修職郎承泰候選從九品承瑞候選
從九品蔭楠郡庠生檢候選典史桐歲貢生候選訓導欽加署正銜殿揚
武庠生榕候選巡檢枬候選主簿桓國子監生貤封武德騎尉校國子監生樟

居縣教諭諱桓道光壬辰
科舉人諱光錫胞姑
誥贈
恭人

曾祖樸　候選鹽運司運判
敕授儒林郎
誥封朝議大夫同知
銜江蘇鎮江府通判

曾祖妣氏張　同邑乾隆戊
辰科進士兵
部武選司主事諱玉階
公長女　敕封安人
誥封
恭人

祖伯然　增廣生道光癸卯
科薦卷五品封典
誥封奉
直大夫

三
國子樳邑庠生嘉慶己卯科舉人鶴齡貤封武
監生揀選知縣　敕授文林郎畧佐騎尉
樞候選杰國子槐國子棟國子標國子樹滋　誥
干總　監生　監生　監生　封武
德佐相候選府檑國子枋武樟武樹安原任江蘇
騎尉經歷　監生　生　生　常州鎮江
安徽滁州領運干總改分江蘇候補縣丞歷陞知
縣特用直隸州　欽加運同銜　誥授朝議大夫
世恩原任江西九江士俊邑庠壽春大興武庠生
後幫領運干總　生　道光乙未
恩科鄉魁庚子科會魁　殿試一甲三名進士
欽點二等侍衛　乾清門行走　特恩賞給頭等
侍衛俸滿引　見中箭五枝　賞戴花翎歷任閩
浙督標左營參將浙江杭州協副將　記名總兵
署福建延平協副將　簡放江西南贛鎮總兵
特旨照總兵在軍營立功後病故例從優議卹
賜祭葬　廕一子　給予六品頂戴繼昌貤
國史有傳邑志有傳　誥授武顯將軍　封武

祖妣氏楊同邑候選知縣諱爲翰公女郡庠生道光庚子科鄉試挑取謄錄諱煜候選千總諱煥候選主簿諱照胞妹河南候補巡檢印增祺候選縣丞印恩壽胞姑 誥封宜人

父繩祖候選府知事五品封典 誥封奉直大夫

妣氏孟同邑歲貢生候選訓導諱毓楨公孫女安徽亳州州同諱毓棨公堂姪孫女候選縣丞印雲鵬公長女議敘州判諱春庠公胞姪女

義都尉彪武庠生玉春馳封武德騎尉萬春原任文安縣舊州營千總候推衛守備 誥授武德騎尉 賞戴藍翎大春兩江督標候補都司賞戴花翎現任揚州城守營千總廷彬覃恩貤封武功將軍廷珍候選守禦所千總 誥授武德佐騎尉

再從堂伯叔會祖東候選千總五品封典 敕授武畧騎尉 誥贈奉政大夫奎增廣生乾隆乙卯 恩科舉人嘉慶辛未科會試大挑二等以教職用候選知縣 敕授文林郎榞候選運庫大使果邑庠生乾隆壬子科舉人嘉慶丙辰考取正紅旗覺羅教習分發貴州知縣告近改分山東歷署即墨縣知縣東平州知州歷任高密縣知縣貴州綏陽縣知縣山西太平縣興縣知縣丞甯州知州嘉慶戊辰丙子科山東鄉試同考官道光庚子科山西鄉試同考官 誥授奉直大夫[illegible]候選縣丞[illegible]候選府經歷廷棟國子監生道光乙酉戊子科鄉試挑取謄錄

四

二品封典　諱國璋公邑
庠生　諱國琛公堂姪女
國子監生印繼墀胞姊
郡庠生印繼均從堂姊
同治壬戌　恩科舉人
考取　咸安宮官學漢
教習大挑二等　欽加
五品銜撫甯縣教諭　諱
繼坤堂妹同治癸酉科
舉人掌山東道監察御
史巡視中南等城貴州
石阡府知府在任郎選
道　欽加二品頂戴　印
繼壎歲貢生候選訓導
印繼墉廩膳生印繼坡
堂姊庠生印廣恰印廣
慧堂姑
誥封宜人

實錄館議敘　欽加理問銜候選鹽大使改分南
河郎補通判　敕授承德郎　貤封朝議大夫
巠桼　候選千總　敕授武畧騎尉　三品封典　誥贈中議大夫
開桼　候選鹽　知事
開
第　廩貢生候選訓導　道光甲辰科薦卷
考田　國子監　典籍
樹田　原名峯江　蘇候補縣
丞歷署武進縣典史桃源
縣主簿　敕授修職郎
惠田　增廣生道光辛　巳壬午科薦卷
硯
田　原任河南河南府糧捕水利通判署懷慶府
糧捕水利通判兼黃沁同知　敕授承德郎
心
田　國子　監生
玉田　國子　監生
桂田　國子　監生
書田　國子　監生
藍田
力
田
保田
長田
甫田
井田
胞叔祖伯謙　候選鹽大使　貤封奉直大夫
鴻　原任江蘇鎮江府糧　捕水利通判署理常
州府糧捕水利通判　欽加同知銜
敕授承德郎　誥封奉政大夫
伯寬　國子監　生　誥

一七六二

永感下

祖訓

庭訓

業師課師受知師

張蓮峯夫子 諱萬選

伯祖繼山夫子 諱伯華

姑丈梁彩亭夫子 諱錦文

陳錫三夫子

劉樹琴夫子 印夔颺

封奉直大夫 伯棠 候選府經歷 貤封奉直大夫

嫡堂伯叔祖 伯崑 候選布經歷 伯育 誥封奉直大夫 仲篪 候選按察司知事 誥封奉直大夫 叔嘉 候選鹽經歷 誥封奉直大夫 師貫 國子監生 師魯 封奉直大夫 貤 師自 候選鹽大使 誥封奉直大夫

從堂伯叔祖 宗文 國子監生 伯華 歲貢生候選訓導 欽加署正銜 宗翰 國子監生 宗源 國子監生 振翼 原任山西沁州吏目 伯祥 國子監生 伯祺 候選典史 伯泰 貤封武德佐騎尉 伯樂 貤封武略佐騎尉 熾昌 五品頂戴 賞戴藍翎候選千總 崇燨 六品頂戴 賞戴藍翎儘先經制 運午 六品頂戴

再從堂伯叔祖 伯英 國子監生 鴻鈞 候選縣丞 鴻儀 歲貢生候選訓導 欽加

房

張量塤夫子諱顯同

母舅高筱颿夫子諱繼坤

李少荃夫子印鴻章

冠九夫子諱如山

玉如夫子印額勒精額

李士周夫子印邦楨

劉寬圃夫子諱秉琳

胡雲楣夫子印燏棻

李鐵梅夫子諱嘉端

中書銜伯斯國子監生文運候選從九品文達國子監生鴻漸國子監生

鴻賓國子監生伯皐邑庠生伯璵候選主簿伯臯國子監生伯敬國子監生

伯煜議敘六品銜伯衡國子監生煥文候選鹽大使炳文候選布政司理問

文煒候選巡檢文光國子監生文燦候選從九品文燿國子監生

紀良二品廕生欽賜六品頂戴兵部帶領引見奉旨以千總用當蒙部咨移送步軍統領衙門發交南營學習拔補東河沿汛左哨千總神機營咨調委辦營務處歷保守備銜賞戴藍翎免補守備以都司即補得缺後加三品頂戴先換四品頂戴歷陞右營永定汛都司調補南營西珠市口汛都司神機營委翼長南營遊擊現任南營叅將儘先副將欽加二品頂戴賞換花翎

孫樵候選守禦所千總孫棨候選守禦所千總更新國子監生更庭候選

張幼樵夫子 印佩綸
黄在桐夫子 諱國瑾
李越縵夫子 諱慈銘
繆篤初夫子 諱冠瀛
章金生夫子 印洪鈞
孫禹江夫子 印璜綸
李嘯溪夫子 印映庚
蔡臘客夫子 印啟盛
呂椒生夫子 印燮光

從九品文照 國史館供事 文元 國子監生 文英 候選守禦所千總 賞戴花翎
文燾 候選千總 文順 國子監生 文豹 國子監生 文明 國子監生 文蔚
文治 文格 文成 文瑞 文魁 國子監生 文甲 國子
監生 文清 業儒 文江 業儒 文焌 業儒 文煇 幼讀 文熔 幼
三繼堂伯叔祖 伯琨 邑庠生嘉慶庚申道光戊子科薦卷五品封典 誥封奉政大夫
伯齡 候選守禦所千總 誥授武德佐騎尉 伯煐 國子監生 伯雄 候選府經歷
伯言 候選鹽大使 貤封奉政大夫 伯紋 貤封武署佐騎尉 伯陽 內閣供事候
選鹽知事 伯壽 詹事府供事議敘鹽大使 伯[illegible] 候選主簿 伯葵 候選運庫大使
伯甯 國子監生 伯烈 國史館謄錄 懷珍 山西候補巡檢 伯鈐 國子監生 伯

吳傳巖夫子 諱士俊
吳霖宇夫子 諱憲亮
馮桐君夫子 諱向榮
沈雲巢夫子 謚文和
辛燕田夫子 諱家彥
王雲舫夫子 印文錦
楊香吟夫子 印光儀
張振軒夫子 諱樹聲
雲舫夫子 諱愜慶

翔六品頂戴 葆昌候選道庫大使 葆晉候選州吏目 葆愜候選府知事 伯
炘候選按經歷　敕授文林郎　敕封承德郎　誥封奉政大夫　貤封中議大夫 馨原名
伯焯東河候補同知陞用知府改分山東　欽加三品銜　賞戴花翎現署沂州府知府 燮昌
國子監生 雋昌國子監生 世昌國子監生 光祖候選從九品 光庭原任廣東
澄海縣樟林司巡檢 光慶國子監生 光泰國子監生 光大候選從九品
胞叔玉芬候選巡檢　貤封奉直大夫出嗣胞叔祖竹汀公
嫡堂叔玉芝國子監生 玉炎議敘五品銜
從堂伯叔 玉墒國子監生　貤封奉直大夫 玉坡國子監生 玉圻國子監生　誥
封奉直大夫 玉均議敘五品銜　賞戴花翎 玉城國子監生 玉坪議敘五品銜知

鷺羅子中夫子 印 成孚

林綬卿夫子 諱 述訓

祝爽庭夫子 諱 塏

周琳棻夫子 諱 家勳

丁樂山夫子 諱 壽昌

吳春帆夫子 印 鸞成

吳香畹夫子 諱 毓蘭

壽泉夫子 印 裕昆

盛杏孫夫子 印 宣懷

縣用候選縣丞 玉鏊 議敘五品銜 玉墀 議敘五品銜賞戴花翎

再從堂伯叔 守訓 國子監生 守誠 國子監生 守訥 從九品職銜 玉塤 國子

監生 玉塏 國子監生 玉堉 夢麟 夢麒 夢熊 夢驥

三從堂叔 玉書 國子監生 玉麟 國子監生 玉麒 邑庠生 玉鵬 國子監生

玉琳 國子監生 玉珍 國子監生 玉璋 候選巡檢 玉琛 祖培 候選縣丞

宗培 紹培 方畧館供事 蔭培 方畧館供事議敘按經歷 勛培 候選

千總 多培 方畧館供事議敘從九品 天培 福培 繁培 霖

培 嘉培 道培 德培 修培 芳培 芝培

茂培 育培 因培 增培 寶仁 國子監生 寶楹

七

履歷

萬邁初夫子 印培因

劉景韓夫子 印樹堂

陳子敬夫子 諱欽

黎召民夫子 印兆棠

鄭玉軒夫子 印藻如

周玉山夫子 印馥

劉薌林夫子 印含芳

劉獻夫夫子 印汝翼

周子瑜夫子 印楙琦

國子監生寶臣 寶鈞 寶賢 寶貢 寶順 俱業儒

四從堂伯叔榮恩 增廣生鴻臚寺序班誥封奉政大夫 恩印 國子監生 恩培 候選布理問敕授儒林郎誥封奉政大夫 恩綬 國子監生 恩第 分省補用同知誥授奉政大夫 繼祖 候選典史 榮祖 候選巡檢 恩來 國子監生 恩官 國子監生

聯桂 國史館謄錄 恩覃 恩渥 厚培 原名恩培東河候補閘官欽加六品銜 濤培 分省補用同知賞戴花翎 豕培 候選縣丞 鈺森 兆奎

鑾興 候選從九品 鑾基 候選千總

胞弟鵬鑫 原名鳳鑾議敘五品銜知縣用候選縣丞

從堂弟鵬運 原名鳳喈議敘五品銜 鵬展 幼讀

吳贊臣夫子印廷斌
方勉甫夫子印恭釗
張翰泉夫子印光藻
馬松圃夫子諱繩武
惲小山夫子諱桂孫
萬子和夫子諱年豐
吳摯甫夫子印汝綸
子美夫子印宜霖
汪子常夫子諱守正

再從堂兄弟維翰國子監生維書議敘五品銜候選縣丞維鑅候選巡檢維蓍候選主簿維幹國子監生維善業儒維光業儒維揚幼讀
三從堂弟鳳翰鳳翥鳳舞鳳鳴鳳岡鳳洲鳳藻鳳苞俱幼讀
四從堂弟曾濰曾澤曾瀾曾源曾濂曾[illegible]曾重曾敭長榮念祖念慈俱幼讀
堂兄弟承緒國子監生傳緒國子監生光緒議敘按經歷賡緒國史館供事議敘五品銜候選州吏目昌緒候選守禦所千總賓熙郡庠生光緒乙酉科鄉試挑取謄錄議敘州判壯圖國子監生殿圖瑞圖延緒衍緒業儒

履歷　八

屐

鄒岱東夫子 諱振岳

沈子敦夫子 印家本

吳曉滄夫子 印忠彥

陳襄燮夫子 諱錫麒

程質齋夫子 諱迪華

馮少芝夫子 印清泰

李鐵帆夫子 印垂平

何駿生夫子 印稜泰

佩如夫子 印裕綸

克莊 克明 克勤 克儉 德管 榮管 福

官 上官 春官 俱幼讀

胞姪秉成 幼讀

從堂姪秉虔 幼讀

再從堂姪慶贊 慶賓 慶贇 業儒

娶陳氏 同邑五品銜滄州捷地汛把總印兆祥公長女六品頂戴印均胞妹印增胞姊

子秉元 本科同榜舉人 秉奎 幼讀 秉彝 幼

女一

孫綸襄 幼

蕭廉甫夫子 諱世本

王樸臣夫子 諱炳燮

宮玉甫夫子 印昱

李摶霄夫子 印振鵬

劉彥三夫子 諱傑

李捷峯夫子 諱文敏

賀雲甫夫子 諱壽慈

徐季和夫子 印致祥

孫子授夫子 諱詒經

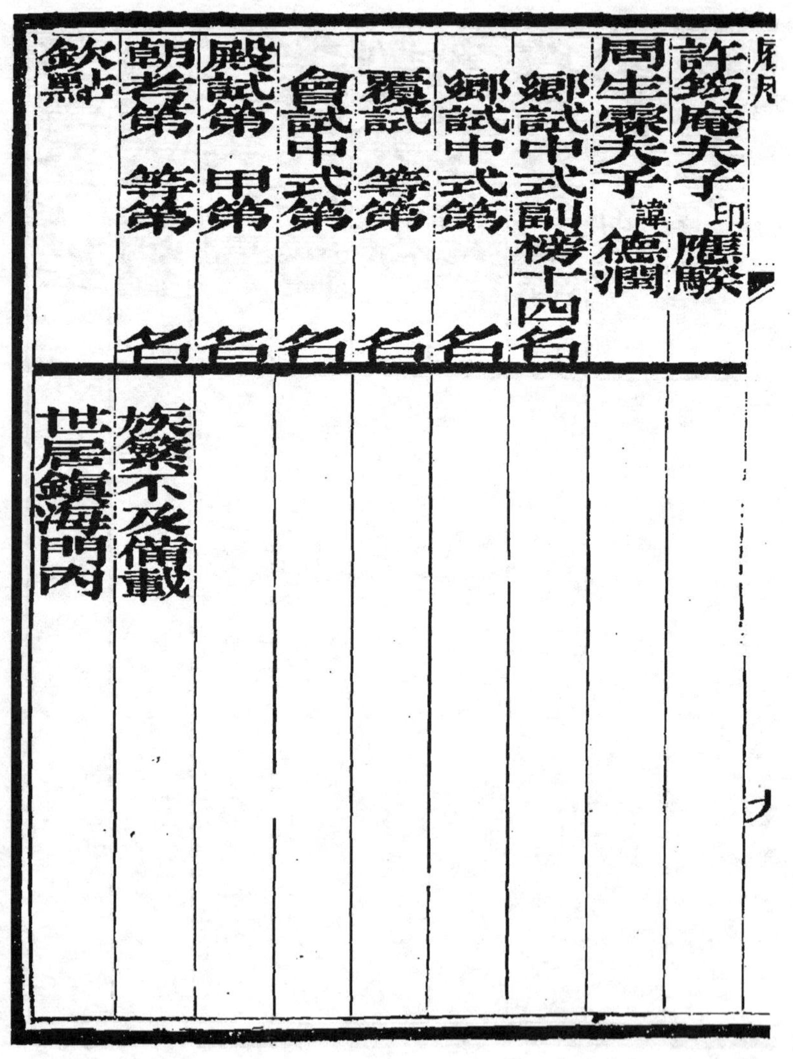
履歷
許鈞庵夫子印 應騤
周生霖夫子諱 德潤
鄉試中式副榜十四名
鄉試中式第　名
覆試　等第　名
會試中式第　名
殿試第　甲第　名
朝考第　等第　名
欽點

族繁不及備載
世居鎮海門內

金恩科

字步瀛號筱泉行四又行十同治壬申年二月二十三日吉時生直隸天津府天津縣縣學附生民籍

始祖諱悳系出漢中山王後劉氏後五代時仕吳越為戶部尚書因避錢武肅王嫌名易姓金氏居浙江之蘭谿以下世次失考

一世祖字伯宗諱失考由蘭谿遷居浙江會稽之藕川族譜序藕川支派推公為第一世

一世祖妣氏嚴

二世胞伯祖樂耕

三世胞伯祖慮齋 穀齋

三世嫡堂伯祖鯤齋 純齋

四世胞伯祖洪字樂蓮

四世嫡堂伯祖洽字思莊 孔道 浦字望浦

四世堂伯叔祖淵字錦川 津字平湖明巡檢司巡檢 灃字平川 注字鳳山 泮字左川

二世祖字鑾軒諱失考

二世祖妣氏孟

三世祖諱仁字子安號蓮湖明山東登州府萊陽縣尉

三世祖妣氏錢敕封安人

氏史敕封安人

四世祖諱湘字竹陽

四世祖妣氏徐

本生四世祖諱邑字少湖清庠生敕封修職郎

五世嫡堂伯叔祖維字振 絕字義素 組字明我

五世堂伯叔祖緝字南洋 璿 雲石 繪字繼浦 少浦

五世從堂伯叔祖綬字奕東 紹字煙波 一 經字太元明廣東英德縣主簿四川成都府灌縣主簿 越峯 綺字濟我 約字靜我

六世胞叔祖安平字惺園號子昇著有致遠堂詩四卷七品職銜明敕封文林郎

六世堂伯叔祖安鼎字國器 安鼐字宗器 安祚字益明明福建漳州府南靖縣永豐司巡檢 安禎字詳明 安祥 安瑞字瑞芝 安源字子聰庠生 安匡字子勤

六世從堂伯叔祖安泰字徵洋 安道 安亭 安仁字省吾明福建漳州府南靖縣尉 安性字悍一 安緞

本生四世祖妣氏吳敕封孺人

始遷天津五世祖諱紱字素我明錦衣衛經廳敕授修職郎

五世祖妣氏馬敕封孺人

氏周敕封孺人

六世祖諱安治字子甯

六世祖妣氏陸

氏李

七世祖諱宗孟原諱岱字泰巖

七世祖妣氏章

六世再從堂伯叔祖安良字醒眞明福建漳州府甯洋縣尉 安國字咸甯

安世字景修 安行字竹陰庠生 安義字宜之 安孚字又元明敕授將仕郎

安禮字景遂 安脩字蘭臺 安臣字繼我 安飭字宏碧 安舒字勛瞻

安邁 安明字時可 安信字瑞玉明敕授將仕郎

七世胞伯祖宗仁字元工

七世嫡堂伯叔祖宗周字馭東庠生考授內閣中書敕授徵仕郎著有可亭集四卷

宗會字介藩候選知縣敕授文林郎 大川字蛟門貢生候選縣丞敕授文林郎

宗聖字一揆 大知字愚若太學生

七世從堂伯叔祖登選字君遴 登奎字聚星 登邃字子芳 登相字璽宸 登揆字亮采 宗宣字仲昭 宗賢字勝公 宗文字汝南 宗

氏章

八世祖諱玉田字藍圃

八世祖妣氏趙

高祖諱志正字用穀一字尙德

高祖妣氏梁

曾祖諱起豫字靜遠 貤贈儒林郎

曾祖妣氏李 貤贈安人

祖諱見龍字文明候選從九品 敕贈儒林郎 貤贈文林郎

祖妣氏徐 敕封安人 貤贈孺人

道字仲學

七世再從堂伯叔祖登顯字伯安 登提字青巖

七世三從堂伯叔祖鳳奇字完我 登遴字景明 登科 登明字孔昭 登雲 登瀛字士登台州黃巖衛屯田都司 登道字商山 登俊字子詮 登傑字萬侯 登仕字君求 登任字純如 登聘字君徵 登魁字子安 登鰲字苑先 登先字酌先 登陞字吉先

八世嫡堂伯祖玉衡字虞在候補知州 玉鑑字升輪

八世堂伯叔祖鶴亭 玉源字起潛 玉潤字含輝太學生 玉章字漢文 玉成字蒼期候選知縣敕授文林郎 玉樹字子階 玉岡號芥舟別號黃竹道人著有黃竹山房詩鈔三十卷田盤記遊草一卷天台雁宕記遊一卷粵遊草一卷 玉珽

父名通澤字雅泉行四國學生 貤封儒林郎 敕封文林郎

母氏蔡 誥封朝議大夫諱元德公女 貤封奉政大夫名毓清公增廣生咸豐戊午科副榜己未考取八旗官學漢教習分發河南候補知縣歷署舞陽鄭城等縣知縣欽加同知銜諱毓漣公胞妹 邑庠生名國珍胞姑母 貤贈安人 敕贈孺人

氏閻 敕授文林郎諱立卓公嫡堂姪曾孫女廪膳生候選訓導諱炳公堂姪孫女太學

字瑞五 玉振字天山

八世再從堂伯叔祖文榮字子範 位相字貳佐 位元字介臣 位卿字清臣 超字北海 起字又韓候選翰林院孔目 越字王孫候選州判 玉珮字懷清 玉宇字一清 玉書字念茲 玉音字在茲

八世三從堂伯叔祖嗣準字允萊 嗣基字宥密太學生 嗣孜字五典 嗣祥字式南太學生

八世四從堂伯叔祖謙亨字湄甫 謙益字受之易州吏目 謙美字集之 謙德字尊光 貞吉字子牧會稽縣學武庠生 惠吉字子迪 謙貞字正常 謙光字明生 謙怡字長吉 謙佳字棐綬 謙嘗字子昭 謙禮字子讓 玉策字上臣 玉祔字麟龍 玉飾字天瑞 謙鳴字鶯一 世

三

履
生諱紹棠公女 貤封安人 敕封孺人

具慶下

庭訓

業師

張筱亭夫子 印 淑芠 廩膳生乙亥恩科丙子科膳錄

齊雲階夫子 印 峋 庠生

表兄蘇輔廷夫子 印 國珍 邑庠生

王菊舫夫子 印 廷瑜 己丑恩

昌聲 字振宗 起麟 字寶山 起鳳 字鳴山 三

胞伯叔高祖 樂正 字德華 身正 字卓亭 儀正 字公度 夏正 字寅谷

堂伯叔高祖 國相 字麟圖 邑庠生候選州同 國棟 字宏圖 國梁 字漢柏 國

桂 字學李

從堂伯叔高祖 勇 字果亭 乾隆丙子科副榜 歷任鉅鹿縣訓導 香河縣教諭 敕授修職郎 勷 字嶺南 貤封登仕郎 勝 字嶺雲 任甘肅渭源縣典史 敕授登仕郎 功 字次侯 侯補吏目 思敬 字來譽 思誠 字愼儀 思謙 字亮周 太學生 敕封文林郎 思

義 字曉巖 廩膳生 乾隆戊子科舉人 辛丑科進士 任陝西延安府宜川縣知縣 調署南鄭縣知縣 嘉慶甲子丁卯科陝西鄉試同考官 敕授文林郎 謙 字益堂 讓 字允恭 方 字勉之 庠生 勱 字南金 祖 字永和 著有歸與草堂集 敏 字敏齋 効 字召南 喆 字智圃

科舉人議敘知縣

姻伯姜少雲夫子 印秉善

廩膳生乙酉科拔貢舉人壬辰科甲午恩科會試房薦

姻伯李閬生夫子 印春澤

廩膳生乙酉科舉人庚寅考取國子監學正學錄現官國子監率性堂學正

太姻伯趙玉卿夫子 印鑾揚

廩膳生乙亥恩科舉人國子監助教壬辰科進士現官吏部文選司主事著有十三經述聞

三從堂伯叔高祖必顯字德彰 開宗 開金 必達字伯甯

必達字甯先 必通字甯章 必壽字德年 殿字景宸 堂字廉遠 增

字梯雲 臺字晉三郡庠生 如岸字仁發 如會字景沂 之祥 之順

四從堂伯叔高祖鵬字雲程 芳

伯叔高祖鼎鉉字尚玉 鼎鈺字爾如 鼎鑑字越水 鼎鈞字繼先 文

煥字宗先 文彬字念先 箕敘字禹疇 璐字幼珮 瑛字自玉 碧字授

穀 珩字楚材 琨 璠字燦文 璵字煥文 瑞字輯五 玠字懷五 洪

璋字德先 洪瑨字漢章太學生 瓚字贊玉 玟字以九 永復字念原

胞伯曾祖起晉字惠三

嫡堂伯叔曾祖盛 咸臨 起恆 富有

廿四史述聞諸子述聞小學述聞玉函輯佚刊誤補遺

課師

楊吟夫子印光儀掌教輔仁書院

李越縵夫子諱慈銘前掌教學海堂

戴青來夫子印兆春掌教問津書院

呂椒生夫子印耀光襄校輔仁書院

從堂伯叔曾祖起霖字沛斯貤封承德郎　起霆字夢霞郡庠生　起雲字象書　起霽字麗東　起霆字雨亭　起露字湛如敕封武略騎尉　悳吉字梅圃　悳隆字北超　悳成字有田　悳懋字聿修　悳存

再從堂伯叔曾祖驤字對航郡庠生　驊字青雲　德瑩字榕門邑庠生候選縣丞　鑑字鏡堂　觀字福山　豐字秋圃　和字有聲　恩字東山　煒字仰熙太學生　甌字靜菴廩膳生乾隆己酉恩科舉人嘉慶丙辰科會魁歷任山東萊蕪縣蓬萊縣知縣甲子科山東鄉試同考官敕授文林郎　悳字愛亭　佑字黼堂　騏字春衢邑庠生貤封修職郎　駿字芳墅國學生歷任福建建安縣縣丞署長汀縣晉江縣知縣歷任山東蘭山縣蘭陵等縣縣丞署日照縣知縣　驊字牧堂國學生誥封朝議大夫　騤字伯顧貤封奉直大夫　驪字芳疇貤封奉直大夫　良字峻庭　賢字季常　佩字芥孫國學生候選縣丞敕

書院 陳夢陶夫子 印名侃 襄校問津

書院 陸鳳石夫子 印潤庠 襄校稽古

書院 孫筱坪夫子 印錫康 前任天津

縣知縣 李搏霄夫子 印振鵬 前任天津

縣知縣 趙星甫夫子 諱映辰 前署天津

授修職郎 侗 字同人 國學生 候選縣丞 敕授修職郎 唐 字桐蕃 庚 字景盤 國學生 鋁

字麗江 國學生 入品職銜 偉 字儉堂 國學生 入品職銜 樽 字照亭 候選從九品 敕授登仕郎

四從堂 伯叔 曾祖天倫 字典敘 天壽 字祺園 興鷩 字培初 丞甯

字慶斯 永年 字祝三

伯叔 曾祖懋修 字克成 懋仁 字克安 懋德 字克明 懋敏 字克慎 觀

仁 字體元 觀義 字集三 觀禮 字節文 觀智 字若水 觀信 字周尚

爾先 樹績 字去矜 樹穀 字在中 樹德 字素培 樹岑 字爲仁

樹賢 字無方 樹政 字佈遠 樹勳 字萬里 樹綱 字惟三 樹忠 字誠

一 樹倫 字羣修 樹孝 字維則 樹義 字勇爲 溥 字博炎 滈 汝

霖 汝霌 雨章 雨霈 雨雲

五

王掄予夫子 印兆騏 前署天津縣知縣

陳銳伯夫子 印鴻保 前任天津縣知縣

呂秋樵夫子 印增祥 現署天津縣知縣

陳序東夫子 印以培 前任天津府河防同知

馮少芝夫子 印清泰 現任天津

胞伯祖元龍 字震九候選從九品 敕授修職郎

嫡堂伯祖麟龍 字景雲

堂叔祖乘龍 雲龍

再從堂伯叔祖溥 字渭渠 泉 字壽源 泳 字順滋 渶 字杏林道光戊子科經魁 大挑一等河工候補知縣借補南河丹陽縣縣丞邳北通判庚子科江蘇鄉試同考官 潢 字長源 津 字均度武庠生 滈 字厚菴太學生 溶 字備甫邑庠生 鏊元 字伯山庠生 浚 字采邦 瀛 字香谷 澧 字溪川 注 字上臣 灝 字會堂 澍 字聚堂 君重

三從堂伯叔祖漳 字炳文國學生 鴻 字漸逵候選州同 敕封承德郎 澍 字滋田 瀚 字匯之 達瀾 字鶴山附貢生候選從九品 達源 字龍節國學生 瀜 泗 字宗海 濰 字利濟 澂 字小圃 江 字正帆國學生 浩 字竹洲國學生貤封奉政大

沈子敦夫子 印家本 前任天津府河防同知

汪子常夫子 印守正 前任天津府知府

鄒岱東夫子 諱振岳 前任天津府知府

梁敬之夫子 印丹銘 前任天津府知府

胡雲楣夫子 印燏芬 前任天津府知府

夫 通字竹泉太學生 鎢字竹 鳳池字掌綸廩貢生候選訓導 貤封奉政大夫

濂字濂泉 鳳洲字庾山道光己酉科舉人揀選知縣軍功特授四川南江縣知縣歷任

巴縣成都仁壽江油樂至等縣知縣陞授巴州知州 賞戴花翎 欽加運同銜 湧字湧泉

湶字雨川 濱字磬田 瀛字麟洲 濤字晴嵐郡庠生候選訓導 沂字雲波著有吟

草詩鈔 貤封奉直大夫 際泰字熙堂 貤封奉政大夫 溎字晴川國學生 貤封朝議大

夫 浚字鏡湖國學生候選縣丞 雨祥字潤田國學生候選巡檢 漢字海東國學生

伯叔祖 鎧字戎章 鉞字廷儀 滔字錦波 錡字君美 銓字野田庠生著有野田存

草 鑑字明遠 鏞字東序邑庠生 天祥 元林 禹門 立堂

君佐 君相 鶴年 士英 兆英 效忠

胞叔通灃字曉峯國學生布政司理問銜 敕授儒林郎

河間兵備道本科鄉試監臨

周子瑜夫子印懋琦前任天津河間兵備道

吳贊臣夫子印廷斌前任天津河間兵備道

呂庭芷夫子印耀斗前任天津河間兵備道

方勉甫夫子印恭釗前任天津河間兵備道

高仲瀛夫子印驂麟現任天津河間兵備道

嫡堂伯通淮字桐浦 通漢字雲章

堂伯通海

三從堂伯叔作梅字和中 柄字景權 棣字召棠 本字慧元任湖北漢陽府通判咸豐三年陣亡 殿颺字秀升 殿鰲字一峰嘉慶癸酉科武舉 殿列字步玉 殿英字忠秀 殿和字錫律 殿儀字象齋 殿華字文光 殿安字治平 世和字德川 世泰 世榮 棠字玉峯 椿字壽齡 槐字蔭香 楷字模齋 榜字竹坪 楨字麗巖 彬字永宣巖 章

四從堂伯叔梓字敬岩太學生 寶樞字輔臣 寶森字蔭珊太學生 寶樹 寶權 典 長春字義之 長興 榮字蒲亭授登仕郎 救 椿字鶴橋太學生 蔭桐字肇唐候選理問欽加五品銜 宗蔭 增蔭 富

河間兵備道

劉獻夫夫子 印汝翼 前任津海關道

劉薌林夫子 印含芳 前任津海關道

盛杏蓀夫子 印宣懷 前任津海關道

黃花農夫子 印建筦 前任津海關道

李少東夫子 印岷琛 前任天津

長字澗之六品職銜敕封承德郎 召棠字墨橋附貢生署廣平府教諭敕授文林郎

召棣字階五附貢生任廣東開建縣知縣敕授文林郎貤封奉政大夫 召蔭字少

庚軍功候補知縣 寶珍字容生候補知縣現任四川東鄉縣典史 桓字朗溪 勳字建

權郡庠生 彭壽字靖臣貤封奉直大夫 延壽字少雲議敘從九品 恭壽字向

辰廩膳生候選縣丞選缺後以知縣在任候補 仁壽字志青候選從九品五品頂戴 廷楨

字柱臣議敘從九品 廷棟字鐵樵太學生 名標字上林候選從九品敕封登仕佐郎

名榜字福臣太學生 廷棻字景臣國學生六品銜敕封承德郎 慶譽字敬文太

學生 慶蘭字榛生

伯叔 文德字澗香 文濤字滙[illegible]江 文奎字斌昌 德魁 德榮 德

誠字愼吾 源字滙川 樹字蔭庭 瀾字瀠波 滄字樸亭廩膳生 淇字斐君

二

河間兵備道現任津海關道

季士周夫子 印邦楨 前任長蘆鹽運使司鹽運使

賀幼甫夫子 諱長楨 前任長蘆鹽運使司鹽運使

李亦青夫子 印希蓮 前任長蘆鹽運使司鹽運使

佘澂南夫子 印昌字 前任長蘆鹽運使司鹽運使

李勉林夫子 印興銳 前任長蘆鹽運使

廷標 廷相 廷槐 廷桂 龢 鯨

胞兄弟 恩錫字蕊亭 恩榮字桂山從九品職銜 恩第字品三國學生出嗣胞叔恩桂沐字鶴年碭 恩藻字雨生業儒

堂兄 鈞 銳 鈺 銖

四從堂兄弟 文煦 文熹 文煜 文煥 書官 彪

塏 塈 塘 墀 塽 印 文奎 文俊

兄弟 汝震候選布政司理問敕封承德郎 汝雯候補千總授武略騎尉 敕 祥

汝瑛國學生誥封奉直大夫 汝珣 汝琪誥封奉政大夫 汝珍候選布政司理問敕封承德郎 汝璧國學生誥封奉政大夫 汝奎供事議敘庫大使任福建布政司庫大使歷任泉州府東安縣知縣卓異候陞欽加同知銜 汝璋 順昌

鹽運使司
鹽運使
月汀夫子 印 昆望 前任長蘆鹽運
使司鹽
運使
李少荃夫子 印 鴻章 前任直隸
總
督
王夔石夫子 印 文韶 現任直隸
總
督
受知師
周生霖夫子 諱 德潤 前任順天
學
政

候選布政司理問 汝弼 廪膳生 汝瑜 汝益 汝梁
敕封承德郎
承燮 承照 承爍 承燦 承熙 承焯
承煜 六品職銜 敕授承德郎 承焜 承熺 承典 承焘
承煦 承熠 承爚 承禔 承坐 承熾 汝
舟 汝霖 振聲 家麟 國瑞 國泰 振鐸
振釗 振鑣 振鐵 棟 樑 恩炳 恩綬
如槐 如枚 如松 國瑞 五品職銜 大忠 大孝
茂義 茂成 茂芝 茂照
嫡堂姪 鳴甲
堂姪 兆慶 兆中 兆翰 兆祺

歷

叔平夫子 印 文治 本科鄉試監臨

徐東甫夫子 印 會灃 前任順天學政本科覆試閱卷大臣

宗室芝蓀夫子 印 麟書 本科覆試閱卷大臣

宗室筱峯夫子 印 崑岡 本科覆試閱卷大臣

翁叔平夫子 印 同龢 本科覆試閱卷大卷

頌之夫子 印 啟秀 本科覆試閱卷

姪 承恩 鴻恩 樹榮 丙榮 恩銓 恩培 長

齡 栢齡 彭齡 季齡 紹銓 紹芳 紹閶

紹周 鑾 歷候選布政司經 賞戴藍翎 鏞 鉞 秉鈞 秉

鈐 秉銘 紹均 紹塽 紹坪 紹莊 繼曾

紹壇 紹侑 紹圻 紹域 紹瑜 紹墀

紹城 紹埠 紹墉 紹增 郡庠生 寶珍 寶琳

寶安 士元 士第 世榮 佩蘭 國學生 佩萱

佩衡 煌 煐 熊 煥 煟 作新 國學生 其新

五品職銜

堂姪孫 自珍

大臣

廖仲山夫子 印 壽豐 本科覆試閱卷大臣

唐春卿夫子 印 景崇 本科覆試閱卷大臣

楊蓉圃夫子 印 頤 本科覆試閱卷大臣

姪孫榮藻 橒 楹 樺 璋 琪 璜 瑄 璧

兆麟 長祥 兆麒 兆龍 兆鵬 恩綸

恩露 葯舫 秉坤 德章

姪曾孫炳華 傳忠 鴻年 汲年 浚年

胞姊一 適同邑李 誥封中憲大夫諱文燦公孫 縣丞諱東垣公子 敕授承德郎 貤封中憲大夫州同銜候選大夫候選同知國學生諱聯奎公 誥授奉政大夫 貤封中憲郎 貤封朝議大夫候選從九品諱崇垣公 敕授登仕佐

胞姪藍翎五品頂戴候選府經歷名士鉉

嫡堂姊一 適同邑王 誥封武功將軍諱道善公孫 誥封通奉大夫諱希善公 誥封通奉大夫諱明善公 誥封奉政大夫花翎候選道諱守善公姪孫 誥封奉政大夫花翎候選同知名文彬公子 誥授奉政大夫花翎指分河南候補同知名文俊公胞姪國學生名錫琛

履歷

鄉試中式第十名

覆試一等第二十四名

會試中式第　名

覆試　等第　名

殿試第　甲第　名

朝考第　等第　名

欽點

娶王氏候選縣丞 敕授修職郎 誥封奉直大夫諱郁田公元孫女國學生諱郁文公胞姪元孫女候選光祿寺署正 敕授承德郎 誥封奉政大夫諱國慶公曾孫女八品軍功 貤封奉政大夫諱國華公胞姪曾孫女候選縣丞 賞加五品銜 誥授奉政大夫諱槐芳公孫女邑庠生光緒丙子科舉人丁丑科會試庚寅 恩科會試挑取謄錄充補 國史館謄錄議敘知縣名銘恩公女國學生諱恩承公歲貢生候選訓導諱錫恩公國學生守禦所千總 欽加都司銜名恩綬公國學生候選守備名恩紱公國學生候選同知 賞戴藍翎名鑅恩公國學生諱恩溥公國學生諱銓恩公胞姪女

子鳴鑾幼 女二俱幼

族繁不及備載

世居天津帶河門外

劉鍾彔

始祖仲仁明廩貢生候選州判敕授徵仕郎

始祖妣氏高敕封孺人

二世祖啟元明歲貢生候選訓導敕授修職郎誥贈中憲大夫

二世祖妣氏路敕封孺人誥封恭人

二世祖妣氏張敕封孺人誥封恭人

三世祖應奇明廩膳生誥贈中憲

字銘甫號慰蒼行二同治戊辰

年十月十七日吉時生直隸天

津府天津縣府學廩膳生民籍

四世胞伯祖星耀河南布政司理問

五世胞伯叔祖恆庠生愼康熙甲子科舉人乙丑科聯捷進士選授福建汀州府守府

怡康熙辛酉科舉人壬戌科進士欽點刑部主事歷陞戶科掌印給事中簡放廣東分巡雷瓊道誥授中憲大夫

愫邑庠生康熙壬午科副貢[illegible]廩貢生候選知縣

太高胞伯叔祖文錦候選州同文鉞國學生

胞高伯叔祖浚副貢生候選訓導沅副貢生候選訓導濤國學生準國學生

胞曾伯祖應華國學生

嫡堂曾伯叔祖際泰國學生際華增廣生序東候選縣左堂序本

恩大夫
三世祖妣氏潘誥封恭人
四世祖星輝誥贈中憲大夫
四世祖妣氏龐誥封恭人
五世祖佝誥贈文林郎
五世祖妣氏曾誥封孺人
太高祖文鈞國學生誥贈文林郎
太高祖妣氏卜候選州同諱鼎隆公
女誥封孺人
高祖澄庠生誥贈文林郎
高祖妣氏朱丙辰科進士湖廣司主事

國學生序業 德樹國學生 德樞 德極
胞叔祖思謙
嫡堂伯叔祖汝照 維禎 開勳
從堂伯叔祖炘 焜乾隆己酉科舉人充實錄館謄錄選授山東青城縣正堂山東鄉試同考官安徽霍山五河等縣正堂 元鐸庠生 鼎 煊 緼方 元熥
元照候選縣左堂 元燮 元燧
胞伯叔賡颺廩膳生甲辰科挑取謄錄己酉科堂備 詩颺 對颺
嫡堂伯叔皋颺國學生 典颺
從堂伯叔玉麒 玉麟幼殤 長清
再從堂伯叔大會 二會 三會 廣式 龍藻候選從九
龍壽邑庠生 龍光 龍翔

兼山東司主事諱嘉善公女國學生諱術慶公丁酉科舉人諱兆慶公胞姊 誥封孺人

高祖妣氏張 江西布政司經歷諱樹萱公胞妹選用衛千總諱樹棠公嫡堂姊 誥封孺人

曾祖廷華 廩膳生嘉慶丁卯科舉人庚辰科會試大挑二等選授廣平府成安縣教諭敕授文林郎

曾祖妣氏王 敕封孺人

祖思誠 候選府經歷敕授修職郎

祖妣氏辦 敕封孺人

胞弟鍾英

嫡堂兄弟鍾駿 虎臣幼殤 紹曾 承曾 景曾 振曾

從堂兄希曾候選從九

再從堂兄瑞霖

三從堂兄弟雲 震 曰鎮幼讀 愿幼殤 曰漢幼

從堂姪傳蔭幼讀

再從堂姪翰文 翰武

三從堂姪漢銘

胞姊二 長適同邑何候選從九諱文達公次子國學生名鍾霖 次適同邑黃玉牒館謄錄四川蓬溪鄰水萬縣宜賓等縣知縣簡州知州忠州直隸州知州諱廷鎮公曾孫國學生諱閣公孫邑庠生諱騰鑄公長子光緒壬午科解元丙戌科進士浙江即用知縣歷署麗水昌化等縣知縣戊子科

履歷

父襲颺邑庠生庚午科鄉試房薦

母氏金

具慶下

庭訓

鄉試中式第二十四名

覆試第一等第三十二名

會試中式第　名

覆試　等第　名

殿試　甲第　名

朝考　等第　名

欽點

浙江鄉試同考官諱

耀奎　守節待旌

娶任氏太學生　敕封承德郎諱元善公孫女軍功議敘六品銜　貤封武德騎尉諱紹庭公女

子傳鈞幼

女三

族繁祗載本支

世居天津鎮海門外河東三甲

詹榮麟

字少菊號振甫行一咸豐戊午年九月二十九日吉時生直隸天津府天津縣府學廩膳生民籍候選訓導

七世祖宗玨始由安徽婺源縣遷居天津
七世祖妣氏趙
六世祖汝升國學生
六世祖妣氏張
五世祖楙怡
五世祖妣氏戎
高祖熙源貤贈奉政大夫
高祖妣氏孟邑庠生永端公女貤贈宜人

七世伯祖尹衡初任山西長子縣縣丞署洪洞縣知縣歷任河南洛陽縣縣丞加一級署洛陽陳留縣知縣
六世伯祖雲庠生候選縣丞
六世叔祖鸞候選守禦所
五世伯祖來頌增生
五世叔祖楙渟　楙忱　楙恆
高伯祖熙績庠生
高叔祖熙國　開泰

歷歷

曾祖垚 誥封奉政大夫

曾祖妣氏王 誥封宜人

祖秉銳 字珊舫道光辛巳恩科舉人乙未科大挑一等歷任河南登封泌陽等縣知縣歷署襄城長葛郾城臨潁葉縣濬縣涉縣西華武安鎮平等縣知縣欽加同知銜道光甲辰恩科河南鄉試同考官誥授奉政大夫著有課孫草詩文稿

祖妣氏龔 邑乾隆丁丑科進士翰林院編修河南府知府璉公曾孫女乾隆壬午科舉人誥封武德騎尉國棟公孫女乾隆辛卯進士護鳳營遊府鐸公癸卯舉人江淮頭帮總運府世雄公姪女處士世

曾叔祖堈 埥 靜方 從九品

胞叔祖秉銓 歲進士山東州判署理藩經廳 淦 庠生

嫡堂叔祖秉鑑 秉鉞

堂伯祖淇 庠生

堂叔祖涵 涓 淮

胞叔廉瀚 特用縣河南候補府經歷署鹿邑縣縣丞考城縣縣丞李青店巡檢

嫡堂伯匯元 候選主簿

嫡堂叔霈元 澍元 候選縣丞

嫡堂弟桐鳳 國學生

從堂兄駿標 龍標

從堂弟雁標 鵬標 榮光

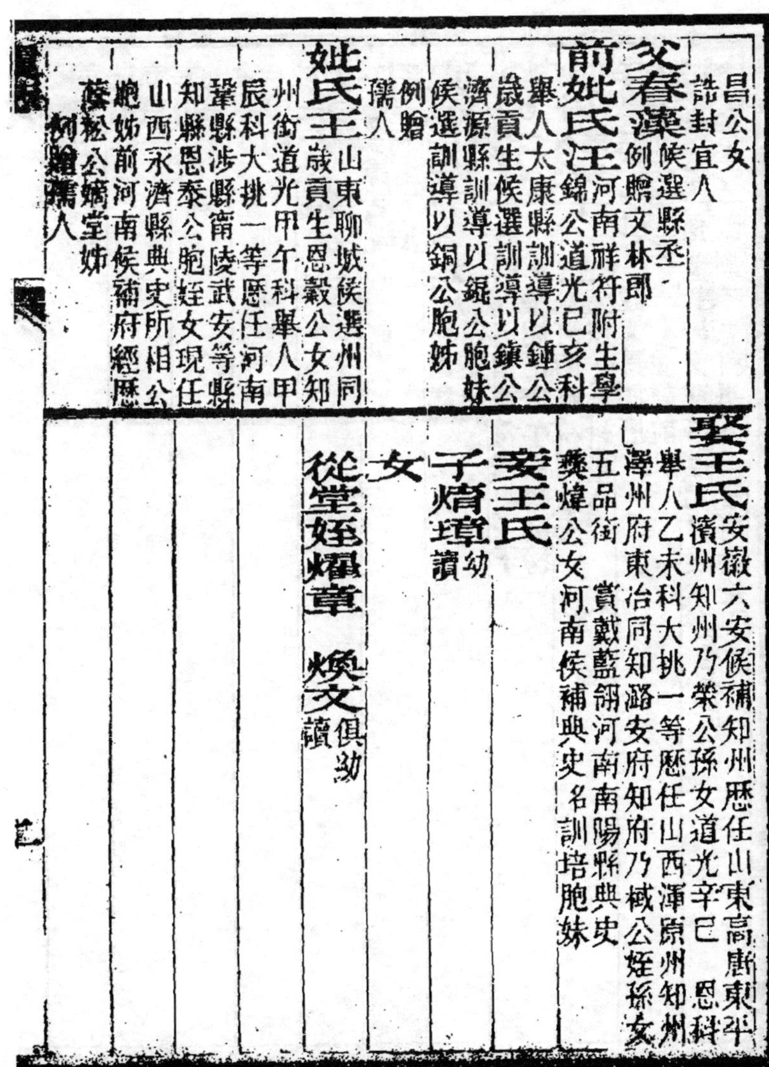
昌公女
誥封宜人
父春藻候選縣丞例贈文林郎
前妣氏汪河南祥符附生學錦公道光己亥科舉人太康縣訓導以鍾公歲貢生候選訓導以鎮公濟源縣訓導以鋸公胞妹候選訓導以銅公胞姊例贈孺人
妣氏王山東聊城候選州同歲貢生恩穀公女知州銜道光甲午科舉人甲辰科大挑一等歷任河南鞏縣涉縣甯陵武安等縣知縣恩泰公胞姪女現任山西永濟縣典史所相公胞姊前河南候補府經歷蔭松公嫡堂姊例贈孺人
娶王氏安徽六安候補知州歷任山東高唐東平濱州知州乃榮公孫女道光辛巳恩科舉人乙未科大挑一等歷任山西渾源州知州澤州府東治同知潞安府知府乃棫公姪孫女五品銜賞戴藍翎河南南陽縣典史燕煒公女河南候補典史名訓培胞妹
妾王氏
子焴璋幼讀
女
從堂姪爆章 煥文俱幼讀

永感下

祖訓

庭訓

受業師

姚夫子 諱廉

牛夫子 諱克廣

陳鏡軒夫子 諱士昕 河南祥符廩生

劉彬之夫子 諱作賓 河南祥符咸豐壬子同治庚午兩科副榜

陳丹林夫子 諱志桂 河南祥符同治壬戌恩科舉人

母舅汪子安夫子 諱以鎮 履歷詳前

宋述之夫子 諱繼郊 河南祥符道光甲辰恩科舉人南陽府教授

傅仰濕夫子 諱承闕 河南蘭儀同治壬戌恩科舉人

白含之夫子 名煥章 山西平遙廩貢生現任廣靈縣教諭

杜生甫夫子 名道周 山西榆次咸豐戊午科舉人

葉傳齋夫子 諱廷杰 河南光州道光乙巳科進士吏部郎中雲南曲靖府知府賞戴花翎咸豐戊午科山東副考官

車小軒夫子 諱翹 山東海陽同治壬戌恩科舉人前河南滎陽縣知縣

高畏之夫子 諱天寵 貴州貴筑咸豐壬子進士前河南唐縣知縣

楊香吟夫子 名光儀 邑咸豐壬子舉人現主講輔仁書院

汪子常夫子 諱守正 浙江錢塘附生前任天津府知府調宣化府知府欽加二品頂戴

烏佳榮帆夫子 名吉順 鑲紅旗滿洲人前任直隸口北道現任廣東高廉欽道

受知師

鄂卓爾華卿夫子 名榮慶 正黃旗蒙古光緒丙戌翰林現官內閣侍讀學士本科同考官

三

房

朱允卿夫子 名乃恭 奉天錦縣同治戊辰進士前任天津縣知縣升任薊州直隸州知州

孫子授夫子 諱詒經 浙江錢塘咸豐庚申翰林前任順天學政官至戶部右侍郎

許筠菴夫子 名應騤 廣東番禺道光庚戌翰林前任順天學政現官禮部尚書

赫舍里冠九夫子 諱如山 道光戊戌翰林前任長蘆鹽運使

鈕祜祿玉如夫子 名額勒精額 咸豐己未繙譯進士前任長蘆鹽運使現官河南布政使

胡雲楣夫子 名燏棻 安徽泗州同治甲戌庶常前任天津兵備道現任順天府府尹本科監臨

劉獻夫夫子 名汝翼 安徽廬江人前任天津海關道現任江西督糧道

三

鄉試中式第七十名

保和殿覆試二等第三十二名

會試中式第　名

殿試　名

朝考　名

欽點

族繁祇載本支

世居天津城廂河北關上

王新銘

字警吾號寅生又號吟笙行五又行七同治庚午年十一月初八日吉時生係直隸天津府天津縣學附生民籍

太高祖諱宏勳字亦甫行四由康熙年間始遷天津

太高祖妣氏馬

高祖諱天祿字美然行二例封登仕佐郎

高祖妣氏孫例封孺人

曾祖諱瑞字祥芝行一貤封儒林郎

嫡堂伯高祖天祥

胞伯高祖天成

從堂伯曾祖鄰

嫡堂伯曾祖連

再從堂伯祖仁　義

三從堂伯九錫　九如

胞叔兆莊榜名兆蓉字芙行一字午亭行二邑庠生同治丁卯科舉人甲戌科考取宗學漢教

一

履歷

晉封奉直大夫

曾祖妣氏許 貤封安人 晉封宜人

祖 諱祖蔭字紹先行一 敕封儒林郎 晉封奉直大夫

祖妣氏郝 同邑 例贈登仕佐郎明賓公長女從九品遇順公胞姊六品頂戴諱長泰名泰胞姑母 敕封安人 晉封宜人

父 印宗槐字位三行一咸豐三年津防議敘五品銜 誥授武德騎尉 貤封奉直大夫 敕封文林郎

晉候選知縣借選廣東南雄直隸州州同調署廣州府龍門縣知縣光緒戊子科廣東鄉試對讀官武闈提調官 恩加二級 敕授儒林郎 晉封奉直大夫

廷槐字聘三一字品山行三國學生翰林院待詔職銜 例授登仕佐郎 貤封文林郎

兆槐字又堂行四太醫院官學生現分發江蘇候補巡檢

嫡堂兄家駒字驪平行四早逝配羅氏節孝待 旌

嫡堂弟鴻彬字文菴行八早逝 德驥字澤臣行十國學生 拱辰業儒

鴻寶 鴻書俱幼讀

胞兄敬銘字趾周一字芷洲行一太醫院官學生 金銘字曉泉號乃賡行二處士著有修竹齋畫論並詩集 世銘字芸軒行三從九品 恩銘字秀生號錫臣行五國學生

胞姪毓崧 毓華 毓崑俱幼讀

母氏史同邑五品銜鑑公曾孫女　敕封儒林郎德晞公孫女處士著有自怡印存竹泉畫譜或舟詩集諱源緒諱榮緒字鶴洲公次女　國學生文仲文達公堂姊　誥封宜人　貤封宜人　敕封孺人

娶商氏同邑　貤封奉直大夫廷瑜公曾孫女　國學生候選吏目玉方公孫女　貤封昭武都尉金銘公三女

子

女

具慶下

庭訓

受業師謹以先後爲序

郭友龍夫子諱鳳鑾南皮人邑庠生

胞兄曉泉夫子諱金銘

履歷

二

趙芳洲夫子　印承瀛　恩貢生候選直隸州州判

宗兄實生夫子　印廷璋　廩膳生

倪桂泉夫子　諱文煥　同治癸酉科舉人補用同知直隸州江蘇候補直隸州州同

蔣香農夫子　印爾奮　永平人著有壽甕堂全集時從學

肄業師

姻伯楊香吟夫子　印光儀　現主講輔仁書院

李越縵夫子　諱慈銘　前主講三取書院學海堂經古課

馮夢華夫子　印煦　前主講學海堂經古課

吳子修夫子　印慶坻　前主講學海堂經古課

孫筱坪夫子　諱錫康　前任天津縣知縣

稜村夫子印隆昇前署天津縣知縣

李攜賓夫子印振鵬前任天津縣知縣

王檢齋夫子印兆麒前署天津縣知縣

趙星甫夫子諱晙前署天津縣知縣

年誼陳端甫夫子印江鶴保現署天津縣知縣

陳序東夫子印以培前任天津河防分府

馮少芝夫子印清泰現任天津河防分府

年伯汪子常夫子諱守正前任天津府知府

鄒佑東夫子諱振岳前任天津府知府

沈子敦夫子印家本前任天津府知府

履歷

梁敬之夫子 印 丹銘 現署天津府知府

胡雲楣夫子 印 燏棻 前任天津河間兵備道

周子瑜夫子 印 懋琦 前任天津河間兵備道

吳贊臣夫子 印 廷斌 前署天津河間兵備道

呂庭芷夫子 印 耀斗 前署天津河間兵備道

高仲瑛夫子 印 驂麟 現署天津河間兵備道

周玉山夫子 印 馥 前任津海關道

劉獻夫夫子 印 汝翼 前任津海關道

劉薌林夫子 印 含芳 前署津海關道

盛杏蓀夫子 印 宣懷 前任津海關道

黃花農夫子 印 建鑄 前督津海關道

李少東夫子 印 岷琛 現任津海關道

李士周夫子 印 邦楨 前任長蘆鹽運使司鹽運使

賀幼甫夫子 諱 長楨 前任長蘆鹽運使司鹽運使

玉如夫子 印 額勒精額 前任長蘆鹽運使司鹽運使

李亦青夫子 印 希遵 前任長蘆鹽運使司鹽運使

奈澄甫夫子 印 昌字 前署長蘆鹽運使司鹽運使

李勉林夫子 印 興銳 前任長蘆鹽運使司鹽運使

方勉甫夫子 印 恭釗 前署長蘆鹽運使司鹽運使

周汀夫子 印 景星 現任長蘆鹽運使司鹽運使

李少荃夫子 印 鴻章 前任直隸總督

王夔石夫子 印 文韶 現任直隸總督

受知師

李若農夫子 諱 文田 前任順天學政

徐東甫夫子 印 會灃 前任順天學政本科鄉試覆試閱卷大臣

唐春卿夫子 印 景崇 本科鄉試覆試閱卷大臣

楊蓉圃夫子 印 頤 本科鄉試覆試閱卷大臣

廖仲山夫子 印 壽恒 本科鄉試覆試閱卷大臣

穎之夫子 印 啓秀 本科鄉試覆試閱卷大臣

翁叔平夫子 印 同龢 本科鄉試覆試閱卷大臣

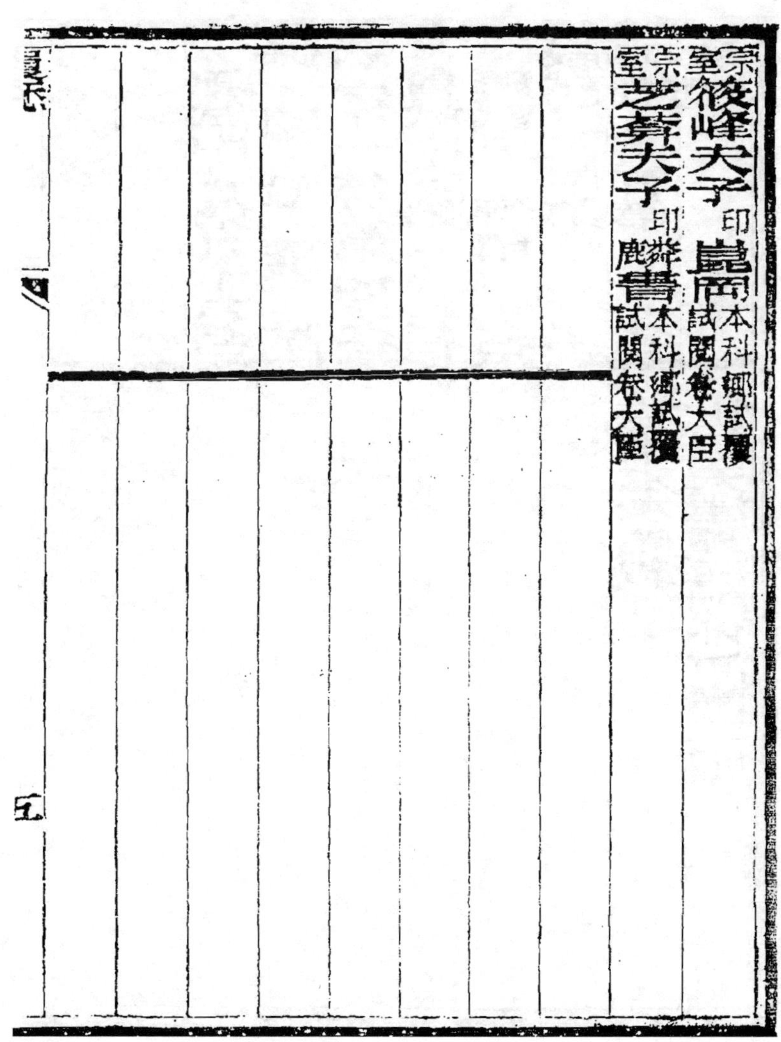

宗室筱峰夫子印崑岡本科鄉試覆試閱卷大臣

宗室芝蓀夫子印麟書本科鄉試覆試閱卷大臣

五

鄉試中式第九十六名
保和殿覆試
欽定一等第四名
會試中式第　名
覆試　等第　名
殿試　甲第　名
朝考　等第　名
欽點

族繁不及備載
世居天津鎮海門外河東三甲

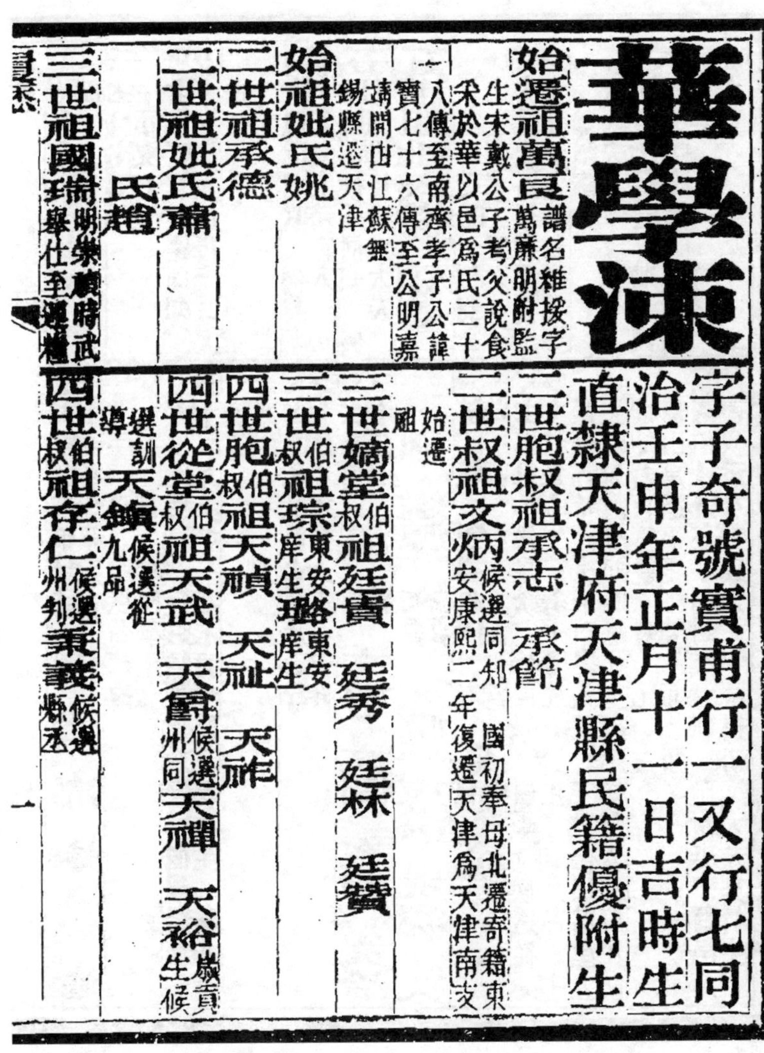

華學涑

始遷祖萬良 諱名維援字萬廉明附監生宋戴公子考父說食采於華以邑爲氏三十八傳至南齊孝子公諱寶七十六傳至公明嘉靖間由江蘇無錫縣遷天津

始祖妣氏姚

二世祖承德

二世祖妣氏蕭

氏趙

三世祖國瑞 明崇禎時武舉仕至遊擊

字子奇號實甫行一又行七同

治壬申年正月十一日吉時生

直隸天津府天津縣民籍優附生

二世胞叔祖承志 承節

二世叔祖文炳 候選同知 國初奉母北遷寄籍東安康熙二年復遷天津爲天津南支始遷祖

三世嫡堂伯叔祖廷貴 廷秀 廷林 廷贊

三世伯叔祖琮 東安庠生 璐 東安庠生

四世胞伯叔祖天禎 天祉 天祚

四世從堂伯叔祖天武 天爵 候選州同 天禪 天裕 歲貢生候選訓導 天鎮 候選從九品

四世伯叔祖存仁 候選州判 秉義 候選縣丞

歷應
守備．
三世祖妣氏李
四世祖天祥候選同知例授奉政大夫
四世祖妣氏郝例封宜人
五世祖嶙候選同知例授奉政大夫
五世祖妣氏楊例封宜人
氏王例封宜人
六世祖元滄候選州同敕封儒林郎貤贈奉政大夫
六世祖妣氏張敕封孺人貤贈宜人

五世再從堂伯叔祖嵩　崑　岱　嵩　崇　[illegible]　嶧
岳　崗　巒改名嶒國學生　嵩
五世伯叔祖廷楝　廷柱候選布政司理問　廷相國學生　廷樑候選府經歷
六世胞叔祖龍光邑庠生　元清
六世堂伯叔祖漢　漣　文溥　文潤　文澍　文洽
涵　鑑　源　文澤　文瀾　文溪　文淲　文
溶　濱　洽國學生　津　渶　金坤　金城
六世伯叔祖昇國學生　獻　發國學生　芝國學生　申候選從九品　振
國學生　蘭乾隆庚子科舉人歷署安徽合山當塗五河縣知縣歷任全椒縣知縣安慶府江防同知著有篹影山房遺稿　斐　翰　祝　祐
胞高伯叔祖如棠敕封文林郎貤封奉政大夫晉封朝議大夫　文楠邑庠生

高祖如棣 敕贈文林郎 貤贈奉政大夫

高祖妣氏劉 敕贈孺人 貤贈宜人 節孝載天津志

曾祖烈 誥贈奉政大夫 晉贈資政大夫 翰林院侍講學士加三級

曾祖妣氏白 誥封宜人 晉贈夫人 享九十壽鄉飲大賓 諱國棟公女

祖玉墀 號濬泉道光辛巳恩科舉人乙未會試大挑一等以知縣用籤掣陝西親老告近改掣山東署福山縣知縣補昌邑縣知縣調署蓬萊嶧縣知縣署陝西大荔岐山縣知縣補西

嫡堂高叔祖如栻

堂高伯叔祖如楝 如相 如卓 如欄 如桐 如

桂 斎舜 如楷 如棕 如粱 邑庠生 永一 永

植 永純 永桂 永模 森 永相 永泰

永林 永彬 伯楙 伯紅 伯聚 維翰 維

典 國學生 維謨 維猷 春 永柏 永槐 斎堯

如椿

高伯叔祖衡 山 巖 崙 峻 崑 岡 岳 國學生

嶧 國學生 淞 國學生 岑 候選從九品 國 國學生 堂 國學生 亭 候選州同

翹瀛 國學生 均 候選布政司理問 墀 候選布政司理問 杲 靖 章

胞曾伯祖煓 貤封奉政大夫

嫡堂曾伯叔祖烜 國學生 奉政大夫 敕封文林郎 晉封朝議大夫 誥封 炳

二

府

鄉縣知縣欽加同知

銜　誥授奉政大夫

晉贈資政大夫翰林

院侍講學士加三級

誥封宜人

祖妣氏劉晉贈夫人國學

生諱向榮公孫女國學

生諱維嶽公長女湖北

棗陽縣知縣諱維憲公

姪女國學生諱錫嘉公

慶己卯科舉人道光癸

未科進士山東德平范

縣樂陵等縣知縣諱錞

公堂妹國學生諱鈺公

胞姊

父金壽原名鑄字鍋士號

竹軒同治丁卯科

舉人甲戌科二甲一名

進士改翰林院庶吉士

丙子散館一等授職編

修歷任詹事府左右春

坊贊善中允翰林院侍

講侍讀詹事府左右春

照國學生奉政大夫敕封文林郎晉封朝議大夫誥封

堂曾伯叔祖和謙　福謙　應仁　應昌　應登　應

元　應魁　應亨　應科·應期　應斌武庠生　應

春　六謙　隆謙　鐸　錦　銅　仁　鈺　璋

璽　玲　琮　大有　富有　長清　長泰

長凝　長富　長埜　長吉　長志　長春　長

忠　紹庭　緒祖　仰祖　耀祖國學生　理道光乙酉科拔

貢朝考一等歷任望都縣教諭浙江桐鄉縣知縣署諸暨縣知縣　琪浙江批驗所大

使　琳候選州同　珍　珸　琛　釗　珺　應武　應盛

應文　義　禮　智　信　四謙　禹謙　應

奎

曾伯叔祖長桂　長本　長儉　長序　長春　長震

二

坊庶子現官翰林院侍講學士歷充　國史館協修纂修　武英殿協修纂修功臣館纂修文淵閣校理　京察一等記名以道府用光緒己卯科湖南鄉試正考官河南學政山東學政庚寅　恩科教習庶吉士癸巳甲午科山東鄉試監臨

長周河南光州直隸州諱光顯公乾隆庚寅　恩科舉人山西布政使司布政使署山西巡撫鴻臚寺卿諱光裕公河南懷慶府知府諱光緒公胞姪孫女雲南嵩明州知州諱光第公孫女江蘇南捕通判諱承基公候選縣丞諱承志公胞姪女知府用山東臨清州直隸州知州

嘉慶丁卯科舉人歷任東明縣教諭湖南桂陽州州同署湖南臨武縣知縣　長紳邑庠生　長造國學生　長忠道光庚子　恩科舉人三河縣教諭著有四瓶齋文鈔二卷詩鈔六卷倦鶴龕律賦四卷制藝六卷　長信　登龍　長安邑庠生　長念

長志　長恣　長憙　長燾　長芳邑庠生　長祥候選

都司　長洽候選縣丞　長熙　長蔚　長恩候選經歷　長卿原名長懋

道光辛卯科舉人署房山縣教諭選開原縣訓導欽加國子監學正銜著有古本周易集注十二卷尚書補闕一卷毛詩識小錄四卷春秋三傳異同辨二卷唐宋陽秋五卷說雅六卷史駢箋注四卷歷代宰相表五卷三國兩晉南北朝年表三卷聖廟祭祀圖考二卷正字原八卷石鼓文存一卷漢碑所見錄三卷說文形聲表十五卷說文引經攷一卷俗音正誤一卷韻類一卷方輿韻編二卷吳年錄小傳四卷查初白張船山年譜二卷姓數四卷泉譜二卷識韓人物表一卷律門選舉錄六卷西嶽山房文鈔四卷梅莊詩鈔十六卷續詩鈔八卷藤香館詞鈔二卷　長吉增貢生候選訓導著有小游僊館制藝四卷浣石居詩文鈔四卷

三　長新天文官學生　長庚候選縣丞

諱承業公女山東掖縣知縣諱士溥公候選知府諱士澄公嫡堂妹山東德平縣知縣四川資會理州知州諱士瀚公胞妹兵部員外郎諱常彝候選通判名常煥光緒癸巳恩科舉人名常炳堂姑國學生名常燿候選縣丞名常燈國學生名常煦胞姑

受業侍下

庭慈訓

業師

劉竹脊夫子即壽頤邑庠生

族叔仲卿夫子諱錫齡詳前

族叔祖樂軒太夫子諱椿

長春候選按察司知事 長齡 長順 長森 長康 長

華天津鎮標郎補把總 長儒 長福 恩濃 恩榮 森郡庠

生 恩沛 恩祥 恩隆 恩瑞武庠生

胞伯叔祖晉墀國學生貤封奉政大夫 鳳墀國學生貤封奉政大夫 玉衡國學

生例贈文林郎

從堂伯叔祖典嘉慶丙子科舉人丙戌會試大挑一等歷任山西高平左雲山陰繁峙河津平遙趙城聞喜陽曲等縣知縣渾源州吉州知州霍州忻州直隸州知州署蒲州府知府誥授奉政大夫晉封朝議大夫崇祀趙城縣名官祠 圭附貢生候選訓導 玉鳴增貢生候選訓導

堂伯叔祖奕武庠生 羽亮 明承 明祿 明利 明德

明福 明禮 長發 長麟 森國學生 雲祥 雲

長集營千總 有 聚 雲彪武庠生天津鎮標左營千總署鄭家口守備欽加

三

詳前

表伯陳旭峯太夫子 諱泰

二 開 邑庠生

從堂兄衛瞻夫子 印學淇

一 詳前

李海樓夫子 印蓮瀛 冀州廩生

表兄王湘岑夫子 印燮 甯河廩生世襲騎都尉兼一雲騎尉現官京營遊擊 欽加二品銜

楊季湘夫子 印錡 安州增生候選訓導

邱仰之夫子 印作山 邑庠生

都司銜 賞戴花翎同治二年六月十五日在山東臨清州劉官莊剿捻陣亡 賞雲騎尉世職

雲鵬 雲程 繼善 光垚 光融 光翥 武庠生即補千總 欽加五品銜 賞戴藍翎 光藻 德奎 德元 德彪

致儼 致中 致和 士蓁 議敘從九品 士英 致恩

議敘八品職銜 致賢 通全 致奉 映奎 映斗 映

文 光裕 光明 光暉 必全 必德 必齡

必源 必奎 必勝 必強 棠 河南商水縣典史 玉

森 議敘從九品 桂 文炳 文煥 樾 衛千總 楷 椿 咸豐乙卯科副榜鑲白旗官學漢教習歷任福建海澄仙遊詔安泰甯縣安徽當塗青陽縣知縣欽加同知銜 賞戴花翎 樽 候選從九品 棫 附貢生 彬 同治庚午科舉人深澤縣訓導 樹

附貢生議敘六品職銜 賞戴藍翎 楨 候選都司 欽加參將銜 賞戴藍翎 光藻 咸豐辛亥恩科副榜正紅旗官學漢教習期滿以知縣用戶部主事 會典館纂修 欽加員外郎銜

四

再從堂兄瑞安夫子 印學灝 前諱

蘇雨亭夫子 印元龍 丙子科舉人現官內閣中書

年伯葛子周夫子 印之覃 南皮丁卯科舉人丙子恩科進士現官山東高密縣知縣

張雲舫夫子 印仲儒 靜海乙亥恩科舉人壬辰科進士現官山東諸城縣知縣

受知師

周生霖夫子 諱德潤 前任順天

光煒 光祿寺署正候選奉天府治中賞戴花翎 汝霖 汝[illegible] 汝霽

伯叔祖 毓奇 毓秀 候選州判 承運 承緒 候選鹽知事 承祖 候選縣丞 承弼 國學生 光甌 候選鹽大使 光瑞 議敘從九品 承志 國學生

承宗 候選州吏目 承霖 廩貢生候選縣丞賞戴藍翎 承訓 候選州同 承烈 候選鹽大使 承瀛 貢生 承彥 候選部司務 承雲 廩貢生浙江候補知縣廣東候補知府

承勛 光緒乙酉科副榜河南候補直隸州州判 承瀚 議敘守禦所千總 承謙 議敘八品職銜 光第 國學生 光[illegible] 邑庠生著有東觀室詩文鈔六卷輯有律門文鈔三十二卷 鼎元 增貢生刑部司務江蘇候補同知著有律門徵獻詩六卷律門通典八卷 爾雅注二卷備考傳旁證六卷梓里聯珠集五卷 觀澄 貢生刑部司務 承祜 承榮

聯德 聯升 聯瑞 聯級 聯光 傑珍

守珍 承寅 邑庠生 承先

嫡堂伯叔 銓 國學生 鍇 國學生 鑑 國學生候選典史欽加理問銜 鼎銘 原名

學政

再從堂叔伯鑅道光癸卯科舉人咸豐壬子恩科進士欽點主事籤分工部誥授朝議大夫

銳國學生軍功保舉六品職銜鏞國學生鎮同治丁卯科舉人議敘知縣錫國學生

鍈山西平陸縣知縣署靜樂縣知縣誥授朝議大夫鈞咸豐辛亥恩科舉人同治壬戌會試大挑一等歷任山東陵縣縣丞郯縣知縣欽加運同銜誥授朝議大夫鍾國學生

銘國學生鉞郡庠生貤封奉政大夫欽鋞恩貢生候選訓導銓鉁

歲貢生歷任房山縣伊通州訓導誥授奉政大夫銜

堂叔伯忠仁　忠源　忠信　忠和　忠誠　忠全

忠合　忠盛　忠義　逢源　逢辰　逢智　逢

椿　鳳椿　鼎椿　逢彩　逢年　忠洵　忠溥

忠沛　忠齡雲騎尉世職忠順　澂　澇　嵐　峯

崖　峬　峻　崋　涇　渥　溎　溶　洼

淋　漂　成泰　成雲　成林　成智　成吉

五

成祥　成如　成意　成全　忠貢　培植　培

之　培考　培興　培杰　錫疇國學生　錫齡附貢生

錫蕃國學生　俊成邑庠生　俊年邑庠生　俊烈　映辰候選鹽知

事　俊龐咸豐己未恩科舉人刑部主事　俊疇國學生　俊同附貢生議敘州

同銜　俊彝光祿寺署正　俊賡附貢生議敘州同銜　俊聲光緒乙亥恩科舉人內

閣候補中書庚寅恩科進士改翰林院庶吉士散館授職編修甲午恩科會試同考官本科河

南鄉試副考官欽加侍講銜以應升之缺開列在前　俊三候選部司務　俊會

俊第　俊臣　俊業　俊宅　俊傑

伯叔　世璧　世共　世燮邑庠生　世芬　馨　香　世倫

世偓　世伋　世鎔候選都司　世鑾國學生　世濬　世

銘光緒壬午科舉人己丑考取內閣中書庚寅恩科進士戶部主事　世犖廩貢生候選訓

導　世楠　世奎光緒乙酉科優貢癸巳恩科舉人內閣候補中書　世珍邑庠

王

生 世琛 世瑜國學生 世清 世駿 世蔭議敘從九品

世澂 世駉 世賢 世琦 世樾 世椿 世

杞 世本 世錕候選巡檢 世釗 鏗孫貢生議敘縣丞 敔孫

議敘巡檢 世鏞光緒癸巳恩科舉人 世鋭國學生 世彤郡庠生 世彭

世錄 世增 世同 世銓

從堂兄弟 學鴻國學生 學淇光緒壬午科舉人覺羅官學漢教習國子監修道堂學正

學洛 學瀛國學生朝管勾廳 聖 學洤 學湜國學生

再從堂兄弟 學澐山東雒口批驗所大使署濤雒場大使 大泌 學濤 學深

學瀾光緒乙酉科舉人丙戌科進士改翰林院庶吉士散館一等授職編修國史館協

修 學瀹 學海 學淦 學濂 學江候選巡檢 學泗

學洙 學澂 學渭 學湘 學清

堂兄弟 錫九 兆曾 兆麟國學生 錫標武庠生 兆英 兆

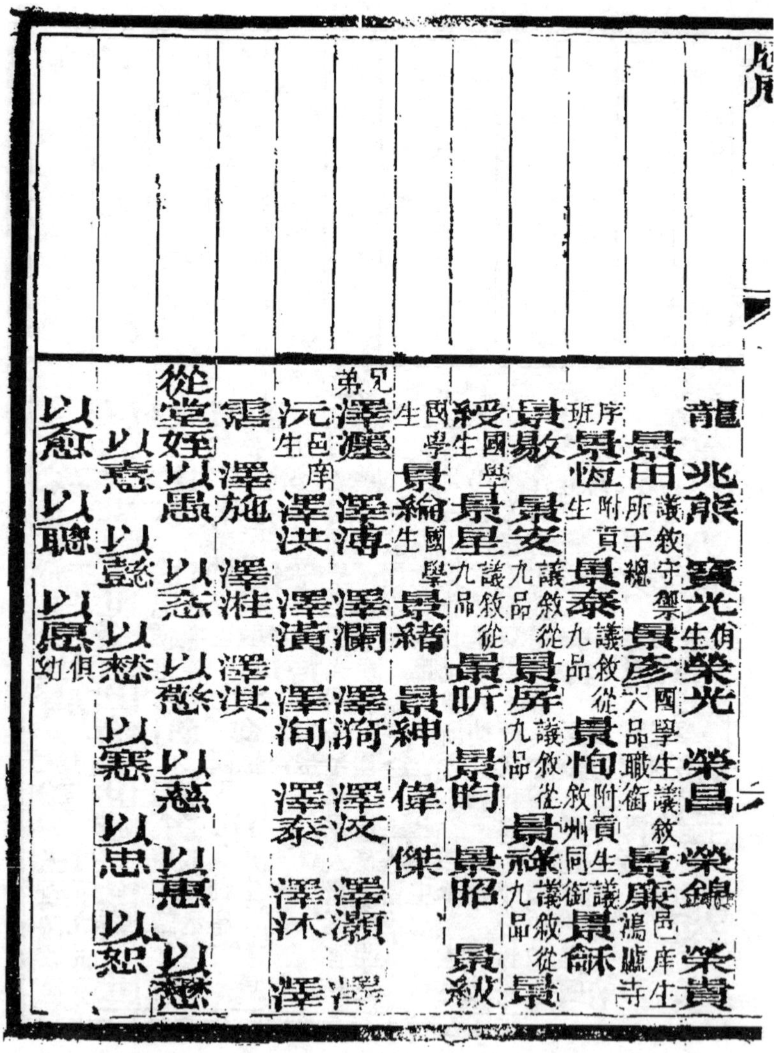

龍 兆熊 寶光生侑 榮光 榮昌 榮錦 榮貴
景田議敘守禦所千總 景彥國學生議敘六品職銜 景廉邑庠生鴻臚寺
序班 景恆附貢生 景泰議敘從九品 景恂附貢生議敘州同銜 景鉌
景敷 景安議敘從九品 景屏議敘從九品 景祿議敘從九品 景
綬國學生 景星議敘從九品 景昕 景昀 景昭 景紱
國學生 景綸國學生 景緒 景紳 偉 傑
兄弟 澤瀍 澤溥 澤瀾 澤漪 澤汶 澤灝 澤
沅邑庠生 澤洪 澤潢 澤洵 澤泰 澤沐 澤
雲 澤施 澤淮 澤淇
從堂姪 以愚 以慈 以懋 以慈 以惠 以懋
以意 以懿 以懋 以寬 以忠 以恕
以愈 以聰 以愿俱幼

再從堂姪作楫國學生 作楨 以格 以恰 以莊
以恭 以慕 以慧 以忻 以恆 以慎 以
悅 以懷 以愷 以惺 以悌 以惠俱幼
堂姪鳳昌議敘從九品 鳳五議敘從九品 鳳岐議敘從九品 鳳沼
鳳揚 鳳沚國學生 鳳翊 鳳書佾生議敘從九品 鳳章光緒乙酉科舉人丙戌科進士署山西陵川縣知縣補石樓縣知縣欽加同知銜賞戴花翎 鳳
舉議敘從九品 鳳和 鳳圖國學生 鳳洲邑庠生 鳳阿邑稟生
鳳誥 鳳閣 鳳石 鳳榮 鳳翰 鳳彩 鳳
培 鳳賓 鳳聯 鳳笙 鳳詹
姪克權 克樞 克桓 克[illegible]
再從堂姪孫裕璠
堂姪孫彭年 岱年 栢年 聃年 鶴年 桂年

鄉試中式第一百三名
覆試　等第　名
會試中式第　名
殿試　甲第　名
朝考　等第　名
欽點

瑞年　鑾年　鴻年　獻年　嵩年　璐年
漢年　贊年　驥年　貢年　大年　有年　宣
年　延年俱幼
胞姑二　長適靜海縣候選主簿高諱守善公　次適同邑候選同知周名秉衡公
娶沈氏　嘉慶庚午科舉人丁丑科進士出翰林洊升浙江布政使司布政使重宴鹿鳴恩賞頭品頂戴予謚文和諱兆澐公曾孫女邑庠生諱維瑞公孫女同治丁卯科舉人兵部郎中軍機處行走洊升宗人府府丞頭品頂戴賞戴花翎諱恩嘉公長女三品廕生名學范胞姊
子
女三俱幼
族繁不及備載
世居天津鼓樓東大街

陳文炳

北遷始祖嘉棟 字仰山誥授奉直大夫貤封朝議大夫河南商城縣典史陞趙州巡檢

始祖妣氏茅 誥封宜人晉封恭人

二世祖國樂 字太初敕授文林郎貤封朝議大夫兩淮草堰大使陞授陝西岷州州判

二世祖妣氏楊人 敕封孺人晉封恭人

字瑞庭號蔚廷行一道光庚戌年八月二十五日吉時生直隸天津府天津縣民籍府學拔貢生候選教諭祖籍浙江紹興府山陰縣古城村

三世堂伯祖延元 字學侯山西長子縣驛丞 延栢 字殷侯由國學生考授縣丞

太高堂伯祖奇瑛 字華玉由國學生考取州判分發廣東借補廣東西鄉巡檢授連平州長吉里巡檢陞授知縣賞戴藍翎

堂高叔伯祖萬鐘 字巨卿天津鎮標左營外委 鶴超 字雲嶠國學生

胞伯曾祖福元 字慶來一名浩誥授修武校尉

胞伯祖成臨 字敬聰號智明誥授武翼都尉貤封朝議大夫 成平 字向德誥授昭武都尉貤封武德騎尉

堂叔伯祖成霆 字遇春又名震敕封承德郎貤封奉直大夫 成巽 字尹東又名嘉謨嘉慶庚午科副舉人由鑲黃旗教習期滿選授保定府容城縣教諭軍功五品銜誥授奉直大

尾

三世祖延鼎 字周侯 授儒林郎 敕 貤封朝議大夫 授陝西鳳翔府岐山縣典史

三世祖妣氏吳 敕封孺人 晉封恭人

太高祖奇奎 字文玉 授朝議大夫 誥 貤封通議大夫 陞授山西太原府知府

太高祖妣氏王 誥封恭人 晉封淑人

高祖萬勝 字月舫 號晉賢 附貢生 議敘從九品 嘉慶年頒千叟宴 御賜壽杖緞粉大小荷包銀牌等物 丁丑年親見五代 奉 旨旌表建坊 欽賜瑞傳五葉四字 敕授文林郎

夫

成廉 字頤川 號養泉 又名以廉 侯選從九品 敕封承德郎 貤封奉直大夫

成烈 字懷芳 歲貢生 道光丁酉科謄錄 充實錄館纂修 書成議敘 選授河間府獻縣訓導 同治七年捻逆陷城殉難 奉 旨從優議卹 遇事地方及木鄉捐建專祠 誥授奉政大夫 世襲雲騎尉 三代後給予恩騎尉罔替

成樑 字樹堂 吏員用 敕授修職郎 貤封奉直大夫

胞伯叔康裕 字由安 由行伍拔補天津鎮標右營把總 陞加都司銜 飭補守備 賞戴藍翎 同治二年駐防山東臨清州 戰歿捐軀 奉 旨給予雲騎尉世職 三代後以恩騎尉罔替 誥授昭武都尉

康鐸 字雲樵 國學生

堂伯康吉 字鑑三 敕授承德郎 貤封武翼都尉

克明 字峻三 由行伍歷任馬蘭鎮守備 大沽營都司 葛沽營遊擊 咸豐三年軍功賞戴花翎 廕生 五品銜

康傑 字子英 由行伍歷任葛沽營守備 左營中軍守備 加守禦所衛 誥授武都騎尉 覃恩誥封奉政大夫

從堂伯叔康平 敕授文林郎 貤封奉直大夫

康祿 國學生

康永 郡庠生

敕授承德郎

康和 字春衛 州貢生 候選訓導 欽加同知銜 襲雲騎尉世職 誥授奉直大

妣封奉政大夫　覃恩

晉封朝議大夫

高祖妣氏繆　誥封宜人　晉封恭人

曾祖福基字肇之　誥授武翼都尉　貤封奉政大夫

曾祖妣氏華　誥封宜人　晉封恭人

祖成杲字仁輔官印毅亭歷任務關路山海路守備　敕授武德騎尉　晉封昭武都尉

祖妣氏劉　誥封宜人　晉封恭人

父康廸字恩付榜名惠安郡庠生候選訓導　敕授修職郎

母氏院　敕封孺人

永感下

夫　誥封奉政大夫　貤封朝議大夫　康順武庠生軍功六品銜　康安字靜山邑庠生候補同知　誥授奉政大夫　康祥字書雲候選從九品軍功五品銜從父任獻縣殉難奉旨建立專祠世襲雲騎尉三代後以恩騎尉襲替　誥授奉政大夫　康德軍功六品銜　敕授承德郎

堂弟泰鵬字翼滿襲雲騎尉世職　文煥字雲生國學生　文煇字子燕國學生

從堂弟兄泰山字秋巖軍功五品銜候選州同賞戴藍翎　敕封承德郎　貤封奉政大夫　泰階字鏡波五品銜　誥授奉直大夫　泰亨由俊秀考授津標左營青縣汛千總調補連鎮汛千總　敕授武略騎尉　泰源字溥泉　敕授承德郎　泰運字靜山五品銜　誥封奉直大夫　泰龍字慶田五品銜候選縣丞　誥授奉政大夫　貤封中憲大夫　鑠字務峰方略館供事議敘從九品　敕授登仕佐郎　泰昌字杏田五品銜候選布政司理問賞戴花翎　誥封奉直大夫

再從堂弟兄泰陽字旭峰廩膳生候選訓導軍功六品銜　敕授修職郎　泰興軍功

庭訓

業師 謹以受業先後爲序

徐筱巖夫子 諱煥章 邑庠生

于曉巖太夫子 諱超鍾 鳳 貢生順德府平鄉縣教諭

陳襄夔夫子 諱錫麒 同治壬戌科進士前任天津河防分府

徐聘三夫子 諱國珍 廪貢生候選州判

傅子蘊夫子 印鍾麟 同治乙丑科進士江西補用知府

李北溟夫子 印金海 廪貢生候

六品銜 恩泰 字晉庵號懷孫由國學生襲雲騎尉世職 誥授奉直大夫 貤封奉政大夫

清泰 字龍仁國學生世襲雲騎尉世職 誥授奉直大夫 貤封奉政大夫

恩壽 字仙波光緒丙子科舉人已丑科進士補授吏部文選司主事歷充庚寅恩科會試收掌試卷官考功司兼驗封司行走 誥授奉政大夫

泰庚 字夢白

堂姪 自岡 自貴 俱幼

從堂姪 濬 字笠琴由供事議敍分發河南典史歷署偃城舞陽典史禹州吏目

自彰 字鶴年國學生

自榮 字耀卿國學生軍功五品銜

自修 字鶴舫國學生

自珍 字聘卿廪膳生

自新 字小波五品銜

自彬 字筱山國學生

自樹 字梓林國學生

元翰 字壘卿國學生

再從堂姪 燕 邑庠生

自厚 字紀三國學生

自元 字說生又名自强由俊秀襲雲騎尉世職

自誠 字僕齋襲雲騎尉世職

鐵杉 字又仙幼讀

從堂姪孫 天秩 天敘 天相 天培 天澤 天

選訓導

課師

李鐵梅夫子諱嘉端前主講問津三取兩書院

張幼樵夫子印佩綸前主講學海堂問津三取等書院

崔惠人夫子印國因前主講學海堂問津三取等書院

黃在桐夫子諱國瑾前主講學海堂問津三取等書院

李越縵夫子諱慈銘前主講學海堂問津三取等書院

夏氏

錫 天官 天鹿 天祐 天紀 天贊 天啟

天驥 天聯 天犀 天常

再從堂姪孫家彥 三元 澤濱 澤潤

再從堂姪曾孫豫生 覲生 益生

胞姑丹三長適同邑五品銜誥授奉直大夫王公諱大觀長子誥授奉政大夫諱字綺園公次適同邑嘉慶戊辰恩科舉人直鄉縣教諭汪公諱彭式孫廩貢生候選訓導諱維燦字蘐舟公三適同邑誥授武威將軍世襲騎都尉職記名總兵龔公諱橋之曾孫誥授朝議大夫晉封通議大夫乾隆丁酉科舉人陞授四川重慶府知府諱文祥公之姪孫誥授武德騎尉晉封武翼都尉誥封奉直大夫賞戴花翎天津河營守備諱永濤公第三子國學生候選同知名銳字芹浦公

胞妹二長適同邑軍功六品銜李公諱文治文子邑庠生名春第公附貢生候選訓導名春成公堂弟名春榮公次適同邑候選州吏目許公諱裕昆次子河工五品銜名文燿公胞弟五品

三

馮夢華夫子印煦前主講學海堂書院

吳子修夫子印慶坻前主講學海堂書院

葉鞠常夫子印昌熾現主講學海堂書院

戴青來夫子印兆春前主講三取書院

萬剪生夫子印本端現主講三取書院

沈雲巢夫子諡文和前主講翰仁書院

銜候選從九品名文錦公

堂妹一適同邑國學生解公諱道庸次孫咸豐戊午科副榜光緒丙子科舉人樂城縣教諭候選知縣名開元公胞弟國學生國史館謄錄候選主簿名開第公

娶李氏貤封登仕郎六品軍功諱文治公第六女敕授登仕郎候選從九品諱文華公諸封登仕佐郎國學生諱文魁公嫡堂姪女邑庠生名春第公附貢生候選訓導名春成公堂妹讀

子自中字紹庭邑庠生　自正字勿臣　自平字衡初業儒　自直字緗甫幼

女四

三

辛蔭田夫子 諱家彥 前主講輔仁書院

王雲舫夫子 諱文錦 前主講輔仁書院

楊香吟夫子 印光儀 現主講輔仁書院

陳夢陶夫子 印名沅 襄校問津三取兩書院

呂椒生夫子 印燦光 襄校問津三取輔仁等書院

陸鳳石夫子 印潤庠 襄校稽古書院

蕭廉甫夫子 諱世本 前任天津縣知縣

朱允卿夫子 印乃恭 前任天津縣知縣

李摶霄夫子 印振鵬 前任天津縣知縣

趙皇甫夫子 印映辰 前任天津縣知縣

王儉予夫子 印兆騏 前署天津縣知縣

陳瑞伯夫子 印鴻保 前署天津縣知縣

府

呂秋樵夫子 印增祥 現任天津縣知縣

錢爽泉夫子 諱塏 前任天津河防分府

陳序東夫子 印以培 前任天津河防分府

馮少芝夫子 印清泰 現任天津河防分府

嚴小舫夫子 印信厚 前任長蘆鹽運分司

馬松圃夫子 諱繩武 前任天津府知府

予望夫子 印宜霖 前任天津府知府

汪子常夫子 諱守正 前任天津府知府

鄒岱東夫子 諱振岳 前任天津府知府

沈子敦夫子 印家本 前任天津府知府

梁敬之夫子 印丹銘 現署天津府知府

丁樂山夫子 諱壽昌 前任天津河間兵備道

吳春帆夫子　印　贊成　前署天津河間兵備道

吳衙曉滄夫子　諱　毓蘭　前任天津河間兵備道

壽民夫子　印　裕長　前任天津河間兵備道

劉昆圃夫子　諱　秉琳　前任天津河間兵備道

劉景韓夫子　印　樹堂　前署天津河間兵備道

萬邁初夫子　印　培因　前任天津河間兵備道

胡雲楣夫子　印　燏棻　前任天津河間兵備道

周子瑜夫子　印　懋琦　前任天津河間兵備道

吳贊臣夫子　印　廷斌　前署天津河間兵備道

呂庭芷夫子　諱　耀斗　前署天津河間兵備道

方勉夫夫子　印　恭釗　現任天津河間兵備道

高仲瀛夫子　印　驂麟　現署天津河間兵備道

歷

黎召民夫子 諱兆棠 前任津海關道

鄭玉軒夫子 諱藻如 前任津海關道

周玉山夫子 印馥 前任津海關道

劉薌林夫子 印含芳 前署津海關道

劉獻夫夫子 印汝翼 前任津海關道

盛杏蓀夫子 印宣懷 前任津海關道

黃花農夫子 印建莞 前署津海關道

李少東夫子 印岷琛 現任津海關道

覺羅子中夫子 印成孚 前任長蘆鹽運使司鹽運使

祝爽亭夫子 諱墫 前任長蘆鹽運使司鹽運使

林綬卿夫子 諱述訓 前任長蘆鹽運使司鹽運使

冠九夫子 諱如山 前任長蘆鹽運使司鹽運使

王如夫子印額勒精額前任長蘆鹽運使司鹽運使
季士周夫子印邦楨前任長蘆鹽運使司鹽運使
賀幼甫夫子諱長楨前任長蘆鹽運使司鹽運使
李亦青夫子印希蓮前任長蘆鹽運使司鹽運使
佘徽甫夫子印昌宇前署長蘆鹽運使司鹽運使
月汀夫子印景星現任長蘆鹽運使司鹽運使
張振軒夫子諱樹聲前署直隸總督
王夔石夫子印文韶現任直隸總督
受知師
劉彥三夫子諱傑前任天津縣知縣
賀雲甫夫子諱壽慈前任順天學政
祁子和夫子諱世長前任順天學政

房

孫子授夫子諱詒經前任順天學政

李少荃夫子印鴻章前任直隸總督乙酉科拔貢會考大臣

李小軒夫子印廷簫癸酉科順天鄉試同考官

周容階夫子印克寬己丑科順天鄉試同考官

乙酉科選拔一名

鄉試中式第一百五名

保和殿覆試

欽定二等第四十三名

會試中式第　名

殿試第　甲第　名

朝考第　等第　名

欽點

族繁祗載本支

世居衛安門內

張克一

字學貞號協卿一字燮清行一同治三年甲子九月二十五日吉時生係直隸天津府天津縣縣學附生民籍

太高高祖鈺 監生 武德騎尉 誥封 晉封武翼都尉

太高高祖妣氏章 宜人 誥封 晉封淑人

高高祖世儒 增廣生 贈文林郎 敕

高高祖妣氏王 孺人 敕贈

高祖樾 監生候選縣主簿 敕授登仕郎

高祖妣氏趙 旌表節孝 敕封孺人

胞高高叔祖世安 議敘候選州同 誥封昭武都尉 敕授宣德郎 晉封武翼都尉

恩綸 乾隆乙酉科武舉山西河保營中軍守備 誥授武德騎尉

世奎 乾隆庚寅恩科武舉壬辰科進士歷任安徽安慶營守備江西橫崗營都司[illegible]遊擊推升撫標中軍參將署興化協城守營副將 誥授武功將軍

胞高伯祖樹 乾隆丙午科舉人香河縣教諭候選知縣代理香河縣知縣 敕授文林郎

嫡堂高叔祖檢 監生候選州吏目 敕授登仕佐郎 貤贈武德騎尉

紹甲 乾隆附

戊申科武舉江南淮安衛守備山東濟甯衛守備 欽加四品銜 誥授昭武都尉

起之 生

聯甲

登甲 嘉慶辛酉科武舉江南興武衛領催千總 敕授[illegible]佐騎尉

聯輝

應

曾祖熙 議敘從九品 敕授登仕佐郎

曾祖妣氏胡 敕封孺人

祖金城 敕封文林郎

祖妣氏姜 敕贈孺人

氏王 敕封孺人

父彭齡 廪膳生光緒乙亥恩科解元己丑會試大挑二等候選教諭 敕授文林郎

母氏武 候選州同諱澍公女附生諱雲章公姪女監生諱鳳藻公胞妹歲貢生光祿寺署正衛安州訓導諱承謙公咸豐辛亥恩科舉人同治壬戌大挑二等昌黎縣訓導候選知縣名

武生通 監生臬 癸之 監生紹植 監生聯芳 監生聯標 監生聯第

監生聯印 從九品

胞曾伯叔祖濂 附生

嫡堂曾叔祖伊 監生

從堂曾叔祖輝 瑩 熾 縕 監生 允明 允中 學

仁 學智 學勇

嫡堂叔祖恩培 監生

從堂伯祖易簡

再從堂叔祖逢吉 逢慶 監生山東候補縣丞 同芸 同文

同倫 同信 同官

胞叔夢齡 錫齡

承厚公候選衛千總名
承恩公監生六品銜山
西靈石縣仁義鎮巡檢
名承敬公監生名承憲
公堂妹廩貢生交河縣
訓導名兆熊公堂姊同
治癸酉科舉人甲戌科
聯捷進士工部郎中河
南候補知府欽加鹽
運使銜賞戴花翎名
登第廩貢生本科同榜
舉人名登儁堂姑
封孺
人

具慶下

祖訓

庭訓

課師

從堂叔鶴齡業儒 有齡 椿齡業儒

三從堂叔遐齡

胞弟克家廩膳生光緒辛卯科舉人 克仁 克讓軍功七品銜 克壯業儒

克成殤

嫡堂弟克振 克建幼讀

再從堂弟克明 克忠 克寬業儒

胞姪懋熙幼讀 懋恩殤 懋熹幼讀 懋愈

再從堂姪懋潤 懋澄

娶李氏嘉慶庚午科舉人諱家麒公曾孫女恩貢生候選教諭諱蓮寶公孫女八品銜諱思永
公道光丙午科舉人揀選知縣諱杲泰公姪孫女
廩貢生候選訓導名金海公女監生六品銜名恩
紱公嫡堂姪女業儒名肇奎胞姊廩
膳生名奎光附生名奎耀嫡堂姊

履歷

世姻伯王興西夫子 印 廷瑜 光緒己丑恩科舉人議敘知縣 子 樾澤 幼讀 樾沅 幼

外舅李北溟夫子 印 金海 履歷詳前 女二

太表叔楊香吟夫子 印 光儀 咸豐壬子科舉人 現主講輔仁書院

李鐵梅夫子 諱 嘉端 道光己丑科翰林 前主講問津書院

張幼樵夫子 印 佩綸 同治辛未科翰林 前主講問津書院

李越縵夫子 諱 慈銘 光緒庚辰科進士 前主講問津書院

殷秋樵夫子 印 如璋 同治辛未科翰林 前主講問津書院

戴青來夫子 印 兆春 光緒丁丑科翰林 前主講問津書院

郭紹庭夫子 印 奇中 前任天津縣知縣

陳序東夫子 印 以培 前任天津縣知縣

世伯李溥齋夫子 印 振鵬 光緒癸未科翰林前任天津縣知縣

年伯陳瑞伯夫子 印 鴻保 光緒乙亥恩科舉人現任天津縣知縣

馮少芝夫子 印 濤泰 現任天津河防分府

嚴筱舫夫子 印 信厚 前任長蘆鹽運分司

子望夫子 印 宣霖 前任天津府知府

鄒岱東夫子 諱 振岳 同治癸亥恩科翰林前任天津府知府

沈子敦夫子 印 家本 光緒癸未科進士前任天津府知府

壽泉夫子 印 裕長 前任天津河間兵備道

世伯胡雲楣夫子 印 燏棻 同治甲戌科翰林前任天津河間兵備道

高仲瀛夫子 印 驂麟 同治癸酉科舉人現署天津河間兵備道

三

居

世伯周玉山夫子　印馥　前任津海關監督

劉薌林夫子　印含芳　前任津海關監督

劉獻夫夫子　印汝翼　前任津海關監督

世伯盛杏蓀夫子　印宣懷　前任津海關監督

李勉林夫子　印興銳　前任津海關監督

李少東夫子　印岷琛　同治辛未科翰林現任津海關監督

冠九夫子　諱如山　道光戊戌科翰林前任長蘆鹽運使司鹽運使

裕如夫子　印額勒精額　咸豐己未科繙譯進士前任長蘆鹽運使司鹽運使

世伯賀幼甫夫子　諱長楨　咸豐戊午科舉人前任長蘆鹽運使司鹽運使

季士周夫子　印邦楨　同治辛未科進士前任長蘆鹽運使司鹽運使

李乙青夫子　印希蓮　咸豐庚申恩科進士前任長蘆鹽運使司鹽運使

三

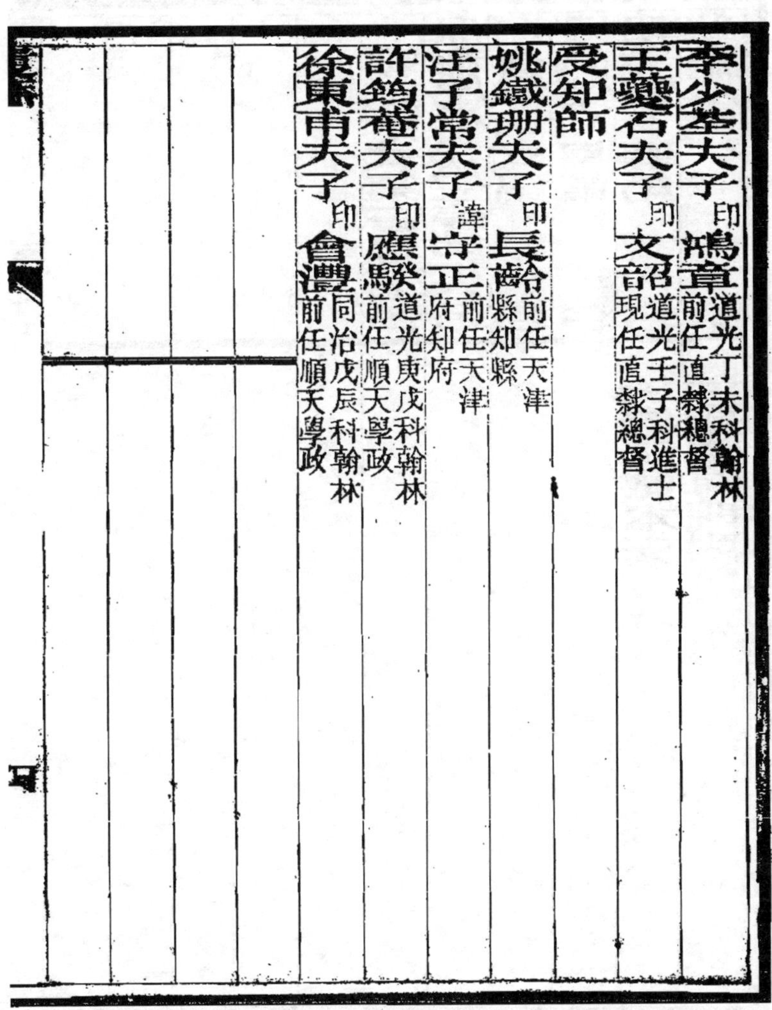

李少荃夫子 印 鴻章 道光丁未科翰林 前任直隸總督

王夔石夫子 印 文韶 道光壬子科進士 現任直隸總督

受知師

姚鐵珊夫子 印 長齡 前任天津縣知縣

汪子常夫子 諱 守正 前任天津府知府

許筠庵夫子 印 應騤 道光庚戌科翰林 前任順天學政

徐東甫夫子 印 會灃 同治戊辰科翰林 前任順天學政

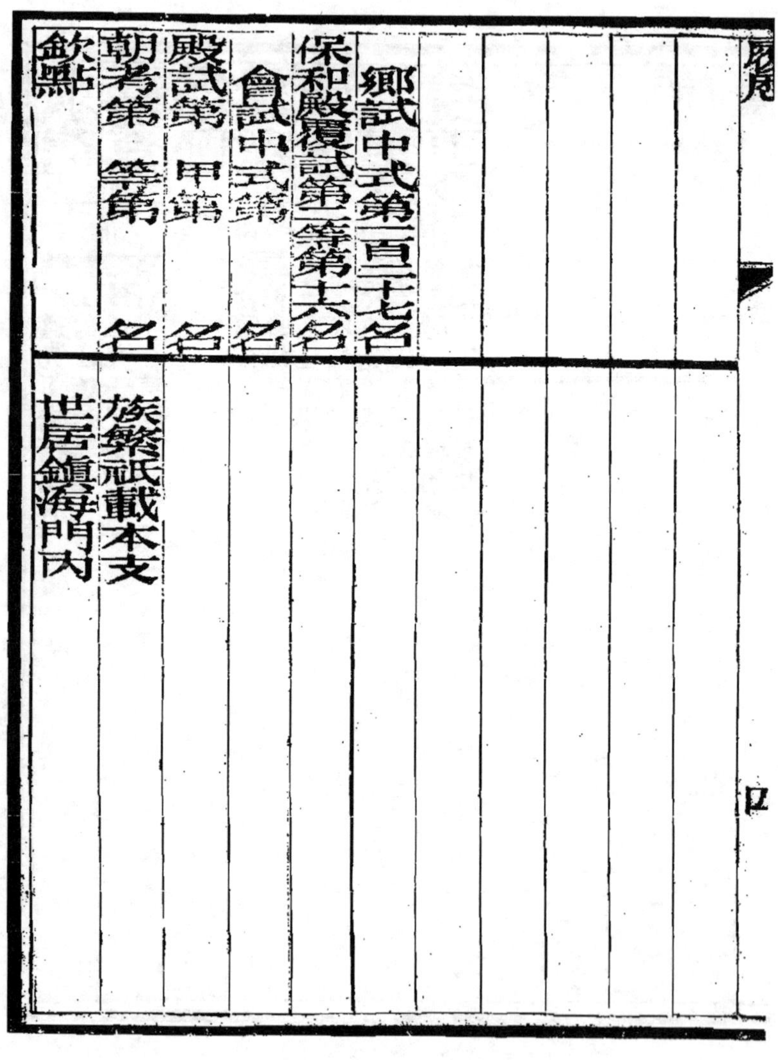
鄉試中式第一百三十七名
保和殿覆試第一等第十六名
會試中式第　名
殿試第　甲第　名
朝考第　等第　名
欽點
族繁祇載本支
世居鎮海門內

趙鏡煊

字仲鑾一字頌南號琹士行十又行二同治丁卯年十一月二十七日吉時生直隸天津府天津縣附生民籍

太高祖楨 字祥芝太學生 覃恩例貤贈通奉大夫江南徐州府知府加四級

太高祖母氏韓 覃恩誥贈夫人

高祖廷玉 字硯齋太學生 誥封通奉大夫江南徐州府知府加四級

高祖母氏李 誥封夫人

胞伯曾祖泰 字永昇

胞伯祖慶厚 字裕庵 貤封奉政大夫河南蘭儀同知

博厚 字載堂太學生 誥封朝議大夫知府銜河南下北同知

寬厚 字容舟從九品 貤封朝議大夫補用知府南河海阜同知

作賓 字介三道光辛巳恩科舉人乙未科大挑一等分發東河知縣借補安陽縣縣丞署陳留縣縣丞睢州州同山東曹單通判河南蘭儀同知南河海阜同知在任補用知府 特授江南徐州府知府加四級簡用道 賞戴藍翎換

履歷

一

服

曾祖錦 字繡文太學生 誥封通奉大夫江南徐州府知府加四級

曾祖母氏郭 太學生諱之瑾公女 誥封夫人

曾祖母氏許 誥封夫人

祖承厚 字紹先從九品 誥封通議大夫同知銜江蘇補用直隸州知州加四級

祖母氏李 議敘八品銜諱秉智公女 誥封淑人

戴花翎 誥授中憲大夫 誥封通奉大夫 恩賜蔭卹加贈光祿寺卿銜

嫡堂伯祖德厚 候選從九品

胞叔佩芹 字菊莊從九品 佩衡 字采之從九品

嫡堂伯佩玟 字慶咸從九品 佩芳 字春圃太學生 佩蘭 字秋岩附貢生 佩棻 字樹

賞戴花翎 欽加知府銜前署河南開封府下北同知 誥授朝議大夫

香東河即補未入流 佩蓮 字愛塘 賞戴花翎 欽加鹽提舉銜安徽試用通判南河候補同知 誥授奉政大夫

從堂伯光華 鑫華 元華

胞兄毓勳 兩淮候補鹽大使

父佩璜字楚藩前任代理江蘇蕭縣原任碭山縣調署寶應等縣知縣賞戴藍翎特用直隸州知州誥授奉政大夫欽加同知銜覃恩加四級誥封通議大夫

母氏楊從九品諱本源公女道光甲辰恩科副舉人諱椿公嫡堂妹守禦所千總銜諱鴻勳廪膳生諱鴻翊嫡堂姑母從九品名汝葵胞祖姑母誥封淑人

慈傳下

嫡堂兄弟 毓楓從九品 毓樑監生 毓銘國學生

從堂兄弟 毓杰未入流 毓森監生 毓檢 毓章翰林院待詔銜

毓洼廩生候選州判 毓奎光緒乙酉科舉人揀選知縣 毓洪

再從堂兄 毓桐 毓桂 毓椿 毓枌 毓林

嫡堂姪 國麟 嘉麟業儒 原麟業儒

從堂姪 夢麟未入流 則麟業儒 瑞麟國學生 天麟業儒 雲麟 英麟俱幼

再從堂姪 雲鵬 雲翰 雲翼 雲飛

從堂姪孫 祖培業儒 恩培 景培 蔭培俱幼

二

房

業師謹依先後爲序

曹季蘇夫子諱慶熙庠生

黎吉卿夫子諱鴻順庠生

徐靜山夫子印立楨庠生

李少白夫子印錫純庠生

張紱堂夫子印兆麟庠生

袁潤之夫子印藝芳歲貢生候選訓導

楊蔚霞夫子印士晟壬辰會魁

再從堂姪孫元培 佑培

原配張氏 誥封奉直大夫諱琯公孫女 誥封昭武都尉 貤封奉直大夫國學生諱裕恩公本生孫女 欽加五品銜光祿寺署正增貢生名世勳公季女 誥授昭武都尉候推守備諱世華公胞姪女國學生諱世榮公堂姪女業儒名家聲胞姊增廣生名家麒國學生諱家麟國學生名家鳳堂妹從九品諱克勤國學生諱克讓從堂妹

繼娶陳氏 甯河縣道光乙酉科優貢 誥封資政大夫諱梅公孫女 貤封奉直大夫諱鴻翰公女 誥封奉直大夫諱鴻藹公肥鄉縣訓導江蘇補用知府諱鴻詡公己酉科拔貢 欽點七品小京官工部郎中花翎三品銜貴州補用道貴陽府知府諱鴻翕公胞姪女辛卯科優貢戊戌科教習運同銜山西懷仁縣知縣兼理應州知州諱鴻翥公甲

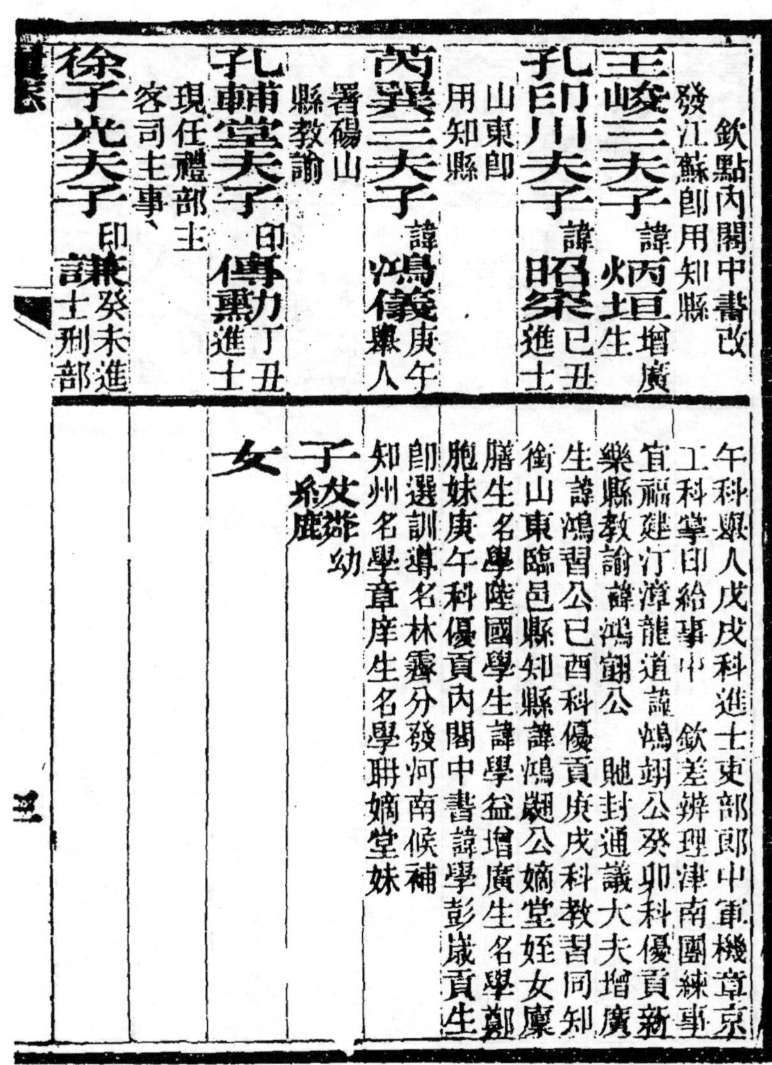

欽點内閣中書改
發江蘇卽用知縣

王峻三夫子諱炳垣增廣生

孔印川夫子諱昭棨已丑進士
山東卽用知縣

芮巽三夫子諱鴻儀庚午舉人
署碭山縣教諭

孔輔棠夫子印傳勳丁丑進士
現任禮部主客司主事、

徐孚光夫子印謙癸未進士刑部

午科舉人戊戌科進士吏部郎中軍機章京
工科掌印給事中　欽差辦理津南團練事
宜福建汀漳龍道諱鴻翊公癸卯科優貢新
樂縣教諭諱鴻翩公　貤封通議大夫增廣
生諱鴻習公已酉科優貢庚戌科教習同知
衡山東臨邑縣知縣諱鴻翾公嫡堂姪女廩
膳生名學陞國學生諱學益增廣生名學鄭
胞妹庚午科優貢内閣中書諱學彭歲貢生
卽選訓導名林霽分發河南候補
知州名學章庠生名學册嫡堂妹

子紱麟幼

女

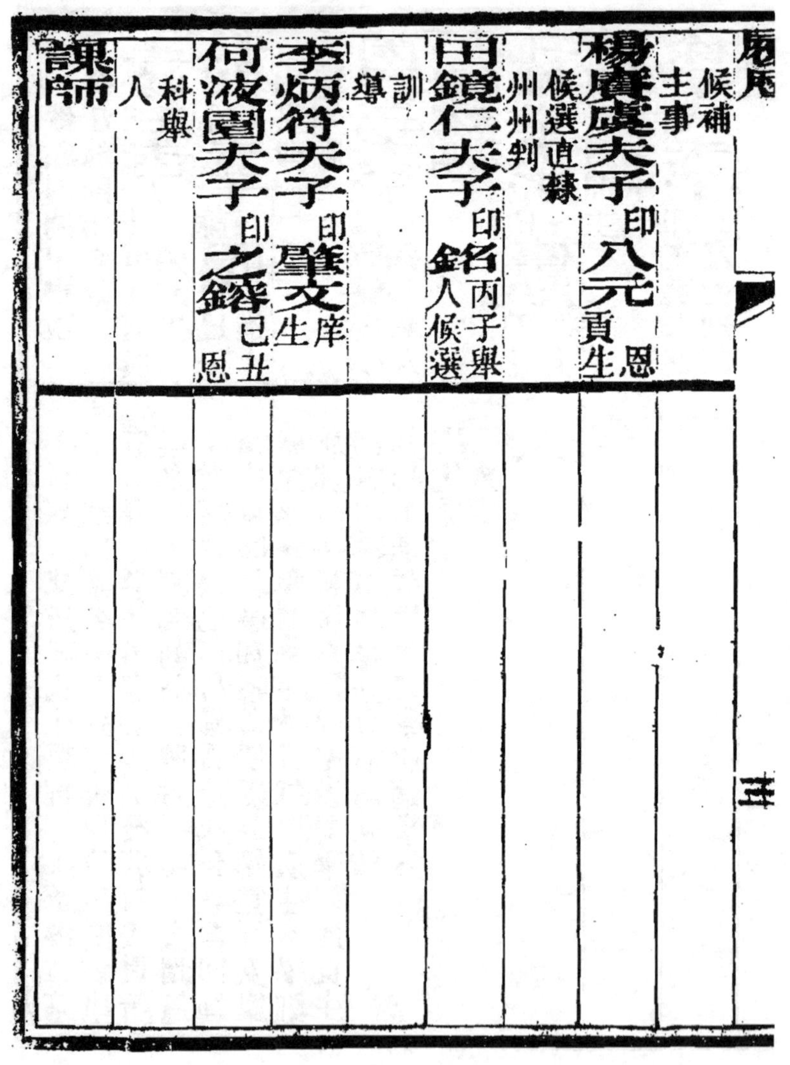

[illegible]尾

候補主事

楊慶虞夫子 印八元 恩貢生 候選直隸州州判

田鏡仁夫子 印名銘 丙子舉人候選訓導

李炳符夫子 印肇文 庠生

何液園夫子 印之鎔 己丑恩科舉人

課師

季士周夫子 印 邦楨 辛未進士

前長蘆鹽運使司鹽運使

沈石甫夫子 印 守誠 廩生前任

天津海防同知

李幼穉夫子 印 汝彌 壬午副榜

任孝廷夫子 印 嘉義 己卯舉人

受知師

李若農夫子 諱 文田 己未探花

禮部右侍郎前任順天學政

戊辰

徐東甫夫子印會灃戊辰翰林

禮部左侍郎前任順天學政

鄉試中式第三百三十一名

覆試　等第　名

會試中式第　名

殿試　甲第　名

朝考　等第　名

欽點

族系祇載本支

世居城東葛沽鎮

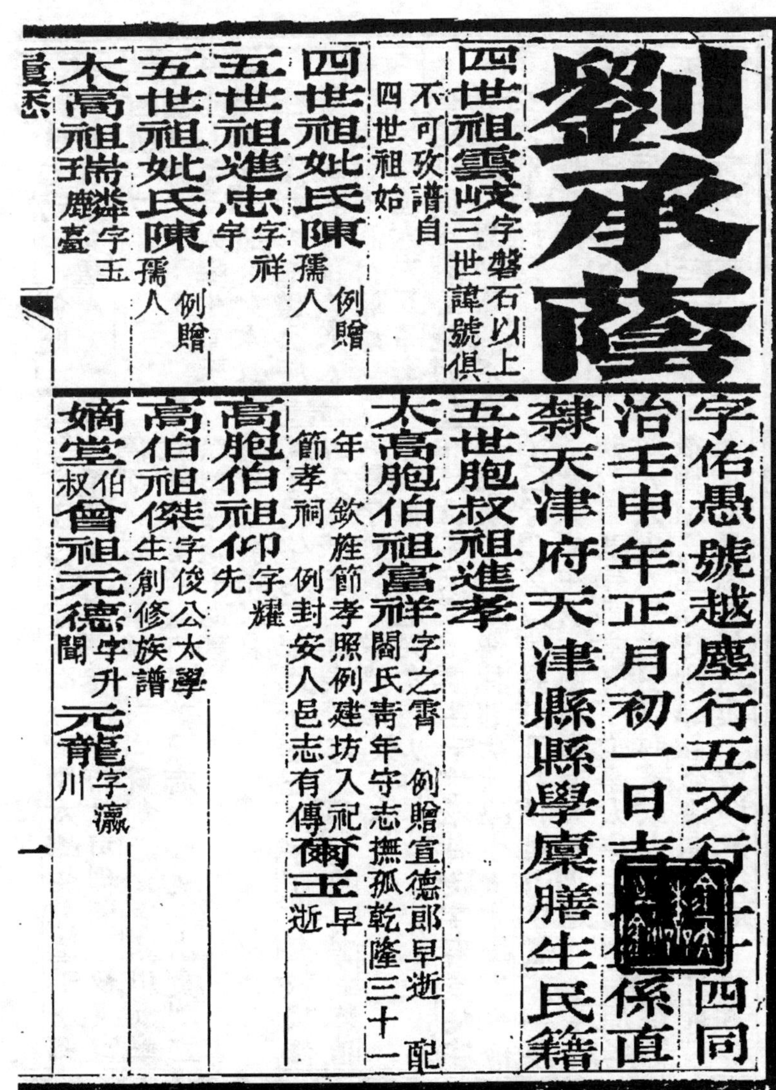

劉承蔭

字佑愚號越塵行五又行十四同治壬申年正月初一日吉時生係直隸天津府天津縣縣學廩膳生民籍

四世祖雲岐 字磐石以上三世諱號俱不可攷譜自四世祖始

四世祖妣氏陳 例贈孺人

五世祖進忠 字祥宇

五世祖妣氏陳 例贈孺人

太高祖瑞麟 字玉臺

五世胞叔祖進孝

太高胞伯祖富祥 字之霄 例贈宣德郎早逝 配閻氏青年守志撫孤乾隆三十一年 欽旌節孝照例建坊入祀節孝祠 例封安人邑志有傳 禰玉 早逝

高胞伯祖仰 字耀先

高伯祖傑 字俊公太學生創修族譜

嫡堂伯叔曾祖元德 字升聞 元龍 字瀛川

覆丞

太高祖妣氏朱 例贈孺人

高祖侃 字太和

高祖妣氏朱 太學生諱永照公女太學生候選從九諱愷公胞姊 誥封奉直大夫太學生諱玉恩公胞姑 誥授奉直大夫五品銜候選理問名蓉公胞祖姑已丑恩科舉人名文濱胞太祖姑 例贈孺人

本生高祖任 字近仁

本生高祖妣氏王 例贈孺人

堂伯曾祖元善 字長仁號春圃太學生乾隆壬子鄉試薦卷候選布政司理問 敕授宣德郎 誥贈奉政大夫出資創立祭由好施義行事詳邑志 元敏 字潁川太學生出資創立祭田贍族中孤寡貧苦者事詳家乘

堂叔祖燾 字炳堂配氏于繼配氏王 旌表節孝 勲 字子坡 敕授修職郎 誥封奉直大夫 煜 字竹軒 敕授修職郎候選從九 煐 字晴軒

堂伯叔祖煒 字文齋增廣生 貤封儒林郎 炘 字萃菴太學生 熾 字春堂太學生 煥 字海石 炤 字得久太學生 煊 字效莊五品頂戴 貤封奉直大夫 烔 字鑑遠 然 字果亭 貤封奉政大夫 煜 字郁堂太學生 煦 字愛亭太學生 誥封奉政大夫 祉春 原名焜字筱圃增貢生候選訓導議敘縣丞咸豐十年津防保加六品銜五品封典 敕授承德郎 晉封奉

曾祖元長字樹勳積學早逝 敕封文林郎

曾祖妣氏吉太學生諱宏志公女 敕授修職郎候選從九諱剛公胞妹增廣生諱承露公胞姑邑庠生諱維善公胞祖姑 旌表節孝 誥封安人

本生曾祖元興字奎隆號學詩創立劉安莊祭田待旌 敕封文林郎

本生曾祖妣氏焦貤封文林郎

直大夫 熙字彩軒 敕授登仕佐郎候選從九 烒字杏林

胞叔松年字鶴岩候選從九

本生胞伯世安字錦波

堂叔鴻藻字芹波業儒 大銓字耀廷太學生 大鈺字曉山 大鐸字曉岩

大鏞早逝 大銘字少坡

堂伯叔連仲字瀛三 連城字廷賓 國珍 步瀛字問洲候選從九 步文字仲三 國福 秉中字蓮浦增廣生 家珍 聯芳字靜齋太學生

作霖字用賓從九品 聯第字雲洲 步青字鄜廷軍功議敘六品銜例封宣德郎

配毛氏 旌表節孝入祀節孝祠 秉銳字繡丰從九品著有易理庸言待刻 聯科字朗

二

諱天相公女 誥封文林郎諱景陽公胞姊

敕授文林郎 誥封資政大夫癸卯舉人藁城縣教諭 諱有霈公胞姑

誥授中憲大夫 誥封通議大夫 賞戴花翎壬戌 恩科舉人乙丑進士吏部主事河南虞城縣知縣署武陟縣知縣候補道署河南糧儲鹽法道 諱駿楓公胞

祖姑 敕封孺人

敕封 氏隋孺人

祖耿字承華從九品 敕封文林郎

齋從九品 作新字銘齋從九品重修族譜 聯魁字捷三 二

胞兄弟承厚又名承緒字福皆號燕生太學生 承翰字墨樵 承訓字敬庭 承

謙字藝珊 承澤字慰農殤

嫡堂弟承祖字子鶴幼讀

堂弟承霨字雨三 承霄 承露 承恩 承漢 承源

承陞

堂兄弟汝楫字桂舫甯夏防堵出力奏保五品職銜候選縣丞 汝霖字雨舟候選提舉銜

辦熱河賊匪嘗保五品項戴復請四品封典 汝明 汝梅 汝樑字棟臣

汝礪 成龍字雲從奎文閣典籍重修族譜 汝賢字蔭軒五品頂戴記名千總

祖妣方氏孺人 敕封

祖妣杜氏孺人 敕封

祖妣邢氏孺人 敕封

本生祖煖字炳燮 宣化縣庠 敕封文林郎

本生祖妣郝氏生諱元章公長女乾隆戊申科舉人丁丑科大挑一等分發浙江試用知縣 諱元卿公胞姪女道光己酉科舉人 諱祥齡公堂妹武清縣案元甲午挑取謄錄國史館議敘 諱奇齡公胞姊郡庠生 名霖

豹文字蔚堂從九品 成業字廣勤 湘字松浦 浩字子臣 仁存字戒三甘肅克復城池案內蒙保儘先把總 賞戴藍翎直隸總督部堂李奏保練軍案內 賞加五品銜儘先即補千總 治 汝廉 源字心泉 成璋字煥廷候選同知 仁樸字斌權 濤字茂林 仁壽字祿三七品銜 澐 成璧 清 溶 濬

胞姪雋祺字伯仁增生本科薦卷 雋聲字仲馨附生本科謄錄 雋琳 雋柏幼讀 雋喆 雋舉俱幼

堂姪紹曾字子舟 紹顏 紹孟字海帆七品銜 紹彤字瀛孫 紹朱 紹奎字子蔭 紹昌 紹周字蓮溪 紹伯 紹韓 紹莊幼讀 紹程 紹蘇 紹羲 紹張 振聲 光緒

三

[illegible]潤胞姑敕封孺人

父松泰字竹坡號靜岩五品頂戴　敕封文林郎

母氏李六品頂戴諱國安公女　敕封孺人

俱慶下

庭訓

業師

堂兄雲從夫子成龍

表太伯同邑增生吉藻亭夫子承露

光弼　光斗　恩榮　恩華　恩淮　恩渥

恩愷俱幼

嫡堂姪孫冠英幼

堂姪孫士通　士逵　士遠　士選　士達

娶陳氏貤封文林郎諱休徵公曾孫女從九品諱櫰公孫女處士諱世華公女

子需揚

女一

同邑附生李芹軒夫子鴻猷
同邑附生李虞瀾夫子鴻勛
同邑增生苑樹滋夫子上林
表兄同邑舉人陳瑞庭夫子文炳
同邑廩生陳聘卿夫子自珍
同邑舉人前博野縣教諭張子笏夫子紳
同邑舉人甲午恩科會試謄録揀選知縣胡菱孫夫子濬
同邑增生己丑恩科堂備陶鎔齋夫子珍
同邑附生李竹青夫子春第
表兄同邑舉人朱紹五夫子懋昌
課師

屆

掌教輔仁書院同邑楊香吟夫子光儀

前掌教問津學海堂等書院會稽李越縵夫子慈銘

前掌教學海堂經古金壇馮夢華夫子煦

前掌教學海堂經古錢塘吳子修夫子慶坻

掌教問津書院錢塘戴青萊夫子兆春

襄校問津書院江陰陳夢陶夫子名侃

襄校輔仁書院呂椒生夫子懋光

襄校稽古書院元和陸鳳石夫子潤庠

前天津縣歸安孫筱坪夫子錫康

前天津縣吳縣李搏霄夫子振鵬

前天津縣陽湖王檢予夫子兆騏

前天津縣承德趙星甫夫子映辰
前天津縣海甯陳銳伯夫子鴻保
署天津縣滁州呂秋樵夫子增祥
前天津河防分府合肥陳序東夫子以培
現天津河防分府桐鄉馮少芝夫子清泰
前天津府錢塘汪子常夫子守正
前天津府淄川鄒振岳夫子岱東
前天津府歸安沈子敦夫子家本
署天津府博山梁敬之夫子丹銘
前天津道泗州胡雲楣夫子燏芬
前天津道錢塘周子瑜夫子懋琦

前天津道涇縣吳贊臣夫子廷斌

前天津道陽湖呂庭芷夫子耀斗

署天津道仁和高仲英夫子驂麟

前津海關道建德周玉如夫子馥

前津海關道貴池劉薌林夫子含芳

前津海關道廬江劉獻夫夫子汝翼

前津海關道順德黃花農夫子建筦

現津海關道安縣李少東夫子岷琛

前長蘆鹽運使江陰季士周夫子邦楨

前長蘆鹽運使滿洲玉如夫子額勒精額

前長蘆鹽運使平定李亦青夫子希蓮

前長蘆鹽運使仁和余徵甫夫子昌宇
前長蘆鹽運使瀏陽李勉林夫子興鋭
前長蘆鹽運使仁和方勉甫夫子恭釗
現長蘆鹽運使滿洲月汀夫子景星
前直隸總督合肥李少荃夫子鴻章
現直隸總督仁和王夔石夫子文韶
受知師
前順天學政臨桂周生霖夫子德潤
前順天學政順德李若農夫子文田
前順天學政諸城徐東甫夫子會灃
本科內監試常熟龐仲劬夫子鴻書

履歷

鄉試中式第一百三十六名

保和殿覆試

欽定三等第　名

會試中式第　名

保和殿覆試

欽定　等第　名

殿試　甲第　名

朝考　等第　名

欽點

族繁不及備載

世居天津河東小關現居衛安門外永豐屯街

胡家祺

始祖泰貞　誥贈中憲大夫　原籍浙江紹興府山陰縣康熙間遷居天津遂家焉

始祖妣氏　徐　李　誥贈恭人

二世祖熙寶　誥贈中憲大夫

二世祖妣氏夏　誥贈恭人

三世祖國瑛　字煥若太學生直隸文安縣縣丞選文安縣知縣在任候補直隸州知州　欽加知府銜　賞戴花翎　誥授中憲大夫

三世祖妣氏　王　詹　誥封恭人

字玉孫一字曾孫行二同治庚午年十二月初八日吉時生甲午科挑取謄錄直隸天津府天津縣縣學附學生民籍

三世伯叔祖文魁　刑部奉天司郎中　文斗　候選州同　國琮　候選州判

四世胞伯叔祖承洙　山陰邑庠生候選縣丞　承渭　議敘五品銜

四世堂伯祖聯登　國學生　聯進　候選州判

胞伯高祖本誠　議敘五品銜

嫡堂伯叔高祖本禮　本信　本立　本達　本德　候選州判四品封典

堂伯叔高祖朝選　候選州判　廷選　國學生候選州吏目

胞叔曾祖啟烽

嫡堂伯曾祖啟烈　武庠生守禦所千總銜　啟休

履

四世祖承泗 字聖源國學生 欽加四品銜 誥授朝議大夫

四世祖妣氏張 恭人 誥封

高祖本仁 字心亭候選從九品 工詩善書墨梅著有羅浮夢館題畫詩二卷 敕授登仕郎

高祖妣氏焦 孺人 敕封

曾祖啟勳 字紹棠 敕贈文林郎

曾祖妣氏丁 惠 敕贈孺人

祖廷璽 字玉峯候選從九品 敕贈文林郎

祖妣氏朱 孺人 敕贈

父城 字馨齋號筱峯國學生 敕贈文林郎

母氏沈 江蘇吳縣歲貢生候選訓導講學澄公孫女國

堂伯叔曾祖啟照 瑞昇 同昇 世甯 武庠生 世

泰 世杰 武庠生 世昌 世恩 乾隆乙卯亞元 嘉慶己未進士 欽點御前侍衛 乾清門行走 賞戴花翎原任福建提標水師中軍守府遷升邵武左營守府歷任邵武右營都閫府汀洲清流上杭遊府邵武營副總府

嫡堂叔祖廷珍 廷珪

堂伯叔祖廷相 議欽九品銜 廷富 廷輔 廷建 廷

弼 廷貴 廷詔 廷瑞 候選從九品 廷樂 廷

獻 廷選 廷棟 廷詹 廷玉 承勛 道光己亥恩科舉人揀選知縣著有讀史紀略二卷筆記四卷守拙齋文存二卷醉石軒詩稿初二集 承緒 候選主簿 承敬 太學生 承照 候選州同

堂伯叔士彬 士楨 堂 士恩 士森 士樞

士桂 士榮 士泰 士林 士傑 墩

學生諱懋源字春洲公女婿
贊皇縣知縣多倫諾爾白岔
廳巡檢諱士樾字竹亭公胞
姪女候選典史諱兆燗字鏡
堂公胞妹 印錫均字少
堂胞姑母 敕封孺人

慈侍下

庭訓

受業師

母舅沈鏡堂夫子 諱兆燗 候選典史

范聘三夫子 印席珍

姻伯陶菊生夫子 印坤 國史館議敘

理問銜候選典史

蘇筱臯夫子 諱紹洵 郡庠生

黃耐村夫子 諱銳 邑庠生

覺丞

樾 拘 士鋌 候選縣丞 欽加同知銜 士鈺 候選巡檢 秉

銓 秉鈞 秉銳 候選從九 秉鉞 國學生 秉鈐 壓

元 邑庠生 曆瀾 武庠生 慶餘

胞弟家祐 業儒

堂兄弟雲龍 欽加五品銜 賞戴藍翎 變龍 玉章 雲書 雲慶 雲標 春霖 攀椅 雲漢 濬翰

國學生候選縣丞 澄 守禦所千總 封殷孝行事載邑乘 工象書 濬 乙酉舉人甲午

恩科會試謄錄 揀選知縣 浴 邑庠生 淮 候選縣丞 潤 振文

振麟 振藻 振鷺 振瀛 振颺 振

壽

堂姪維源 懋勤 懋祚 懋謙 懋源 懋

華 懋良 懋齡 懋懿 樹昌 樹琪

二

馬子聲夫子諱振鏞庠生

費膺青夫子印登泰廩膳生

傅秀庭夫子印作霖邑庠生

孟筱颿夫子諱繼坤同治壬戌恩科舉人考取咸安宮官學漢教習大挑二等撫甯縣教諭欽加五品銜郡志有傳

孟晚青夫子印繼墉嚴貢生知縣用候選教諭著有補拙山房詩稿異聞隨錄韓雅待梓

肄業師

李越縵夫子諱慈銘

殷秋樵夫子諱如璋

戴青來夫子印兆脊

樹馨 樹道 樹八 樹政 樹德 樹蔭

樹本 樹椿 嘉琛 嘉珪 嘉珍 嘉

璋

堂姪孫燾儒 向儒

胞姊二長適同邑國學生王諱有棠公子五品銜印守義字和卿繼室

次適同邑國學生王諱大臨公子五品銜湖北試用巡檢印鴻鈞字芰亭繼室

娶金氏署雲南易門縣知縣原任嵩明州知州諱鍇公曾孫女郡增生諱琛公孫女廩貢生候選訓導諱世[illegible]公經孫女國學生議敘五品銜印汝鎮[illegible][illegible]次女國學生名松瀛字子靜胞妹從九銜名文瀛字子誠胞姊

子樾康幼

女二幼

二

楊香吟夫子印光儀
馮夢華夫子印煦
吳子修夫子印慶坻
玉如夫子印額勒精額
季士周夫子印邦楨
周玉山夫子印馥
賀幼浦夫子諱巨楨
胡雲楣夫子印燏棻
李亦青夫子印希蓮
佘黻甫夫子印昌宇
李勉林夫子印興銳
方勉甫夫子印恭釗

月汀夫子 印 景星
李少荃夫子 印 鴻章
王夔石夫子 印 文韶
周子瑜夫子 印 懋琦
吳贊臣夫子 印 廷斌
呂庭芷夫子 印 耀斗
李少東夫子 印 岷琛
高仲瀛夫子 印 驂麟
劉獻夫夫子 印 汝翼
劉薌林夫子 印 含芳
盛杏蓀夫子 印 宣懷
黃花農夫子 印 建筦

汪子常夫子 諱守正

沈子敦夫子 印家本

梁黻芝夫子 印丹銘

馮少芝夫子 印清泰

陳序東夫子 印以培

孫筱坪夫子 印錫康

李搏霄夫子 印振鵬

王撿予夫子 印兆麒

陳瑞伯夫子 印鴻保

受知師

鄒岱東夫子 諱振岳

李仲約夫子 諱文田

履歷
徐東甫夫子 印 會灃
張巽之夫子 印 孝謙
薛雲階夫子 印 允升
允升夫子 印 長華
楊蓉圃夫子 印 頤
鄉試中式第二百八十一名
覆試第二等第五十九名
會試中式第　名
覆試第　等第　名
殿試第　甲第　名
朝考第　等第　名
欽點
族繁不及備載
世居帶河門內

馬夢吉

字乾伯號熊占行一同治己巳年八月初二日吉時生直隸天津府天津縣縣學廪膳生民籍

太高高祖岱五品職銜

太高高祖妣氏戴敕封安人

高高祖永由滄州始遷天津

高高祖妣氏王

高祖富榮誥贈榮祿大夫

高祖妣氏張誥贈一品夫人

胞伯高祖貴卿貤贈榮祿大夫

胞叔曾祖德昆貤贈榮祿大夫

胞叔祖如彪貤贈榮祿大夫　誥封武德郎　誥封昭武大夫如驤二品封典如騵二品封典

胞伯瑞貤封榮祿大夫花翎游擊銜補用都司歷任楊青鎮把總涿州營三家店千總前帶通永洋槍隊　誥授武翼大夫

曾祖德龍國學生誥贈榮祿大夫

曾祖妣氏穆誥贈一品夫人

祖如麟誥封榮祿大夫

祖妣氏張國學生諱彭齡公公國學生諱松公齡公胞姪女國學生諱柏齡公次女已酉科武舉人花翎提督銜歷任通州開州大沽協副將天津鎮標左營中軍游擊署理天津鎮加三級諱秉鐸公從堂姪女國學生諱德公布政司理問諱佶公諱偉公諱鳳岐公諱鳳恩公堂姉妹

胞伯元貤封榮祿大夫藍翎五品銜誥授武略郎

嫡堂叔進圖武庠生誥授昭武大夫花翎補用都司前歷帶奉省靖邊左副中後等營

祥誥授武德郎藍翎五品銜儘先千總前分統靖邊定邊等營

胞弟鴻吉

嫡堂弟逢吉國學生　允吉藍翎五品頂戴儘先千總

從堂弟中吉業儒

娶穆氏欽加二品銜誥授奉直大夫諱文偉公曾孫女欽加同知銜諱時中公胞孫女欽加五品銜國學生印雲鶴公次女欽加游擊銜印雲鵬公胞姪女國學生印錫同胞姉國學生印錫安嫡堂姉

武庠生副將銜　賞戴
花翎歷任河間協標守
備務關路營中軍守備
諱鳳墀公諱鳳曉公胞
姊　御前太醫院內廷
侍值六品軍功候補縣
丞諱金銘公太醫院內
廷侍值八品軍功印玉
銘公六品藍翎軍功諱
彝銘公候選典史諱孝
銘公印克銘公六品藍
翎　印世昌公堂姑母五
品軍功　印駿聲公胞姑
母五品藍翎軍功印樹
鑫公堂姑祖母
誥封一品夫人

父魁　花翎提督銜加一級
記名總兵荷勇巴

嫡堂姪鳴霈　鳴鑾　鳴鑣俱幼讀

子鳴騶

女

歷
圖魯歷任務關路經制
大沽右中營把總中左
營都司署理大沽協統
帶天津練軍洋槍隊統
領奉天靖邊五營　誥
授武顯大夫　晉封榮
祿大
夫
誥贈一
妣氏從品夫人
候選從九品諱增
妣氏李華公三女國學生
諱德華公胞姪女五品
銜布政司理問諱伯壎
公嫡堂妹五品頂戴諱
仲筬公藍翎儘先守備
叩叔度公六品頂戴叩
季卿公胞妹國學生叩

承祖印祿祖胞姑母藍
翎五品頂戴儘先千總
印光祖國學生印鍾祖
印凌漢印啟祖胞姑母
印念祖嫡堂姑母
誥封一品夫人

永感下

祖訓

庭訓

業師課師受知師謹以先後爲序

附貢生陳鶴舫夫子驥

附生宗湘南夫子蘭芳

歷屆

戊子科舉人己丑科會試謄錄陳石麟夫子獎

附生武聘卿夫子席珍

附生王勤甫夫子駿業

同治壬戌　恩科舉人辛未大挑二等前博野縣訓導張子紛夫子紳

歲貢生補用知縣候選訓導孟曉青夫子繼墉

掌教輔仁書院楊香吟夫子光儀

前天津縣陳序東夫子以培

前天津孫筱坪夫子錫康

前天津府汪子常夫子守正

前天津縣宫玉甫夫子昱
前天津縣李搏霄夫子振鵬
前天津府鄒岱東夫子振岳
天津河防分府馮少芝夫子濟泰
前天津府沈子敦夫子家本
前天津河間兵備道劉獻夫夫子汝翼
現官順天府府尹本科監臨胡雲楣夫子燏棻
前天津河間兵備道萬邀初夫子培因
前署津海關道劉鄦林夫子含芳

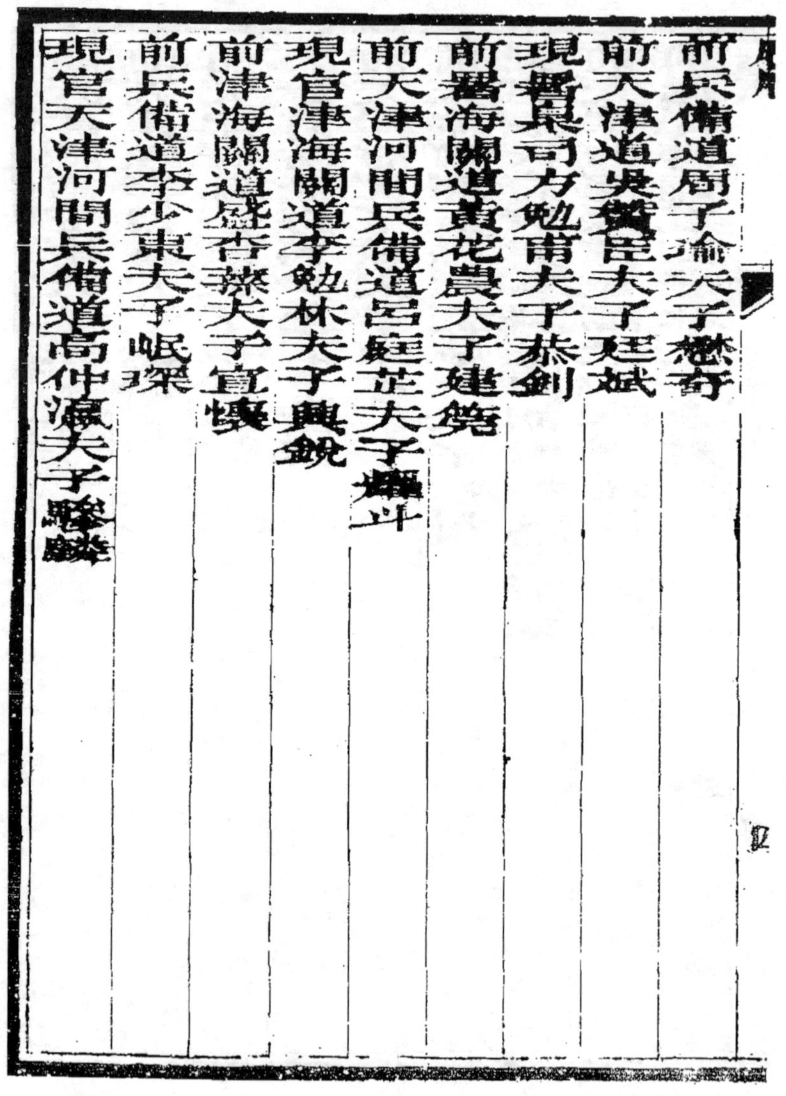

前兵備道周子瑜夫子懋奇
前天津道吳贊臣夫子廷斌
現署臬司方勉甫夫子恭釗
前署海關道黃花農夫子建筦
前天津河間兵備道呂庭芷夫子耀斗
現官津海關道李勉林夫子興銳
前津海關道盛杏蓀夫子宣懷
前兵備道李少東夫子岷琛
現官天津河間兵備道高仲瀛夫子驂麟

長蘆鹽運使月汀夫子㬎臺

前長蘆鹽運使玉如夫子額勒精額

前長蘆鹽運使賀幼甫夫子長楨

前長蘆鹽運使季士周夫子邦楨

前津海關道周玉山夫子馥

前長蘆鹽運使如冠九夫子山

前直隸總督李少荃夫子鴻章

現官直隸總督王夔石夫子文韶

前順天學政李若農夫子文田壬辰歲試案取入學甲午科試案取一等補廩

本科鄉試覆試閱卷大臣之芬夫子宗室麟書

本科鄉試覆試閱卷大臣翁叔平夫子同龢

本科鄉試覆試閱卷大臣筱峰夫子宗室崑岡

本科鄉試覆試閱卷大臣廖仲山夫子壽恒

本科鄉試覆試閱卷大臣楊蓉圃夫子頤

本科鄉試覆試閱卷大臣徐東甫夫子會灃

本科鄉試覆試閱卷大臣穎之夫子啟秀

本科鄉試覆試閱卷大臣唐春卿夫子景崇

原空白頁

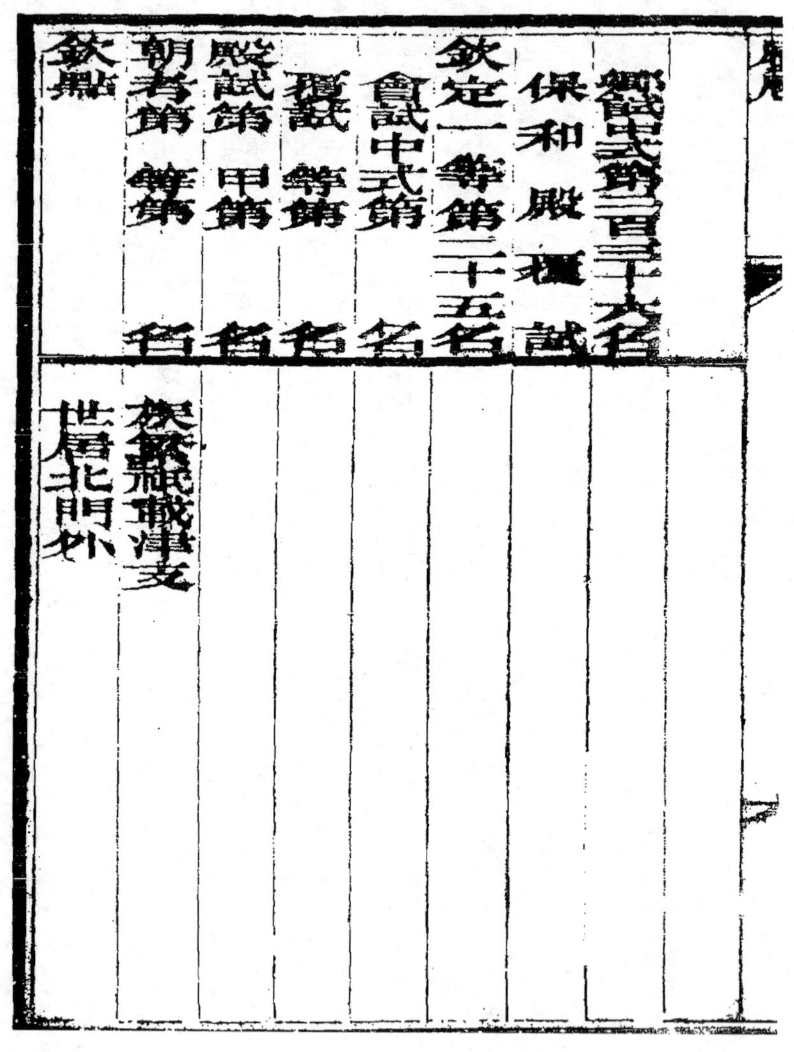

鄉試中式第一百三十六名

保和殿覆試

欽定一等第二十五名

會試中式第　名

覆試　等第　名

殿試第　甲第　名

朝考第　等第　名

欽點

族繁瓶載準支

世居北門外

蘇雲龍

字兆霖號向宸行一咸豐丁巳年六月二十九日吉時生直隸天津府天津縣縣學附生民籍

始祖諱立

始祖妣氏宋

曾祖諱士恭

曾祖妣氏劉

祖諱永德 例贈文林郎

祖妣氏王 例贈孺人

本生父名有 字富全 例封文林郎

本生妣氏魏 例贈孺人

胞伯祖永泰 永慶

嫡堂伯祖永芳

堂叔祖永才 永堂

從堂叔父順

堂叔父鳳翔

族伯叔式勳 光祿寺署正欽加五品銜誥授奉政大夫 式杰 誥授武翼都尉 式籛 丙子科舉人庚辰科會試堂備 式樵 國學生 式煦 國學生 式烈 例封儒林郎 式服 卯 賞戴藍翎候補同 欽加運同銜 式燕 國學生 紹泉 壬午

一

履歷

父諱祥例贈文林郎
母氏劉旌表節孝敕封安人
本生嚴侍下
慈侍下
業師
馮子雲夫子諱龍書
楊潤生夫子印行澤
李蔚齋夫子諱煥文郡庠生
于鳳庭夫子諱紹成廩膳生
任孝庭夫子印嘉載己卯舉人
唐文濤夫子印家泰己丑舉人

科鄉魁揀選知縣 式泉國學生 式慶 式恭國學生 式訓
式衡 式傑 式煥 式南賞戴藍翎江蘇即補知縣署
崑山縣知縣欽加同知銜 式鈺候選縣丞 英貢生 蘭芬附貢生運判銜候選鹽大
使 蕙芬守禦所千總 式芸郡庠生 式孟 式仲議敘從九品 式
尹議敘從九品 式留 式銓議敘六品頂戴 式周國學生 式青邑庠
生丙子科堂備 式荃議敘從九品 式莊廩膳生 式敬候選州同 式芑國學
生 式荷生 國學 式載 式芩 式濤生 郡庠 式詳業儒 式
蔚守 式蒔 式蓮 式蓉 式藻 式金都司銜儘先守
備賞戴藍翎 式玉江蘇候補縣丞 光裕 鳳翥 裕安 裕農
裕長 裕智 裕正 裕善 裕恒 裕文
裕康 裕恩 裕崑 裕庚議封朝議大夫 思誠 思

景旭林夫子[illegible]士現官翰林院編修

課師

盧西園夫子諱員己未鄉魁

胡敬齋夫子諱振己亥舉人

陳召棠夫子印金藻癸酉拔貢

生丙子舉人己丑科大挑知縣

張雲舫夫子印仲儒乙亥鄉魁

庚寅科進士現任諸城縣知縣

尹華農夫子諱開先乙丑科進

士前任天津海防府

[illegible] 思禕 思誥 思第 思朋 思仲 思韡

思亮 思寬 思鳳 柏年 松年 桐年

象乾從九品銜 象晉 象觀 象臨 象謙 象益五品

頂戴天津鎮標郎補把總 象泰 藍翎五品銜候選州同 象毅 象鑅

象孚賞戴花翎記名都司現管帶湖北楚功兵艦 象[illegible] 象聲

象馨 象壽 詠和 詠慶 詠發 詠立從九品銜

祥昆 祥起 祥霖 祥雲 祥笙六品洋[illegible]國頂戴[illegible]王學

生 祥蘊 祥呈 祥愷 祥蓁 昌平 昌安

昌泰 昌起 昌發 昌齡 昌利 昌順

族兄弟之綱從九品銜 之變生 之[illegible] 之純壬午科副榜乙酉科舉人丙戌科會試堂

備 之銘從九品銜 之彥 之英 之薦 之學俱業儒

二

履歷

史毅孫夫子 印書詒 前任天津海防府

唐文濤夫子 印家泰 見前

任孝庭夫子 印襄義 見前

蔣賡生夫子 印本端 乙未進士 主講三取書院

余澂甫夫子 印昌學 前署理長蘆鹽運使司鹽運使

周汀夫子 印昌□ 現任長蘆鹽運使司鹽運使

王璵石夫子 印文節 壬辰進士

夢麟 國學生 夢祥 郡庠生本科堂備 夢麒 邑庠生 夢□ 夢□ 邑庠

俱業儒 銘恩 邑庠生 賡恩 業儒 祝三 錫三 鎰三 鑨

三 鳳三 之珊 友藍 友貢 友莊 友彦

友蓁、友萊 鈺麟 魁麟 祥麟 紱麟

之俊 之傑 邑庠生 之儀 之佐 業儒 之佩 之作

之隹 之信 六品銜 之儒 之倫 之俊 國學生 之傅

之倫 之備 之儁 之需 之濬 之熚

之燦 之煊 之炳 之烱 之烘 之烜 俱業儒

葆田 學濱 學周 學禮 學麟 欽加五品銜河南候補

府經歷 學曾 國學生 學顏 國學生 學羲 學林 學孔

學琪 學升 英 連 珪 全國學生 瑞 璐 琛

現任直隸總督

受知師

馬松圃夫子諱繩武前任天津府知府

何地山夫子諱廷謙前任順天學政

管士修夫子印廷獻己丑[illegible]科同考官

瓔六品頂戴 琛 璸 霙 電 霈 靈 霖

霆 雲 雯 慶 金 銀 玉六品頂戴 珍 之杞

之華 之蘭 之芳 之鑠 之萱五品頂戴候選從九品 之英業儒 之蔥衛千總銜 之蓉 之莞五品銜江蘇即補千總 之蓮 之蕙 之莅 之奎 之葵 之蒲 之庚

逢賢 逢賓 逢時 逢源廩膳生癸巳恩科薦卷 逢春

逢吉 逢書 逢甲 文成 文齡 文蘭

文俊 文濂 文瀛 文惠 文德 文玉 文翰丙子科舉人內閣中書 志廉 志超 雲山 兆霖國學生 元龍原名兆濬

兆瀾庠生 兆奎庠生 兆蔚庠生 兆第業儒 [illegible]己卯科舉人壬辰科進士

五

鄉試中式第三百四十名

保和殿覆試　等第　名

會試中式第　名

殿試　甲第　名

朝考第　等第　名

欽點

嫡堂弟雲鵬　雲鴻

堂弟雲昇

族姪克勤　譜名毓柟縣丞銜河南遇缺先用縣丞　毓樽六品頂戴　毓樑從九品銜

毓榕國學生　毓楷國學生　毓湛國學生　毓淯國學生

嫡堂姪毓傑　毓俊　毓英

胞妹適同邑田處士名雙公長子名全公胞姪名蔭珍

娶劉氏候補府經歷諱貴平公女諱宗周胞妹名玉麟胞姑

子毓秀業儒

女

族繁不及備載

世居鎮灘門外太平莊距城七十里

三

張珣

字桂蓀號味根行一同治癸酉年三月二十五日吉時生係天津府天津縣縣學附學生民籍

曾祖元第
妣氏楊
祖鳳鏞
妣氏施石
本生祖鳳榮
本生妣氏劉
繼祖母氏張

本生房胞叔紹訓 紹朋 紹緒
胞弟珩
胞姪家駒 家驥
妻黨氏
子家騂
女三

[illegible]

父紹彬

母氏曹

中式順天鄉試第二百五十一名

考職中式第百八名

保和殿覆試一等第六十三名

欽點法部主事

族繁不及備載

世居文昌宮西

貢生

齒錄

韓榮

高高祖仲玉 誥授奉直大夫

高高祖妣氏高 誥封宜人

高祖符許 敕封承德郎

高祖妣氏楊 敕封安人

氏崔 敕封安人

曾祖士祿 誥授武德騎尉

曾祖妣氏王 誥封宜人

祖震 候選千總 敕授武略騎尉 誥封奉政

字冠卿號幼鶴道光丙戌年五月二十四日吉時生

直隸天津府天津縣府學廩膳生民籍

嫡堂曾伯祖士彥 國學生 誥封奉直大夫

堂伯祖維城 候選州同知加二級 誥授奉直大夫 維垣 國學生 覃恩貤封奉政大夫掌河南道監察御史加一級 維墉 優廩貢生原任大城縣訓導 敕授修職佐郎 覃恩誥封奉政大夫 晉封中憲大夫刑部湖廣司郎中加二級

嫡堂叔祖席珍 敕授武略騎尉 貤封承德郎

嫡堂伯慶元 嘉慶戊辰恩科舉人候推守府

嫡堂叔大章 國學生 允升

堂叔大任 優廩貢生議敘六品職銜 覃恩貤封奉政大夫刑部山東司郎中 省銘 優廩

一

大夫　晉封朝議大夫
掌河南道監察御史加
二級

祖妣氏陸　勅封安人　晉
誥封宜人
封恭
人

本生祖鰍琏　勅授武略
騎尉　馳封
奉政大夫掌河
南道監察御史

本生祖母氏李　勅封安
人　晉封
宜
人

父大信　嘉慶戊寅　恩科
舉人己卯　恩科
聯捷進士翰林院編修
國史館協修　武英

貢生議敘同知職銜刑部候補郎中山東司行走
督催所督催補授湖廣司郎中加二級　誥授奉
政大
夫　省鉞生　省鐸議敘九品職銜　省劍正五品職銜　省
鎔業儒
胞兄棫郡庠生　樸議敘九品職銜出嗣嫡堂伯
胞弟椿業儒
堂弟楷　欟俱業儒
從堂兄弟宗源郡庠生　宗清邑庠生　宗淳議敘鹽知事　宗泗
宗洙　宗濂　宗澐　宗浚俱業儒　得立　得雙俱幼
堂姪文藻　文蔚俱幼
從堂姪栢年　桐年　聯科　聯斗俱幼

殿纂修 繙書房行走 娶王氏
辛巳 恩科廣西正考官
官癸未科會試同考官 子
陝西道監察御史大通
橋抽察全漕事務壬辰 女一
恩科浙江副考官癸
巳會試內監試掌河南
道監察御史 誥授奉
政大夫 晉
贈朝議大夫
母氏孫 誥封宜人
晉封恭人
本生祖慈侍下
慈侍下

己酉選拔第一名
鄉試中式第　名
會試中式第　名
殿試第　甲第　名
朝考第　等第　名
欽點

族繁不及備載
世居

馮春瀛字閬卿號海樓行二嘉慶乙亥年十二月初四日吉時生天津府天津縣廩生民籍

曾祖廷輔例贈文林郎

曾祖母氏許處士諱緒祖公女例贈孺人

曾祖母氏解增廣生諱艮葵公女例贈孺人

祖智乾隆庚子科舉人勅封文林郎

祖母氏汪國學生諱龍躍公女勅贈孺人

祖母氏鄭辛未科進士翼御前侍衛陝西興漢鎮標遊擊諱奎光公女勅封孺人

父相蔡嘉慶庚午科副舉人丁丑年考取正

胞叔祖昶議敘通判例封承德郎

胞叔相桂巡檢候選

妻侯氏國學生恩賜六品銜諱肇泰公女

子壽頤　壽愷俱幼

女

藍旗官學教習歷任山
東昌樂縣蘭山縣江蘇
新陽縣知縣
敕授文林郎
母氏姚乾隆辛丑科進士
任安徽太平府同
知歷署江南六安州廣
德州知州廬州府太平
府徽州府知府護理寧
池太廣兵備道諱逢年
公女　勅
封淑人
繼母氏鄔諱　公
女　勅封孺人
系咸下
己酉選拔第一名
鄉試中式第　名
會試中式第　名
殿試第　甲第　名
朝考第　等第　名
欽點

族繁不及備載
世居鎮海門衔

田世均

字經正號峰泉行五嘉慶甲戌年五月二十九日吉時生天津府天津縣優廪膳生商籍

曾祖存義
曾祖妣氏閆
祖永豐
祖妣氏許
父璽
母氏邢

胞叔祖永增
胞伯琯　珩　照青
胞叔瑄
胞兄大用
妻陳氏
子一　幼
女一

選拔第一名
鄉試中式第名
會試中式第名
殿試第甲第名
朝考
欽點

族繁不及備載
世居田家莊

朱墉

字省吾號星五行二咸豐丙辰年十一月初三日
吉時生係直隸天津府天津縣縣學廩膳生民籍
曾祖道儒　胞叔烈
妣氏趙　胞弟圻
祖彬　妻秦氏
妣氏楊　子一
父緯雲　女
母氏陳欒
具慶下

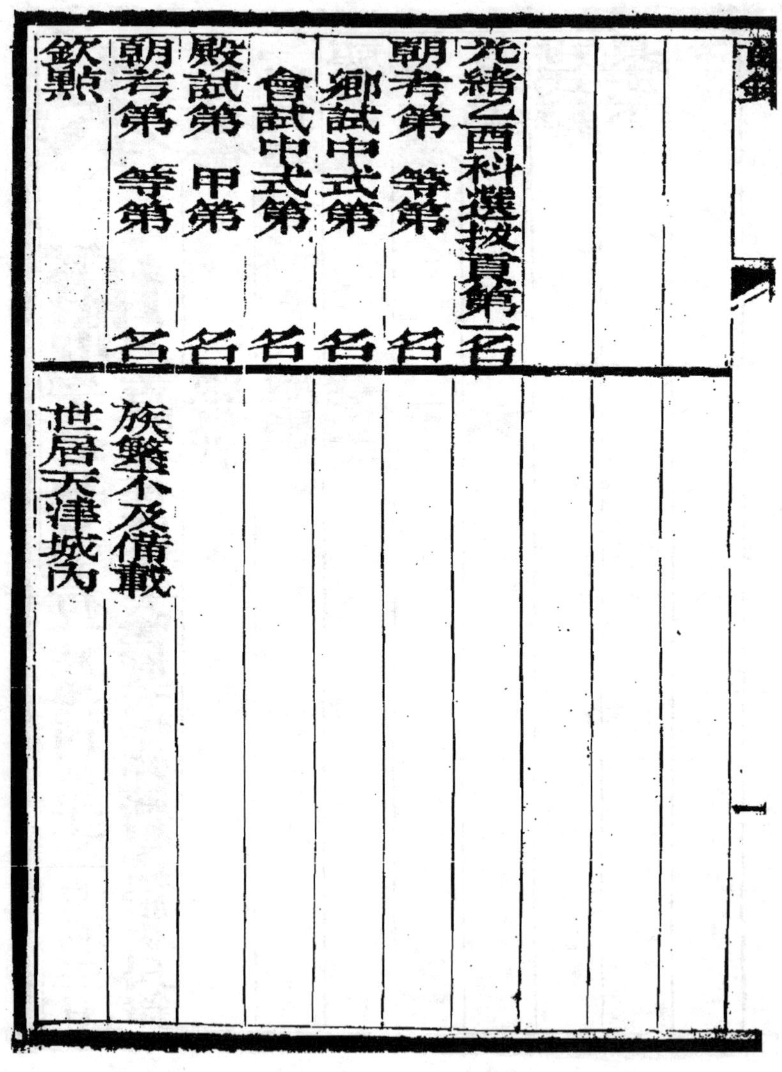

光緒乙酉科選拔貢第一名
朝考第　等第　名
鄉試中式第　名
會試中式第　名
殿試第　甲第　名
朝考第　等第　名
欽點

族繁不及備載
世居天津城内

姜秉善

曾祖德寬 敕授修職郎

曾祖妣氏張 例贈孺人

祖堅成 敕授修職郎

祖妣氏周 例贈孺人

氏楊 例贈孺人

本生祖堅盟 敕授修職郎

本生祖妣氏蕭 例贈孺人

氏鄭 例贈孺人

氏孫 例贈孺人

字仲虞，號少雲，行七，咸豐庚申年十月二十三日吉時生，係直隸天津府天津縣府學廩膳生，民籍。

嫡堂伯温華 字麗堂，國學生。溫慶 字韞山，國學生，誥授奉直大夫。

從堂叔温淇 字左泉，例贈登待郎。

胞兄弟寶善 字楚珍，國學生。積善 字澤生。擇善 字心從。銘善 字心齋。益善 字受謙，業儒。

嫡堂兄弟性善 字雅泉。德善 字竹軒。樂善 字莘舫。闓善 字環洲。同善 字緒棠。宗善 字繼香。

嫡堂姪世澤 世泰 俱讀 世琦 世曾 世熙 世鎧 世儁 俱幼

胞妹一 未字

圖象

父溫和字雲波

母氏敖

俱慶下

乙酉科選拔第一名

會考一等第二十名

鄉試中式第　名

會試中式第　名

殿試第　甲第　名

朝考第　等第　名

欽點

娶高氏國學生　誥封奉直大夫諱斌公孫女咸豐辛酉科舉人內閣委署侍讀名嶲昌公女廩膳生名壽祺胞妹廩膳生名壽彭胞姊

周氏誥贈武功將軍諱詩公孫女　誥授武翼都尉諱紹英公女　實錄館供事諱枧胞姊

子世恩幼讀世保

女

族繁不及備載

世居天津縣帶河門外

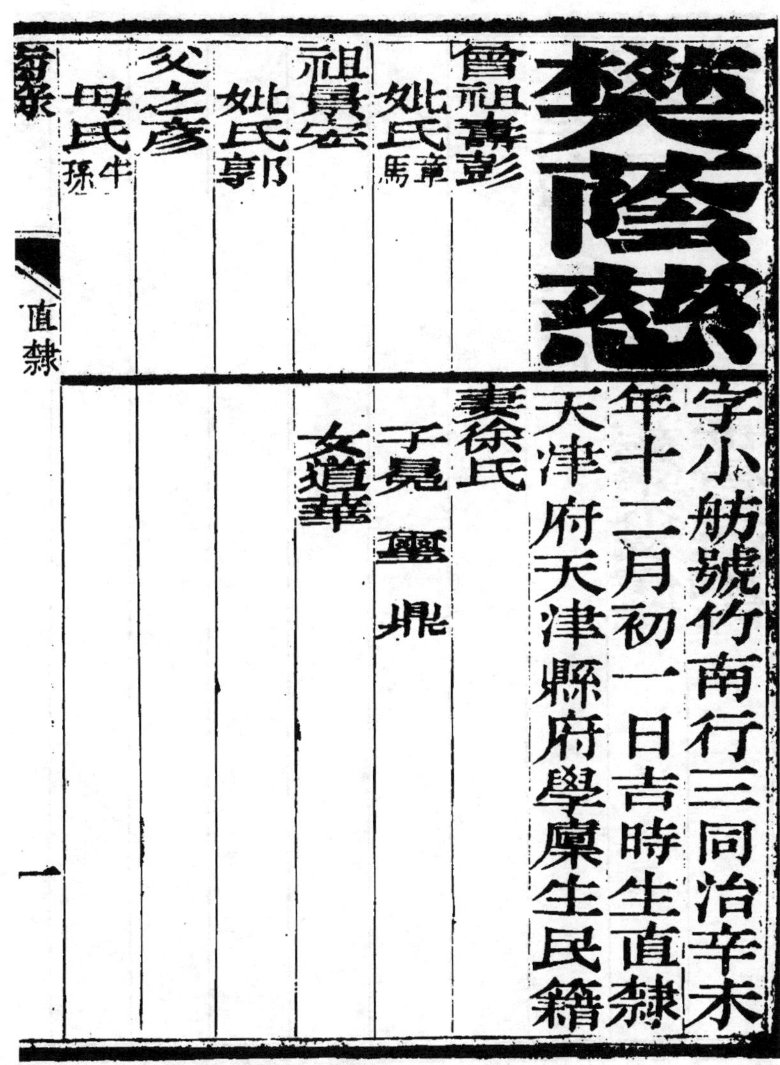

樊蔭慈

字小舫號竹南行三同治辛未
年十二月初一日吉時生直隸
天津府天津縣府學廩生民籍

曾祖壽彭
妣氏章 馬

祖景宏
妣氏郭

父之彥
母氏牛 孫

妻徐氏

子景璽 鼎

女道華

齒錄 直隸 一

丙午科優貢第五名
朝考　等第　名
欽用

族繁不及備載
世居天津城內

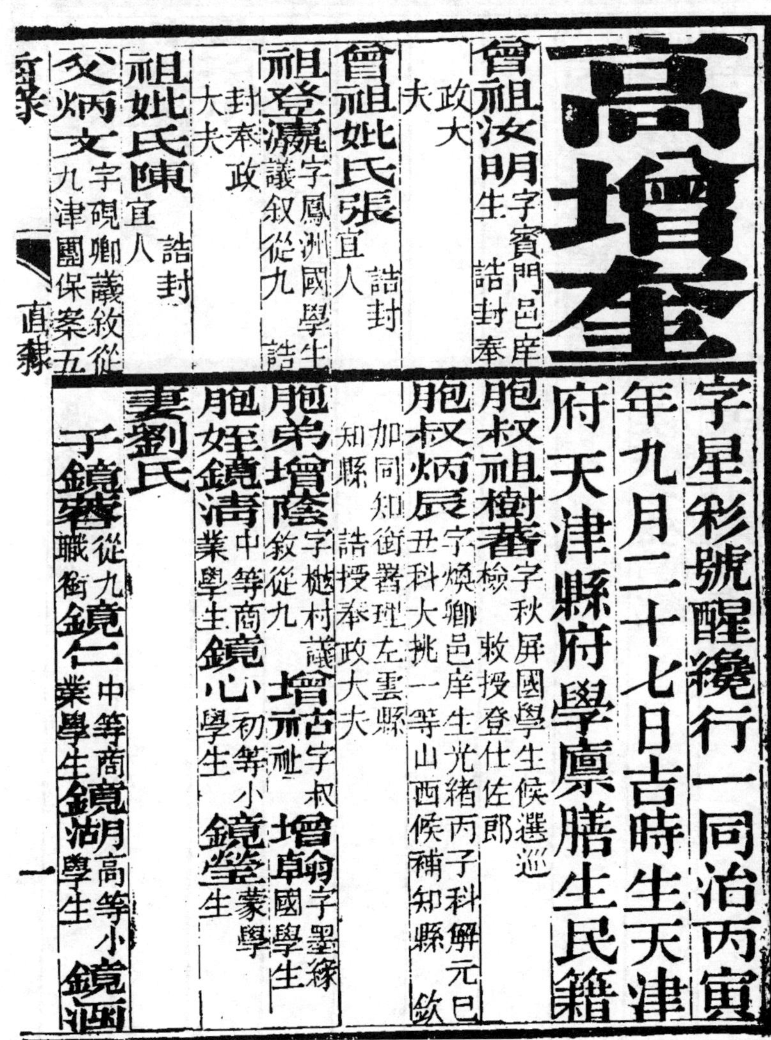

高增奎

字星彩號醒邊行一同治丙寅年九月二十七日吉時生天津府天津縣府學廪膳生民籍

曾祖汝明 字賓門邑庠生 誥封奉政大夫

曾祖妣氏張 宜人 誥封

祖登瀛 號字鳳洲國學生議敘從九 誥封奉政大夫

祖妣氏陳 宜人 誥封

父炳文 字硯卿議敘從九津團保案五

胞叔祖樹蕃 字秋屏國學生候選巡檢 敕授登仕佐郎

胞叔炳辰 字煥卿邑庠生光緒丙子科解元已丑科大挑一等山西候補知縣 欽加同知銜署理左雲縣知縣 誥授奉政大夫

胞弟增蔭 字樾村議敘從九 增祜 字叔祉 增翰 字墨緣國學生

胞姪鏡清 中等商業學生 鏡心 初等小學生 鏡瑩 蒙學生

妻劉氏

子鏡睿 從九職銜 鏡仁 中等商業學生 鏡明 高等小學生 鏡沽 學生 鏡涵

直隸

品銜 誥授
奉直大夫
母氏劉宜人 誥封
具慶下

丙午科優貢第四名
朝考一等第 名
欽用

生子一鑽 幼
女二

族繁不及備載
現居河東糧店街

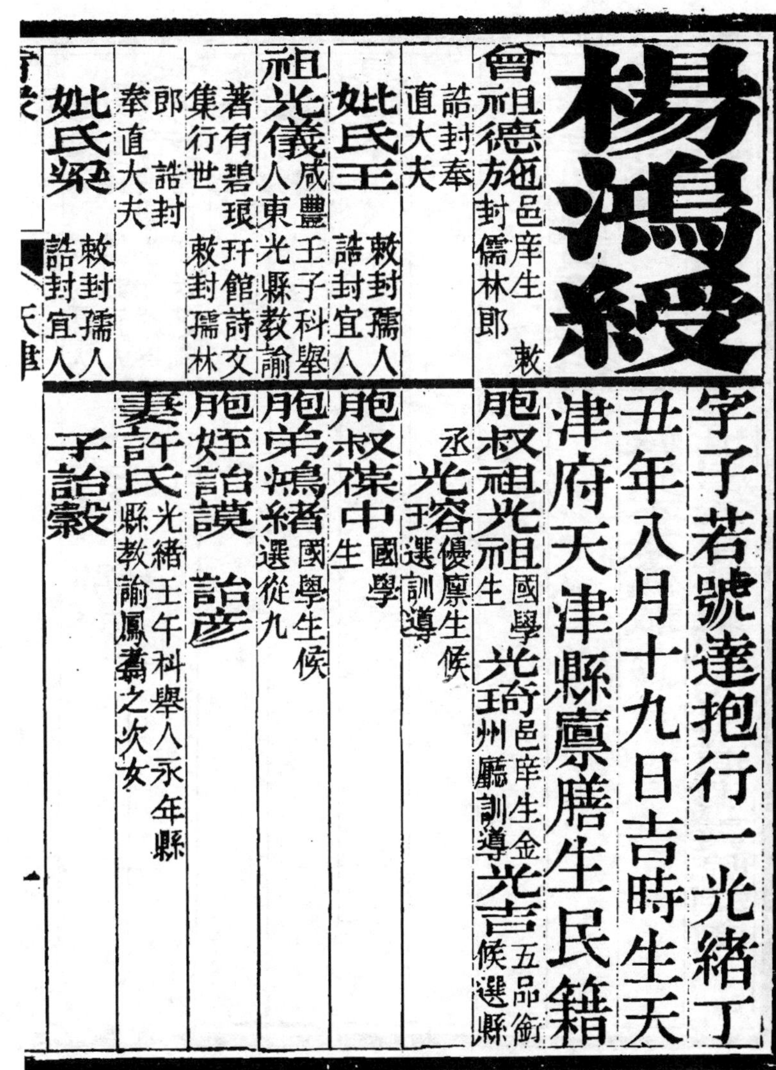

楊鴻綬

字子若號達抱行一光緒丁丑年八月十九日吉時生天津府天津縣廩膳生民籍

曾祖德施邑庠生敕封儒林郎誥封奉直大夫

妣氏王敕封孺人誥封宜人

祖光儀咸豐壬子科舉人東光縣教諭著有碧琅玕館詩文集行世敕封孺林郎誥封奉直大夫

妣氏梁敕封孺人誥封宜人

胞叔祖光祖國學生光琦邑庠生金州廳訓導光吉五品銜候選縣丞光瑢優廩生候選訓導

胞叔褋中國學生

胞弟鴻緒國學生候選從九

胞姪詒謨詒彥

妻許氏光緒壬午科舉人永年縣縣教諭鳳翥之次女

子詒穀

齒錄

妣氏高 敕封孺人 誥封宜人 叔 文新 淵

父葆元 優廩生光祿寺署正銜候選訓導 誥封奉直大夫

母氏郭 誥封宜人

具慶下

丙午科優貢第五名

朝考 等第 名 族繁不及備載

欽用 世居天津舊東門內二道街貢院胡同

武清縣

會試

王光宇

字舜賓號默齋行九乾隆癸卯六月初三日卯時生順天府武
清縣增廣生戊寅舉人會試四十二名 殿試三甲 欽點即
用知縣現官陝西長安縣知縣留壩廳同知

曾祖斌 考授府經歷
曾祖母氏周
氏李
祖翔鳳 邑庠生貤贈文林郎
祖母氏沈 貤贈孺人
父璣 例贈文林郎
母氏張 例贈孺人
永感下

胞兄安 邑庠生 珏
娶徐氏
子存

徐紹康

字杏莊號少洲一號少海行三又行六
道光己酉年七月二十五日吉時生係
順天府武清縣監生民籍候選郎中

六世祖宗孔 鄉飲大賓
六世祖妣氏賈 趙 王
五世祖雲龍 國學生
五世祖妣氏邊 楊
高祖懿 國學生
高祖妣氏果
曾祖光臣 國學生 誥封朝議大夫
曾祖妣氏果 誥封太恭人

高高叔祖雲鵬
高伯祖德 國學生
高叔祖恭 懋 恕 誥封武德騎尉
曾伯叔祖光楣 國學生 光祿 光耀 誥封武德騎尉 光顯 誥封武德騎尉 光斗
堂伯叔祖大輔 邑庠生 大士 邑庠生 大琮 邑庠生
叔祖大成 大全 大中 大有 大本 大經
大義 大勲 邑庠生 大酉 道光乙未科武舉戊戌科進士御前侍衛原任湖

履歷

祖大猷 武庠生 誥封朝議大夫

祖妣氏 賈 誥封太恭人 李 誥封太恭人

父振元 道光丁酉科舉人 甲辰科大挑一等 分發南河即補知縣 敕授文林郎 貤封朝議大夫 誥封中憲大夫

母氏王 嘉慶辛未科武傳臚乾清門侍衛湖南常德府武陵縣都司沅州府麻陽縣遊擊廣東紹興府叅將湖北黃岡鎮副將文翰公之女 貤封恭人 誥封太恭人

本生父振瀛 道光丙午科舉人 咸豐癸丑科大挑一等 本科進士 兵部武選司主事 歷

南岳州府城守營守備衡州都司署理道州遊擊廣西陣亡奉旨照例賜卹入祀昭忠祠

大壯 咸豐辛亥科武舉議叙五品銜

胞伯振邦 武庠生 振綱 優增生 振紀 早卒

堂伯叔伯遜 仲謀 世榮 國學生

伯叔振鐸 振國 振聲 武庠生 振達 振倫 振東

振衡 振鈞 邑庠生 振隆 邑庠生 振廷 咸豐辛亥科挑取謄錄同治庚午科舉人 振鏞 同治甲子科舉人光緒庚辰科大挑二等候選教諭 振燕 振甲

世襲恩騎尉 振鈁 振銓

胞兄紹庭 同知銜候選知縣

嫡堂兄弟紹箕 邑庠生 紹斌 廩膳生 紹武 紹裘

從堂兄弟永積 永和 永成 永賀 紹文 國學生 紹

任河南封邱滑縣知縣

咸豐戊午科鄉試同考

官保薦卓異即補同知

賞戴花翎 一誥授奉

政大夫 誥

封中憲大夫

本生母氏盧 贈 武庠生 貤 封朝議大夫

一滑公之女監生之璞

公胞妹候選知縣之瑾

監生之珩公胞姊

誥封太恭人

慈侍下

本生慈侍下

庭訓

業師

受知師

先 附生分發奉 紹魁 紹彭

天即補知縣

兄 紹曾 紹韓 紹棻武庠生 紹程 紹馨 紹安

弟 紹思 紹詒 紹謙 紹齡 紹伊 紹芳 紹

合 舟

胞姪 瑞麟邑庠生 祥麟 家麟俱業儒

嫡堂姪 玉麟 石麟 錫麟 春麟 茂麟 吉麟

從堂姪 乃倉 乃鎮從九品 乃理 乃興從九品 乃釗六品

銜 乃得 乃宣 乃立 乃增 乃會 乃明

乃學 祖培

從堂姪孫 瑛 璞 瑋

娶沈氏 咸豐戊午科舉人原任河南光山縣知縣

欽加同知銜諱振鈞公之女候選縣丞汝翯

二

服

姜和軒夫子 諱承惠 戊午科舉人原任陝西延川縣知縣

邢印中夫子 諱守道 癸亥科進士甲子科浙江鄉試同考官歷任崇德平湖蘭谿仁和等縣知縣現任西防同知卽補知府

方敬之夫子 諱鉞 癸卯科舉人前任江西廣豐縣知縣

年伯馮遠槎夫子 諱槼 丙午科舉人原任貴州施秉縣知縣

周[illegible]姜夫子 諱仰之 丁卯科舉

八

監生汝翹汝翰公胞姊

子 國麟 慶麟 奎麟 俱幼讀

女

二

姻伯王筠軒太老夫子諱繼庭癸卯科北元庚戌科進士原任山東青州兗州等府知府欽加道銜

世叔歐陽渭夫子印霖前河南特用道候補知府歷任中牟榮澤縣河內濬縣武陟上蔡等縣知縣賞戴花翎

世伯李平甫夫子印德均廩貢鹽運使銜河南特用道現任衛輝府知府賞戴花翎

任贇台夫子諱兆堅壬子科進士原任順天府府丞

汪嘯菴夫子諱元方科進士原任順天學政

賀雲甫夫子印壽慈辛丑科進士前任順天學政

喬鶴儕夫子諱松年乙未科進士原任東河河道總督

年伯錢調甫夫子諱鼎銘丙午科舉人原任河南巡撫

劉永如夫子諱齊衍辛丑科進士原任河南布政使司

[illegible]民夫子印紹誠前任河南按察

使同

年伯段雁洲夫子 諱廣瀛 癸丑科進士原任河南糧鹽道

任筱園夫子 印道鎔 己酉科拔貢前任河南開歸陳許道現任山東巡撫

王晴舫夫子 印文錦 己未科進士主講河南游梁書院現署開歸陳許道

張筱松夫子 印鑑堂 辛酉科陝西解元戊辰科進士同知銜直隸州用前任河南滑縣知縣現署西華縣知縣

年伯潘文濤夫子 印江 丙子

科進士現任河南輝縣知縣
蔡鶴君夫子印壽臻優廩生現任武清縣知縣
周小棠夫子印家楣己未科進士現任順天府府尹署戶部右侍郎

鄉試中式第二十二名
保和殿覆試一等第四名
會試中式第二百五名
殿試第三甲第一百十八名
朝考第二等第八十名 族繁不及備載
欽點內閣中書 世居縣東南聶莊

欽命四書詩題

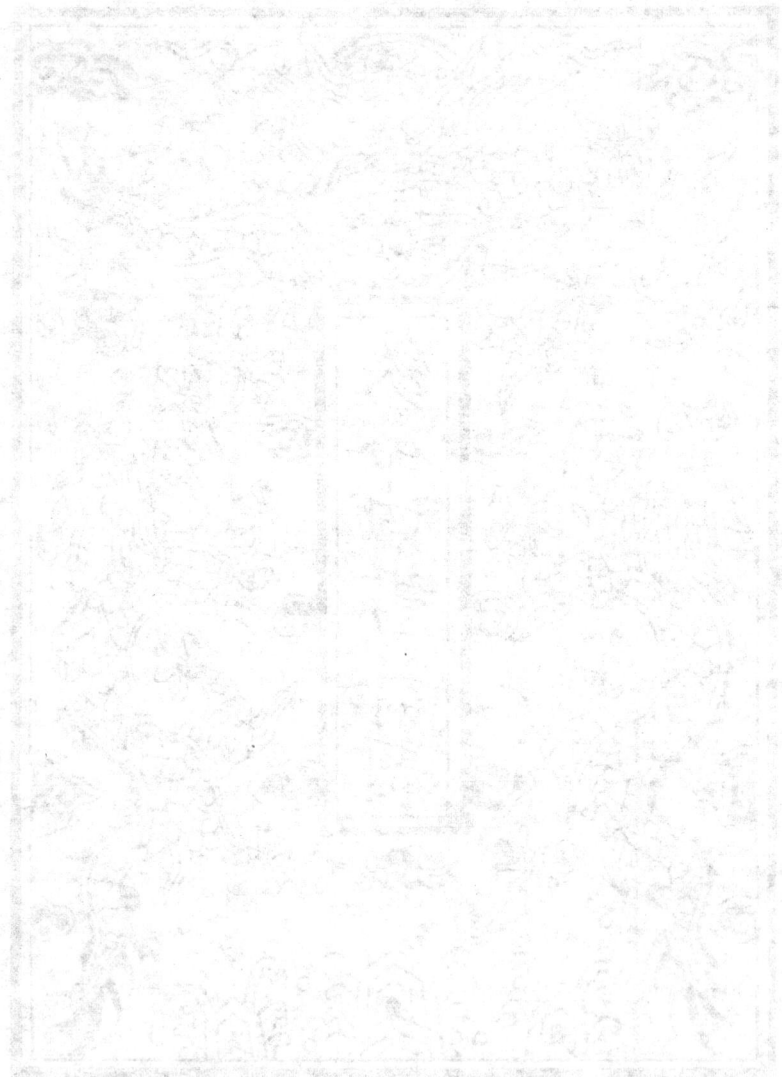

曹姓孫

始遷祖資明永樂間遷大姓實畿輔自江南山陽縣占籍武清縣王慶坨鎮

六世祖龍字臨溪明壽官

六世祖妣氏王劉

七世祖雲鵠字翔元奉祀生

七世祖妣氏楊

八世祖振芳字君玉

字易庭一字念荻號儀陸行四

同治戊辰年七月十八日吉時

生係順天府武清縣附生民籍

六世胞伯叔祖璀 徹 徵

七世堂伯叔祖雲鶴廩生 雲壽 雲梯

七世胞伯叔祖雲鴻附生 雲鵬附生 雲鶚奉祀生

八世從堂伯叔祖傳芳 聯芳附生 嗣芳 承芳京營守備

繹芳附生

八世嫡堂伯叔祖葵芳 藺芳歲貢生南皮縣教諭 時芳附生 葳

芳附生 啟芳廩生 龔芳附生

八世祖妣氏張
本生八世祖植芳字君培
本生八世祖妣氏王
九世祖昌禩字承華
九世祖妣氏巢
王
靳
王
太高祖汝良字含樸增生例贈修職郎盧龍縣教諭

八世胞伯叔祖捷芳附生麗芳 綮芳
九世從堂伯叔祖昌先附生昌歷附生昌昆附生昌奇附生
九世嫡堂伯叔祖昌祐附生昌裕附生昌第廩生昌大廩生昌
儒附生昌期
從堂太高伯叔祖汝礪附生汝公附生汝楨附生又參附生汝
梅附生
嫡堂太高伯叔祖綱 汝知附生汝翼附生汝爲附生汝賢
附生汝習附生汝端附生
高伯叔祖晴附生曜 暟附生晟附生昣附生陞附生陟附生
曾附生玢附生昭附生昤附生元會 元景附生昇 士軾

太高祖妣氏胡敕贈孺人同邑諱樂和公女

氏吳敕贈孺人

高祖廷瓚字錫侯增生例贈儒林郎

高祖妣氏楊例贈安人東安縣諱文林公女諱繼亮公胞妹貢生諱企賢公胞姑母庠生諱大觀公胞祖姑母

曾祖文銳字硯川候選州同例授儒林郎貤贈奉直大夫河南洛陽縣知縣

曾祖妣氏巢例封安人貤贈宜人東安

附生士元附生士珍附生士端武生士浩附生士澄武生

再從堂高伯叔祖禮　義　智

高胞伯叔祖廷琛乾隆己亥恩科副榜盧龍縣教諭廷珙貢生廷琚增生

廷運附生廷琳附貢

曾伯叔祖鳴璽　鳴鳳　鳴球　鳴玘武生鳴珚附生鳴

瑀附生鳴起　鳴琳附生鳴琴恩賜九品頂戴鳴疊附貢鳴

階附生鳴周附生鳴山附生鳴鈞附生鳴鐸　鳴珩附貢鳴

階　鳴雷附生鳴雲歲貢生候選訓導鳴韶附生鳴聲監生宗

植附生宗孟附生宗勇武生宗賢武生宗伊監生宗清武生宗

述增生輔仁武生居易附生居方附生居治附生居敬附貢元

二

縣監生諱爾馨公女附生諱栻公胞妹監生諱棻諱棫公胞姊

祖蟠齡字龍眠號鐵崖附生誥贈奉直大夫河南洛陽縣知縣

祖妣氏張誥封宜人霸州乾隆丁酉拔貢肅寗縣教諭諱文斯公孫女嘉慶戊午舉人奉天海城縣訓導諱鍾奇公女附生諱祖訓公胞姊名炳奎公胞姑母監生名寶鑑胞祖姑母

父星煥字子蔚咸豐辛亥恩科舉人署河南洛陽西華縣知縣代理襄城禹州滑縣簾缺補授郾城

弼附生　元亮監生　元亨附生　宗譽附生[illegible]道光辛巳恩科武舉江

淮衛千總宗孔附生

再從堂曾伯叔祖鳴琦附生　鳴虞　鳴佩　鳴梧　鳴

同庠桐生鳴喈

嫡堂曾伯叔祖文言監生　文治附生　文錦附貢　文鈸武生　文

逵附生　文田附生例贈文林郎　文鋒歲貢生候選訓導　文銓監生　文

鐸增生　文鑑　文錚　文鎣附生　文鏡　文鉥附生

伯叔祖印白增生　蒭附生　翽附生　翼附生　德濬附生　開泰歲貢生候選訓導

光祖附生　念祖附生　印維附生　嘉賢附生　德元附生　德玉歲貢

德符附生　德言附生　德星附生　榮鎧附生　榮世附生　榮甲

縣知縣同治庚午光緒乙
亥科河南鄉試同考官
欽加五品銜　誥授奉直
大夫現主講河南彝山書
院周口靜
遠書院
妣氏信誥封宜人東安縣
嘉慶辛酉科拔貢諱
中立公孫女歲貢生候選
訓導諱啟芳公女道光乙
酉科拔貢丁酉科舉人諱
聯芳公增生諱庭芳公胞
姪女　恩貢生候選州判
印承恩公胞姊附生名希
曾名學曾附生
名仰曾胞姑母
庶母氏王例封
孺人
本生父星烒字叔楷
贈文林郎

附生德基監生升基監生履恆附生履祥附生紀泰附生榮泰
武生炳泰附生玉書歲貢玉振武生
從堂伯叔祖茂齡歲貢生候選訓導金齡廩生蘭齡監生博齡貢生
誥封武德騎尉武齡蕙齡貢齡道光壬辰恩科舉人署保安
州學正春齡附生長齡附生丹齡附生鍾齡附生嚴齡監生書
齡歲貢夢麟附生如齡晉齡貢生夢齡附生竟齡監生芝
齡候選照磨辰齡監生欽賞五品銜桂齡營千總嘉齡熙齡
守禦所千總建齡
伯叔善士庠生方煒庠生方鎔庠生光祿庠生延祥武生延毅道光
乙未恩科武舉候選漕運千總延俊武生延世貢生貤封中憲大夫戶部主

三

履

本生母氏張敕贈孺人旌表節孝靜海縣嘉慶甲戌進士順天府教授入祀本邑孝義祠諱夢蓮公孫女道光癸卯舉人檢選知縣諱兆珣公女貢生候選州同諱兆玕公胞姪女增生鴻臚寺序班印之楨公胞姊候選縣丞名奐曾胞姑母附生名裕

曾嫡堂姑母

嚴侍下

本生永慼下

庭訓

本生庭訓

事加三級　學是庠生　際休庠生　延緒庠生　羲方監生　德培六品銜

其年庠生　雋培庠生　桂年生府廩　塏從九品　呼六品銜　恩培

俊監生從九品

再從堂伯叔　星煒監生　星熾武生　星焌咸豐辛亥恩科武舉　星煇

星爍　星權　星照　星橋增生　星炳　星海

星逵歲貢生候選訓導　星河　星聯　星軺　星蔡

星聚監生　星樞監生　星奎監生贈文林郎例　星瑞　星緯

星驥廩生歷科房薦　星藻監生　星壽　星顯庠生　星斗監生

星庚　星印　星岱　星雲　星晉　星漢

星五　星南　星躔　星樓　星吉　星睦

三

胞叔叔明公訓

本生母舅芷洲公訓

本生胞兄念庭公訓

受業師 謹以先後爲序

陳澧溪夫子 印 琥 癸酉拔貢壬午舉人

邊雪石夫子 諱 懿屏 癸酉拔貢

劉錦堂夫子 印 應標 癸酉舉人

李月亭夫子 印 印潭 癸酉拔貢己卯舉人山西大挑知縣

太姻叔蕭樞垣夫子 印 聚星

星彩 星源 星榆 星炘 星駟 星福 五品銜候選州判 星陳 星軺 星紀 星鏞 星衡

星翰 六品銜 星啟 附生 星軫 監生 星翰 星沅 星垣

胞叔星煜 字立亭增生歷科呈薦 星烜 字子昭山東試用從九品 星煌 字叔明附貢生布政司理問銜 星焯 字季和東河候補主簿前署山東館陶縣主簿

兄弟 書箴 庠生 乾元 庠生 體元 附貢 殿甲 武生 聯甲 監生 思義 監生

思善 從九品 思敬 貢生 思橋 監生 兆甲 監生候選府經歷誥封中憲大夫戶部主事加三級 冠甲 武生 文甲 庠生 世傑 武生 世俊 武生 世濤 九品頂戴 世平 監生 世雄 九品銜 世義 九品銜 世立 武生 國璽 武生 國樑 武生 國棟 武生 國香 監生 金楹 庠生 慶麟 壽官 慶

咸豐戊午舉人陝西雒南縣知縣調署寶雞縣知縣

吳禾笙夫子　諱　清俊　優貢生同治壬戌舉人內閣中書銜

董次蓉夫子　印　恩新　癸酉拔貢

趙吉人夫子　諱　保善　乙酉舉人

陳山銘夫子　印　偉勛　乙酉拔貢辛卯壬辰聯捷進士四川即用知縣甲午四川鄉試同考官

姻伯焦桂樵夫子　諱　祐瀛　丁酉拔貢己亥舉人太僕寺卿軍機大臣

四九品馬衔

從堂兄弟　芑孫增生　江孫　泗孫　辥孫武生　萊孫　蓬

孫　吉孫業儒　慶孫　槼孫　明孫　綬孫　芳

孫　奇孫庠生　彬孫癸巳恩科同榜舉人　騤孫　祥孫

鼎孫　瑞孫　鼎鈞　桐孫　椅孫　杞孫

樾孫　鑅孫　颺孫　森孫　蕚孫　嘉孫

緝孫　棣榮　德榮　賡榮　金榮　士榮

荃孫　景孫　名孫　説孫　芬孫　義孫

育孫　鉄孫　鐘孫　納孫　賀孫　緒孫庠生

敏孫　德孫　遹孫　華孫

馮伯驤夫子 諱汝騏 丙子翰林
年伯楊子經夫子 諱彥修 辛亥
舉人原任河南滑縣杞縣知縣內閣中書
世伯華竹軒夫子 印金壽 甲戌
傳臚現官詹事府左中允山東學政
年伯傅子蒓夫子 印鍾麟 乙丑
進士兵部郎中江西郎補知府
世叔傅蓮舫夫子 印鍾沅 廩生
知府用河南郎補同知前署光州直隸州知州
蔡鶴君夫子 印壽臻 前武清縣知縣

嫡堂兄福孫 字念伯監生
胞兄桂孫 早逝
本生胞兄吉孫 字念庭積學早逝嫂張殉節奉旨旌表
嫡堂弟祐孫 字蔭庭 俠孫 字亦樓附生 濮孫 澂孫 飴孫 詵孫 繩孫 經孫 俱幼讀
姪儒珍 庠生 儒瓚 庠生鴻臚寺序班 儒謹 武生 儒璋 武生 用章 六品軍功 用珖 詹事府供事 用英 九品銜 用寶 九品銜 用泉 九品銜 邦儒 監生 聯普 附貢 聯武 貢生 用觀 增生 用霖 國史館供事 用璋 庠生 用琇 庠生 用楫 武生 葆珊 甲午科舉人本科房薦 葆珣 己丑科詹錄甲午科舉人本科同榜進士現官戶部主事貴州司行走 用記 用詳

五

建立本村萃文書院現官長蘆天津分司運同

潘少南夫子 印瀛 武清縣知縣

楊煦亭夫子 印占春 丙子舉人前武清縣教諭

年伯劉老夫子 印錦枝 辛亥舉人前武清縣教諭

魏春芳夫子 印樹楟 歲貢生現任武清縣教諭

王一庭夫子 印兆奎 貢生現武清縣訓導

用九 用陶 用甄 用貞 用棟 用章

用九 用椿 用敔 用栻 用枬 用檽 俱幼

嫡堂姪可任 譜名用直 愚幼讀 直剛 譜名用勤 直堅 譜名用毅 俱幼

姪孫毓桂 貢生 芳縉 國史館供事 爾霖 庠生 爾勛 六品銜 爾延

原名鎮中內閣供事

胞姊 長適何三品銜道員用候補知府現官下南廳同知名保榮室 次適焦前太僕寺卿軍機大臣諱祐瀛公子議敘縣丞名駿方室

嫡堂姊 長適李前衛輝府知府諱德均公三子候補典史名大銘室 次適李東河候補同知印德型公子監生名鎬室

本生胞妹 適陳前河南候補知府諱元浩公子監生名恩壽室

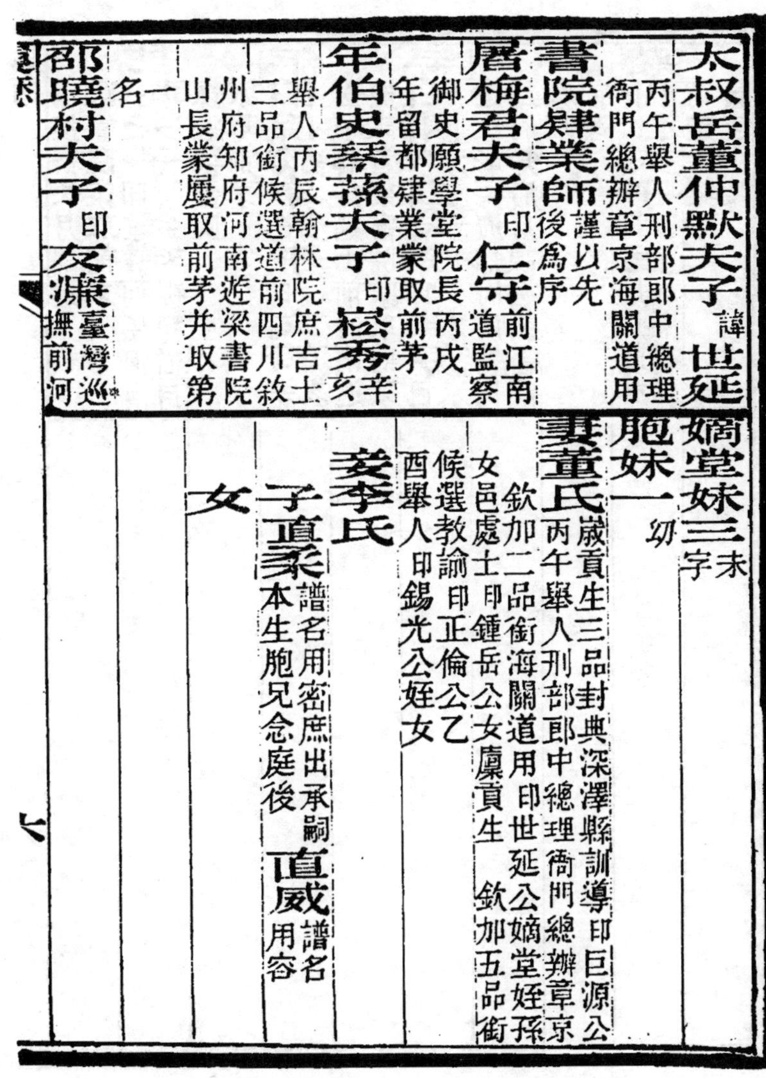
太叔岳董仲默夫子諱世延丙午舉人刑部郎中總理衙門總辦章京海關道用
書院肄業師謹以先後爲序
層梅君夫子印仁守前江南道監察御史願學堂院長丙戌年留都肄業蒙取前茅
年伯史琴蓀夫子印松秀辛亥舉人丙辰翰林院庶吉士三品銜候選道前四川敘州府知府河南遊梁書院山長蒙屢取前茅并取第一名
邵曉村夫子印友濂臺灣巡撫前河

嫡堂妹三未字
胞妹一幼
妻董氏歲貢生三品封典深澤縣訓導印巨源公女邑處士印鍾岳公女稟貢生欽加二品銜海關道用印世延公嫡堂姪孫丙午舉人刑部郎中總理衙門總辦章京欽加五品銜候選教諭印正倫公乙酉舉人印錫光公姪女
妾李氏
子直柔譜名用密庶出承嗣本生胞兄念庭後　直威譜名用容
女

南按察使月課遊
粱書院蒙取前茅
芝軒夫子 印鍾瑞 前任河南糧鹽道月
課遊粱書院
蒙取前茅
年伯倪豹岑夫子 印文蔚 辛亥
壬子聯捷進士前河南巡
撫課遊粱書院蒙取前茅
年伯陳秋圃夫子 印桂芬 己未
進士彰德府知府前署開
封府知府月課遊粱書院
蒙取
前茅
蔣仲仁夫子 印艮 庚辰翰林上書房
行走大粱
書院山長

許仙屏夫子 印 振禕 癸亥翰林東河總督創建信陵辦
香書院蒙屢取前茅并取第一名
澤生夫子 印 裕寬 前河南巡撫月課遊梁信陵
書院蒙取前茅并取第一名
廖穀士夫子 印 壽豐 辛未翰林現官浙江巡撫前河南布政使月
課遊梁信陵書院蒙屢取前茅并取第一名
遠颿夫子 印 長祿 舉人河南按察使月課遊
梁信陵書院并蒙取前茅
王仲培夫子 印 維翰 甲戌進士河南糧儲鹽法道月課
遊梁信陵書院并蒙屢取前茅
香雨夫子 印 桂霖 甲戌進士河南開歸陳許道月課遊
梁信陵書院蒙取前茅并取第一名
年伯吳仲飴夫子 印 重熹 壬戌舉人開封府知府月課
遊梁信陵書院蒙取前茅
濮青士夫子 印 文暹 乙丑進士南陽府知府前署開封
府知府月課遊梁書院蒙取前茅
年伯黃漱蘭夫子 印 體芳 癸亥翰林兵部侍郎壬
講信陵書院蒙取前茅
劉景韓夫子 印 樹堂 現官河南巡撫月課大梁
遊梁信陵書院蒙取前茅

白鑑堂夫子 印 文濤 河南即補道前署開歸陳許道月課遊梁信陵書院均蒙取前茅

姊丈何定甫夫子 印 保榮 現官下南廳同知信陵書院提調

受知師

孫子綬夫子 印 詒經 原任戶部侍郎前順天學政

楊蓉圃夫子 印 頤 乙丑翰林現官都察院右副都御史前順天府府丞本科會試知貢舉

李若農夫子 印 文田 己未探花禮部右侍郎前順天學政本科大總裁

劉靜皆夫子 印 世安 己丑探花侍講銜翰林院編修癸巳科鄉試同考官現任甘肅學政

壽田夫子 印 裕德 丙子科翰林癸巳科大主考現官都察院左都御史

陳桂生夫子 印 學棻 壬戌科翰林癸巳科大主考戶部右侍郎

孫萊山夫子 印 毓汶 丙辰科翰林癸巳科大主考軍機大臣兵部尚書

翁叔平夫子 印 同龢 丙辰科狀元癸巳科大主考毓慶宮總師傅軍機大臣戶部尚書

年伯孫鶴航夫子 印 楫 壬子翰林前順天府府尹癸巳科鄉試監臨官

周容皆夫子 印 克寬 丁丑進士翰林院編修本科會試同考官

顥芝夫子 印 啟秀 乙丑科翰林理藩院尚書本科大總裁

唐春卿夫子 印 景崇 辛未科翰林內閣學士兼禮部侍郎銜本科大總裁

徐蔭軒夫子 印 桐 庚戌科翰林吏部尚書協辦大學士翰林院掌院學士本科大總裁

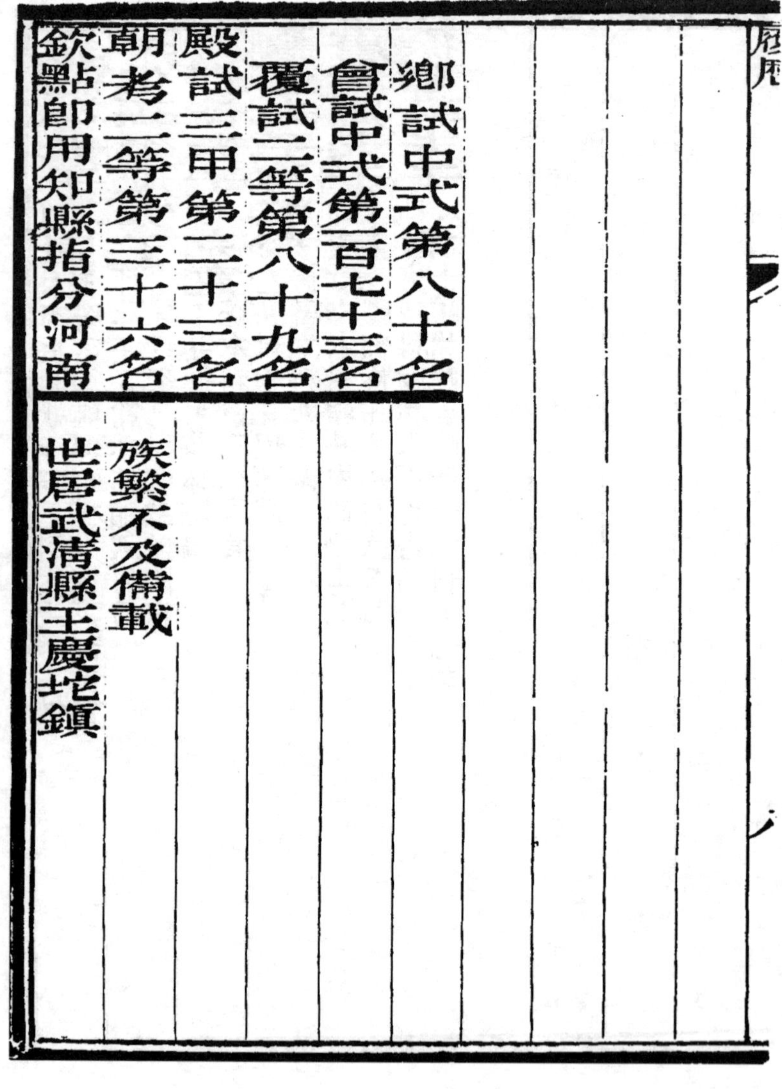
履歷

鄉試中式第八十名
會試中式第一百七十三名
覆試二等第八十九名
殿試三甲第二十三名
朝考二等第三十六名
欽點即用知縣指分河南
族繁不及備載
世居武清縣王慶坨鎮

會試硃卷　光緒乙未科

中式第二百七十三名貢士曹𤯢孫係順天府武清縣附生民籍

同考試官翰林院編修國史館協修官武英殿纂修加三級周　閱

薦　批　義堅語摯經策富優

大總裁內閣學士兼禮部侍郎銜　文淵閣直閣事　會典館總校加三級唐　取　批

又　批　格正詞純經策淹博

大總裁經筵講官禮部右侍郎署工部右侍郎兼管錢法堂事務　賞戴花翎南書房行走加三級李　取　批

又　批　調高響逸經策宏通

大總裁經筵講官理藩院尚書管理　雍和宮事務稽察　壇廟大臣鑲黃旗蒙古都統專操大臣加三級啟　取　批

又　批　理實粃空經策賅洽

大總裁經筵日講起居注官　太子太保　賞戴雙眼花翎協辦大學士吏部尚書翰林院掌院學士　上書房總師傅　國史館正總裁　會典館正總裁稽察　京通十七倉大臣管理八旗官學事務大臣加三級徐　中　批

又　批　詞清骨秀經策詳昭

英思偉論咄咄逼人置

之表簡齋稿中幾不可

辨次弸中彪外獨出冠

時三抱負不凡詩俊逸

鸞翔鳳翥玉節金和非
博覽羣書不辨春秋文
有慨其言令人覽之生感
徵引富贍辨論精詳

是真能十事對九者文以意為車意以文為馬文章此作骨御於理窟中有文士風流蘊藉之秀也

主忠信 上論語　曹牲孫

養中以制外防僞學也蓋忠信不講其外無可言也夫子爲君子定所主殆先正其心術歟且人品之誠僞見於心術者爲最先而道貌之尊嚴與學問之該博皆其後焉者也三代以上人文未盛斯世轉多可恃之才三代以下儒雅相高人品每有難問之處矯誣甚而遷流罔極大抵僞學以相競而至性至情之地先無以裕乎其原也不重至不威不固君子誠不能不重矣雖然形外貴本誠中而色莊正大可戒也景星慶雲之品望焜耀人寰然舍其身心性命而但論容儀觀聽所傾其弊釀爲標榜之習君子値風流

相媢之世所以有人心之憂也嚴氣正性之風裁聳動遐邇然背乎天理人情而自高崖岸衣冠雖古其究流爲詐僞之尤君子觀言行相乖之人所以深世道之懼也然則欲防僞學舍忠信奚主哉上鴟鴞之什方寸暴以風雷進天保之章痌瘝懷其日月臣之忠也祖考鑒之矣顧盡己之謂何而乃隘之一倫乎用則爲恕孰則爲仁君子主之有渾乎其迹者焉歷之窮通常變無閒生平質之天地鬼神亦爲感動交之信也腹心託之矣顧存誠之謂何而乃限之一事乎風有蘋蘩雅有泂酌君子主之有得乎其大者焉吾因有感矣文章者經國之盛事硜硜自守何以見詩書禮樂之

靈篛所謂主者乃附是而行非得此已足也後世此義不明談性理則每失之迂篤倫常則或近於執尙質之極至令一二才智之士生其厭薄專趨於言論丰采之閒蓋至虛憍之習盛於末流君子未嘗不歎其弊之有由也會而通之豈不亟亟哉道德者立命之大原孳孳以圖豈徒爲篤實輝光之驗蓋所謂主者乃由內以及外非舉此而賅彼也後世此義不明好修者旣不以沈潛爲念務外者益欲以風雅相矜致飾旣窮至令天下艱難之事無所倚賴專任之厚重少文之人蓋至木彊之流獨標風節君子未嘗不引爲士之深恥也取而宗之烏可已已哉由是而取友以自益政

過以自新要皆實事求是之心所見端也容止可則學問可觀又豈待問乎僞學者其亦知所返哉

此是四書中第一个忠信正學者第一个關頭內聖外王之學實基於此否則僞矣文以防僞學作柱將古今道學源流世運升降包括無遺具徵學識過人後二詮發主字認得極眞却看得極活跌宕恣肆之中仍不失容與安詳之度品格之高神味之永尤非寢饋大家而確有所得者不辦闡中見此定當膾炙傳觀高中何疑 世愚姪陳金臺拜讀誌佩 月二十日

優優大哉禮儀三百　曹甡孫

卽小徵大禮儀可首舉焉夫使於小而有間必道之大者猶有間也而何以驗諸三百之禮儀優優者已如繪哉且夫兩儀者禮制之祖也大道者天地之母也苟無道陰陽且無自而開典章又何由而備哉顧道非虛器宜驗之至纖至細之中而禮有全經在舉其極密極嚴之數試從布濩兩大之餘察其經緯萬端之妙覺淸廟明堂中所謂朝章國憲垂之永永者固王制之巨麗實道體所包涵已發育峻極此特言道之大耳夫物有不齊之情事有難一之致間嘗徵諸故府攷其遺文卽偶舉一二大端若皆有神明之

用寓乎其際未始不欺道之即小以見大者又有如此也從環海內外歷數以窮其形不知幾億萬衆始成一世宙也而道之附氣而流者已從而塞之無物能出範圍之外即無物不在蘊蓄之中此其說不盡言而悟也從雎于開闢歷數以盡其變不知幾億萬年始得至今日也而道之先形而具者早從而亘之無時不在陶治之中即無時不在運量之內此其理可約舉而明也優優大哉無論其他先觀之禮儀可矣禘嘗喪祭爲幽禮之死而致生聖人豈樂增其器數乃磅礴鬱積卒無解於誠孝之心則道爲之感也而洪綱所列無非於穆之眞精朝聘軍嘉爲吉禮以實不以文聖

人豈故詳其品則乃想像流連卒無解於樂易之故則道爲之宣也而鉅制所昭如見流行之妙用綜而計之優優之象不得於三百開哉帝業王綱損益參累朝之舊文讀武烈考核經兩世而精三百中之節文何莫非列聖心思之所萃然正唯制作關神明之事故一名一物大道之度數詳焉推而言之繪郊壇之位南與北貢其疑溯宗廟之模昭與穆歧其說蓋於道未有得耳苟探諸造化之大原安用此紛紜爲哉憶武成之燔燎光景如新摯西京之鼓鐘流風欲沫三百中之章程已久非後世子孫之所重然正唯廟堂無愛護之意則不殘不缺大道之維繫周焉等而上之江茅

鄗黍文人成封禪之書甘露景星史氏勒承平之紀亦於道未有會耳苟知爲品節之自然又奚煩此揚厲爲哉更觀諸三千之威儀道之優優不愈可識乎

居天下之廣居立天下之正位行天下之大道得志與民由之

曹蛙孫

備仁禮義於一身以之治民不難矣蓋廣居正位大道已與民共之者也亦既居焉立焉行焉不可於得志時斁之民哉且人必有三代上之學問而後無三代下之功名從未有挾持無本而可與談治畧者也若夫問生平之踐履落落者備極光明憫世俗之澆漓紛紛者納之軌物天德既具王道斯精卽此行已治人之梗槪已非自欺以欺人者所可同日語已吾以衍儀爲妾婦誠以衍儀雖有安懼百姓之權要不外諂附諸侯之術也且衍儀又烏覩所

五

謂安居者乎君子有安居寂寞之鄉者語以宮室之壯麗不動也已又為言紆青拖紫立身隆盛之朝乘堅策肥驤首清夷之路以為世之得志者如此矣而君子聽之益默然夫君子猶是人情也又非忘世者也而乃一無所動者何哉君子曰得志吾願也雖然吾自有吾居吾自有吾位吾自有吾道吾所當勉者尚未盡勉也遑言其他歟則見納八荒於斗室鑄萬古於一爐其所居則廣居也嚮明者治炳南離尊德者儀修北面其所立則正位也堯趨舜步既詔我於前遂聖域賢關更導人以先路其所行則大道也以視居廣廈細旃之上抵掌而談立王公大人之前承意取悅朝秦

暮楚僕僕道塗而不悔者其於爲人賢不肖何如耶夫名教自多樂地衡門可以棲遲君子於此豈必斤斤以得志爲念哉然而斯人不出如蒼生何天欲平治天下得志亦分內事焉耳且君子之得志亦有未可例視者彼夫博升斗爲閭里榮陳輿服矜稽古力但置身於通顯即滿志以躊躇此特衍儀輩之鄙吏耳君子道侔伊呂徵庸屬在湯文生際唐虞飢溺切於禹稷非好勞也將欲本生平所學見之設施使仁風衍而外流義聲激而遐鶩禮縟寰中風高太古粲乎隱隱各得其所非遇合無閒宏此遠謨如之何其不爲儀衍所笑乎得志與民由之君子之志所以迴異凡庸歟其

在詩曰民之秉彝好是懿德言仁禮義之美民所同也又曰如壎如篪如璋如圭則言爲上者當嘉與天下之民牖民斯易耳君子知其然不汲汲旦夕之間及乎化行俗美雖在閨門亦有貞靜之德江漢之詩所由作也衍儀見此吾知其必奪氣褫魄罔然若醒不獨不成爲丈夫且將爲妾婦羞矣天下雖大彼復何地可居何地可立何地可行哉

賦得褒德錄賢 得廉字五言八韻

曹甡孫

弛跅雖堪御純修讓孝廉德賢資輔助褒錄發幽潛舉首方
推董全身更美嚴吏防刀筆誤士惘草萊淹露冕光儀接雲
屛姓氏贍品誇清酌水言記味如鹽一字榮華衮千秋耀素
縑
聖朝勤顧俊
湛澤幸均霑

走正鋒而不失之腐樹偉議而不離其宗縱橫排宕之中仍寓有俯仰雍容之度文章盛軌場屋利器此殆兼之次牆字

峻整筆格軒昂三灑灑洋洋通篇如一筆書詩雅鍊統讀數

過欣忭無已姪葆珣謹注[illegible]三日

知崇禮卑崇效天卑法地

曹甡孫

極知禮之用量已周乎天地焉蓋知禮不必有意於崇卑自有不期然而然者以效以法量不周乎天地哉且自虹洞無方沖漠表粤宛之化鼇擎立極紛盼蕃富媪之鼇偉二儀之寥濶其疇能洞之哉及觀聖喆淵明之后品式夙備之朝研機闡奧則鴻灝可苞乘矩秉規則蒼垠偕奠惟能悬悬以昭勤懋懋以式範斯㕘亥如雲咸卬參坻配蔾之度焉夫於䨻龢龍索中探之而已崇德廣業莫詳於易誠以易者權輿泰極之初囊括六合之妙千變萬化可旨濬明上天下澤可以飭紀固知之㟁藪而禮之圓囿也則試抉

知禮之用冕也其石之埕也其躓之怵萬幾於朽索遑云邈邈以高馳迺擅天亶之聰者舉風雨龍蛇不能摇聖主清明之宰則華宣玉燭已令山陬海澨疑神明於雲扉松牖之間帝也而三之王也而四之抗萬古以邁征詎曰躬躬之如畏乃壓天秩之敘者雖山龍藻火亦俛而修子弟孝養之儀則範拜珠墀已合鳳鳥鵷鷺羣擾服於璧水橋門之下吾為擬之殆習則崇而禮則卑乎古之聖王所以秉權握紀與蓋兩儀御籙登樞彌綸八極胥是道也顧或者曰混混茫茫之時疊聞罕漫而不昭察世莫得而云矣自清陽者薄靡而為天重濁者凝滯而為地人始得轉銅儀執玉管以

測之然而七衡六間相去各五萬九千五百里而遥八柱十端其數更一十八萬二千里而近相因爲氤相盈爲氳其淸陽也無計量嘔之而生吹之而落其涵育也無法崖洞洞乎澒澒乎其能啟大塊之橐籥者幾人哉乃吾所謂崇效而卑法者正自有說乘太極而馭灝淑鉅靈持大化之原命鳥明以建方州春皇定萬民之竈年荒記落幾疑恍惚以難憑而不知天地以氣運故上蟠下際莫盡陽蓋陰蓴之神聖人以理運故抱表懷神亦極戴圓履方之妙也風雲貢祉則流峙同功襲九竅褈九熬卬觀俛察若取諸絺衣旻藻間耳藉非效法也何以二个之御治矩治權四岳之巡撫

金撫火持玉衡以齊七政周天渾渾以靡愆憑土圭以測四維禹甸茫茫而就晝陽偏陰騭每賴參贊以成功又何論天地以象治故岳峙淵停備極以生以成之致聖人以神治故內明外順亦參循文循理之精也清沖獨運則高厚偕符同烝者帝同義者王裁成輔相可驗諸襟帶痞𤺋閒耳藉非效法也何以三十六度問之保章一十五國陳之太史夫惟聖人在上高明以鑒理闡虞書十六字之精模範以節情端乾道九三爻之極六宏則撰合陰陽五緯則秘參泰乙是以圓矩殺列天道罔爛差焉渾元壹壺地理登韞韣焉懿與休哉侯其韓爾

季孫行父帥師城諸及鄆 文公十有二年

曹蛙孫

先事預防譏之者皆腐談也夫鄆莒所必爭也行父先事而城之且城諸以固之可謂善於謀國矣其帥師者慎之也諸儒譏之眞腐談哉且謀國宜圖其遠大而防患貴及於未然自腐儒不知世變橫逞臆說於其間於是有所作也不知其無如何也以為殃民而已矣有所防也不知其不得已也以為啟釁而已矣事姑息而釀患於後顧和好而受制於人天下事大抵皆若是壞之也可慨也夫不然如季孫行父之城諸及鄆豈不善於謀國哉鄆邊邑也而與莒為鄰莒小國也而與魯為難蓋彼以蕞爾之勢介居諸強

大之間黙揣其力必不足以久支因試其鋒姑先用以自快自來恣睢樂禍之人其情事大抵然也雖然勇夫重閉猶可爲國蜂蠆有毒不得而輕營於其時亦幸當文公之朝尚有一行父耳不然苟且因循了不加察一旦事起倉卒受其籍制莫可誰何豈不可爲痛心者哉顧說者曰春秋重勞民帥師而城二城勞亦甚矣又毒衆以爭益不可也或曰前此莒魯未有爭有爭自城鄆始是行父開之也或又曰二邑皆近費行父之城此二城大抵自爲封殖計耳是數說也吾皆以爲腐談蓋君子之謀國也利則取其重而害則取其輕行父之城鄆誠勞民矣顧勤數十百人以畚築與擲

數十萬人於鋒鏑其利害輕重爲何如至其並城諸者則兵謀也鄆敝邑也設猝有兵事環顧左右無爲之犄角者戰守俱不可恃矣城諸所以增其衛也嗚呼晚近以來外之與我相交也大抵利吾財耳其與我相約誓也皆愚我者耳我信之過深而更不設備與畏之過深而不敢寒盟皆足以墮其術況莒之謀魯瓜牙已露我猶瞻顧和好濡忍不言以庶幾目前之無事一旦毒發必有更甚於今日者何則其計謀已就而難動搖也嗚呼行父而愚人則可行父苟有忠君衛國之心先事預防亦固其所然而必帥師者何也城城無藉於帥師行父豈不知之顧知之而猶帥師者行父

之深心也既慮莒人之偪而大爲之防斯意也國人喻之卽莒人亦必知之儻乘吾經營方始而潛師而來使我財用人民燬於俄頃是莒未戰而已奪我之氣也重兵以臨之則彼之狡謀不敢不寢彼謀寢而後吾謀可從容而就凡此皆行父善於謀國也若夫封殖之說忠如行父豈肯出此且卽謂其出此夫以土地資外人與以土地歸臣下在朝廷觀之且有彼善於此者而又何必刻求也哉吾故曰皆腐談也世人不察但取一二迂談以論一切之事至令忠臣爲之短氣而奸僞得而籍口此豈天下之小故哉吾故備論之竊願秉國鈞者勿泥於腐談而時以行父先事預防之心

爲心也

君天才超邁所作兩漢史議卓識鴻裁見者以爲深得韓蘇辨論文神髓今此文祇是隨意揮毫而提頓轉捩離合縱送筆力之大已見一斑世愚姪陳金臺拜讀偶誌

大信不約大時不齊

曹甡孫

信更不必以信見而天時益可識矣蓋信必待約是小信矣况大哉如天時何必强不齊以爲齊哉且儒者鼓篋發聖賢之册而指天誓日之齗齗執管窺造化之原而課雨占晴之僕僕抑何瑣而自小也至誠感神悟風雷者隘乎溝瀆大鈞播物賦形氣者任其榮枯夫是以道洽翔泳而疑謗或在戶庭之間功運冲虛而參贊必歸晃旒之際也大德不官大道不器此其含羅萬有旁薄羣生不已參坒儀象配黎垓埏乎然而信亦不待約也一命再命攝羣侯以山川日月之神約蓋自伯主開顧瘖寐幽深必非束牲載書

所能激發其志氣亦徒用此紛紜爲矣聖人敦履璞沈祗此純純
聿聿之度而無心而合澗溪之藴藻乃馨於牲牷從人横人悚列
國以弓矢戈矛之禍約又自游士起顧衷懷疑阻必非曲言巧說
所能聯絡其精神亦徒釀此征伐局耳聖人光明純粹會無昭昭
冥冥之分而相感以誠空谷之白駒更皎於鳴鶴大信不約則聖
不自聖非卽化工不言工之理哉蓄慷慨激昂祇屬不學之過桃
弧棘矢曰予君父頹風晦雨曰予友朋壯烈煌煌風節自堅於金
石然窮通常變先分明於子臣弟友之心則此念已不可質諸天
地聖人渾之所以卑烈夫之殉名也而廣漠沖虛自有自然之運

大鴻辰放曰予未遑放勲重華曰予猶病聖德恢恢遺闕尚留於黼座况雨暘寒暑欲求全於寘昭背闇之表則其識適自囿於管蠡彼蒼聽之所以示造化之無心也大哉時乎亦安得而齊之哉天時以氣運故能生不能成近郊之木飄零斤斧之間深谷之蘭芳馥煙雲之表此猶曰所託或異耳披春秋之紀石隕而鷁飛勒禨祥之書蝝生而棋實百昌雉雊何以泯齵差之數乎而無法崖無計量在大造初不失其陽蓄陰剪之常天時以象治故能開不能節固陰冱寒之際雷隱隱以發聲炎蒸攸灼之餘天霏霏而降雪此猶曰戾氣所召耳懷山襄陵洪水屢憂於松棟焦炒爛石甘

霖用禱於桑林五行明明豈能免愆咸之致乎而襲九竅種九懃

惟聖人爲能盡其裁成輔相之責學者合而觀之不可於四者之

閒知所本乎

欽命四書詩題

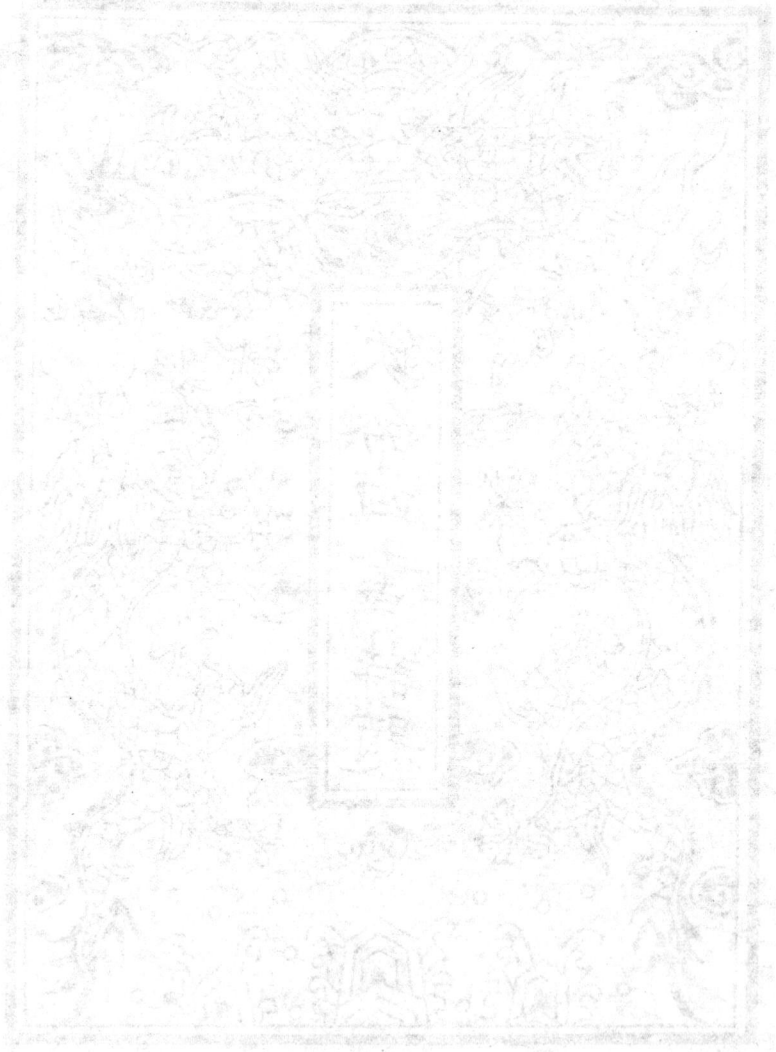

曹葆珣

譜名用謙字仲璘一字退菴號希遠行二又行三同治辛未年四月二十七日吉時生係順天府武清縣增廣生己丑　恩科挑取謄錄民籍

始遷祖貴明永樂間遷大姓實畿輔自江南山陽縣占籍武清縣王慶坨鎮

太高高祖允會號名環

太高高祖妣氏閻

太高祖榮字顯吾

太高祖妣氏徐

高祖居敏字遜志附貢生勅授修職郎

太高高伯叔祖汝知庠生　汝翼庠生　汝為庠生　汝良增生例贈修職郎　汝賢庠生　汝習庠生　汝端庠生　汝礪庠生　汝公庠生　汝楨庠生　汝文　參庠生　汝梅庠生　大全庠生　大本庠生　大任庠生　大勳庠生

太高高嫡堂伯叔祖允文　允貴

太高高胞伯叔祖允化　允智　允哲　允武

太高伯叔祖晴庠生　昱庠生　暄庠生　晟庠生　昣庠生　陞庠生　陟庠生　曾庠生　玢庠生　昭庠生　昤庠生　元會貢生　元景庠生　士軾庠生　士淳庠生　士

高祖妣氏楊勅贈孺人同邑諱維田公女

氏徐勅贈孺人

曾祖德基字履恒太學生例贈武略騎尉例贈文林郎

曾祖妣氏巢例贈孺人靜海縣太學生號月臨公女

祖延世字壽民號詩鶴附貢生貤封中憲大夫戶部主事加三級

祖母氏李貤封太恭人同邑武庠生諱

元庠生士珍庠生士瑞庠生浩庠生澄庠生廷琛乾隆己亥恩科副榜原任盧龍縣教諭廷珙貢生候選縣丞廷瓚增生例贈儒林郎廷琚增生廷璉附生廷琳附貢純庠生

從堂太高伯叔祖普　昌　晉　景

嫡堂太高伯叔祖宣　環　海　林　江　湖

太高胞伯叔祖立　明

高伯叔祖文治貢生候選縣丞文田庠生勅贈文林郎文言太學生文鉞武生文達庠生文鋒歲貢生候選訓導文銳候選州同貤封奉直大夫文鐸增生文錚太學生文鏊庠生誥贈武德佐騎尉文鉢庠生鳴時庠生鳴桐府學庠生鳴鳳庠生鳴玘武庠生鳴珚庠生鳴瑪庠生鳴琳

雄圖公女邑庠生諱俊
升公胞妹太學生名玉
衡貢生名世榮太學生
諱鳳儀武庠生諱紹榮
胞姑母庠生名
邦憲太姑母

父兆甲字子符候選府經歷　誥封中憲大夫户部主事加三級

母張氏誥封太恭人東安縣嘉慶戊寅
恩科舉人道光丙戌科
大挑一等分發江西候
補知縣諱日哲公孫女
道光丁未科進士原任
河間府教授諱國士公
女庠生諱國俊庠生諱
國幹庠生印國壽庠生
諱國霖庠生鴻臚寺序

庠生鳴周庠生鳴林庠生鳴山庠生鳴鈞庠生鳴鐸例贈修職郎鳴
衎貢生候選訓導鳴雷庠生鳴雲貢生候選訓導鳴韶庠生鳴聲太學生
運興道光辛巳恩科武舉江蘇江淮帮運千總宗植庠生宗孔庠生宗孟
庠生宗勇武庠生宗賢武庠生宗伊太學生宗清武庠生宗述
增生輔仁武庠生元弼庠生元亮太學生元亨庠生宗誓庠生居
易庠生居方庠生

從堂高伯叔祖居禮　居和　居美　居祿　居德

嫡堂高伯叔祖居善　居治庠生居休　居恭

曾伯叔祖印白增廣生著有左傳說隱易經問答四書困知錄四書濃薰錄天文抉輿待梓

翥庠生翽庠生翼庠生德濬庠生開泰歲貢生候選訓導光祖庠生念

二

房

班 諱國賢從九品 諱國
均公堂姪女監生 欽
加五品銜 印耀勳同治
丁卯科舉人 諱耀元公
胞妹庠生鴻臚寺序班
印耀庚公胞姊庠生鴻
臚寺序班 印培芬增生
諱培蔭胞姑母候選巡
檢名鍾麟
太姑母

重慈侍下

具慶下

庭訓

受業師 謹以受業先後爲序

叔祖叔明老夫子 印 阜煌

祖庠生 印維庠生 嘉賢庠生 德元庠生 德玉歲貢生候選訓導道光己酉科
房薦 德符庠生 德言庠生 德星庠生 榮毅庠生 榮世庠生 履恆庠生
履祥庠生 紀泰庠生 榮泰武庠生 炳泰庠生 玉書廩生 玉振武庠
生 印曾庠生 茂齡歲貢生候選訓導鄉試堂備 金齡廩生 蟠齡庠生
誥贈奉政大夫 博齡貢生誥封武德佐騎尉 春齡庠生 丹齡庠生 蘭陵
監生 蕙陵監生 貢齡道光壬辰恩科舉人大挑一等改就教職署保安州學正補授臨
榆縣教諭 長齡庠生贈文林郎例 鍾齡庠生 嚴齡監生 壽齡歲貢生候選訓
導 夢麟庠生 晉齡貢生 夢齡庠生 芝齡按察使司照磨 辰齡營千總候
選守備 桂齡候選營千總 熙齡守禦所千總

從堂曾伯叔祖 興基 貴基 培基 振基

附貢生布政司理問銜

仙舫董老夫子印楫文安縣廩膳生國子監典籍銜

少泉丁老夫子諱洵同邑增廣生貤贈中憲大夫

母舅蓮星張老夫子印耀庭東安縣庠生鴻臚寺序班

竹銘于老夫子印召勛東安縣庠生

瀹齋陳老夫子印鍾濬光緒

胞曾叔祖陞基號仙槎太學生例贈武略騎尉

伯叔祖塏從九品呼六品銜善士庠生方煒庠生方鎔庠生光祿庠生

學異庠生際休庠生星煥咸豐辛亥恩科舉人署河南洛陽西華縣知縣代理襄城禹州滑縣廉缺補授郾城縣知縣同治庚午光緒乙亥科河南鄉試同考官欽加五品銜誥授奉直大夫現主講河南彝山書院靜遠書院星竣咸豐辛亥恩科武舉兵部差官星煜增廣生歷科呈薦星烜監生山東試用巡檢星蓮恩貢生候選州判咸豐辛酉科薦卷星聚監生星熾武庠生星橋增廣生德培六品銜其年貢生星煌附貢生布政司理問銜珣受業星奎貢生例贈文林郎鶴培庠生義方監生恩培監生俊從九品星燮監生星煜監生星烒例贈文林郎星焯東河主簿署山東館陶縣主簿星禧候選州判星壽貢生星藻監生

履歷

乙亥　恩科舉人
丙子科會試薦卷

課師

叔祖子蔚老夫子　印　星煥

履歷
詳前

秋舫王老夫子　印　泖雲　貢生
現任順天府教授
前武清縣教諭

春芳魏老夫子　印　樹楟　歲貢
生現任武
清縣教諭

一庭王老夫子　印　兆魁　歲貢
生現任武
清縣訓導

星斗監生　星昊庠生　星沅監生　星翰候選縣丞　星緯廩生己卯癸巳薦卷

桂年府學廩生　星啟庠生　星軫監生　星南翰林院孔目

嫡堂伯祖延穀號介軒道光乙未　恩科武舉候選漕運千總　延俊號采臣武庠生

胞伯祖延祥號麟書武庠生

伯叔　書箴庠生　乾元庠生　體元附貢生　思義監生　思善從九品　思敬貢生　慶麒壽官　慶駒四九品銜　芑孫增生　思橋監生　世傑武庠生　世俊武庠生　世清九品銜　世平監生　世雄九品銜　世義九品銜　世立武庠生　薛孫武庠生　國璽武庠生　國樑武庠生　國棟武庠生　國香監生　金楹庠生　福孫監生　奇孫庠生　喆孫監生　甡孫癸巳　恩科舉人本科會試同榜進士河南即用知縣　彬孫癸巳　恩科舉人　緒孫庠生　俠

萃文書院肄業師

煦亭楊老夫子 印 占春 同治庚午科舉人前武清縣訓導候選知縣前主講萃文書院

筱潞孟老夫子 諱 繼坤 同治壬戌恩科舉人原任撫甯縣教諭前主講萃文書院

星齋陳老夫子 印 懸禧 光緒庚辰進士現官吏部主事前主講萃文書院

翔生張老夫子 印 體信 光緒

孫 蔭孫 庠生 宗人府供事

從堂伯叔 殿甲 武庠生 冠甲 武庠生

嫡堂伯 聯甲 號月岩 監生

胞伯叔 恩甲 字蕗潭 績學早逝 例贈文林郎 文甲 字蔚之 庠生

兄弟 儒珍 庠生 儒璸 庠生鴻臚寺序班五品銜 賞戴藍翎 儒璉 庠生 儒璋 武生

用彰 六品軍功 用洸 詹事府供事 用英 九品銜 用賓 九品銜 用泉

九品銜 邦儒 監生 聯普 附貢生 聯武 貢生 聯緒 監生 用觀 增生 用

琇 武庠生 用楫 武庠生

再從堂兄 葆珍 武庠生 葆琨

從堂兄 用霖 原名葆瑗 國史館供事 用璋 原名葆璋 庠生

乙亥　恩科舉人候選

教諭現主講萃文書院

鶴君蔡老夫子　印壽臻　現任

長蘆天津分司運同前

武清縣知縣創建萃文

書

院

文皋石老夫子　印賡臣　現署

南路廳同知前

武清縣知縣

藎臣王老夫子　印忠蔭　現任

三河縣知縣前

武清縣知縣

少南潘老夫子　印瀛　現任武清

縣知

縣

嫡堂兄褋琳　早逝

胞兄弟褋珊　承嗣胞伯露潭公甲午同榜舉人本科堂備　褋瑜　譜名用謂　褋瑾　譜名

用護俱

業儒

姪振宗　供事　毓桂　貢生　芳縉　國史館供事　爾霖　庠生　爾勛　六品銜

再從堂姪爾鈞　業儒　爾崙　爾宇　俱幼讀　爾平　幼

胞姪爾勉　殤

胞姑母四　一適靜海縣朱氏庠生　誥封朝議大夫

晉贈通奉大夫諱元桂公子廩貢生道

光丙午科謄錄兵部職方司主事補授湖南慈利

縣知縣歷署善化衡陽益陽興甯衡山攸縣等縣

知縣候補直隸州知州軍功隨帶加四級知府銜

賞戴花翎　諱耀奎公胞弟廩貢生中書科中書

東河候補同知　特用道河南候補知府三品銜

賞戴花翎　印衣德廩貢生咸豐乙卯科謄錄議

會文書院肄業師
太年伯夔石王老夫子 印 文韶 壬子進士雲貴總督現署直隸總督
王周季老夫子 印 邦楨 辛未進士長蘆都轉鹽運使司鹽運使
花農黃老夫子 印 建筦 津海關道
庭芝呂老夫子 印 耀斗 進士津河兵備道
子惇沈老夫子 印 家本 癸未

欽鹽大使分發山東保陞知縣歷署邱縣文登城
武等縣知縣代理章邱縣知縣補授即墨縣知縣
同知銜在任候補直隸州知州隨帶加三級 印 衣
繡湖北候補府經歷五品銜 賞戴藍翎 印 耀榮
公胞兄附貢生候選州同同知銜 賞戴花翎
貤封三品封典 印 衣藻公室庠生 印 爾鵬母一適
東安縣張氏庠生諱國幹公子監生諱耀榮公室
一適霸州鄧氏庠生諱炳公子道光己酉科拔貢
諱鈞公胞姪庠生 印 玉書公室一適永清縣傅氏
附貢生諱為霖公子布政司理問 印 承霖公堂姪
監生 印 登雲監生 印 登龍公胞兄附
貢生 印 登瀛公室庠生 印 寶雄母

胞妹一 未字早逝

胞妹二 一適霸州陳氏 恩貢生諱紋麟公曾孫守
禦所千總諱廷柱公孫庠生 印 廷樞庠生 印
廷楠公姪孫監生 印 紹武公子業儒 印 振藩室一
字霸州郝氏貢生諱培厚公孫廪生 印 金甡庠生
印 金朋公胞姪庠生候選巡檢 印 金
喆公次子庠生 印 沅胞弟業儒 印 濟

進士現任天津府知府

少芝馮老夫子 印清泰 現任河防糧捕鹽漕同知

受知師

蓉浦楊老夫子 印頤 同治乙丑科進士前順天府府丞現官都察院左副都御史稽察東四旗覺羅學甲午科鄉試大主考本科會試知貢舉

子授孫老夫子 諱詒經 咸豐庚申科進士原任戶部左侍郎前順天學政

嫡堂妹二 待字

原配陳氏 霸州守禦所千總諱廷柱公孫女庠生印紹武廷樞庠生印廷楠公姪孫女監生印公女業儒印振藩胞姊

繼配陸氏 天津縣候選知府諱鴻公曾孫女候選運同諱恩錫公孫女監生印文成公女守禦所千總銜印覲瀛胞妹覲麟胞姊

子

女一 幼

韻濤江老夫子 諱 樹昀 光緒丁丑科進士翰林院編修己丑 恩科鄉試同考官

若農李老夫子 印 文田 己未探花禮部右侍郎前順天學政甲午科鄉試覆試閱卷大臣本科會試大總裁 朝考閱卷大臣

蔭軒徐老夫子 印 桐 庚戌進士吏部尚書甲午科鄉試覆試閱卷大臣本科會試大總裁

蘭蓀李老夫子 印 鴻藻 壬子進士軍機大臣禮部尚書甲午科鄉試覆試閱卷大臣

潁之老夫子 印 啟秀 乙丑進士理藩院尚書甲午科鄉試覆試閱卷大臣本科會試大總裁

宗室天岑老夫子 印 溥良 庚辰進士理藩院左侍郎甲午科鄉試覆試閱卷大臣本科會試知貢舉

壽田老夫子 印 裕德 丙子進士都察院左都御史甲午科鄉試覆試閱卷大臣

宗室允庭老夫子 印 阿克丹 庚申進士刑部左侍郎甲午科鄉試覆試閱卷大臣

苾園李老夫子 印 端棻 癸亥進士刑部左侍郎甲午科鄉試覆試閱卷大臣

季超老夫子 印 長萃 丙子進士吏部右侍郎甲午科鄉試大主考覆試閱卷大臣

座

壽蘅徐老夫子 印 樹銘 丁未進士兵部右侍郎甲午科鄉試覆試閱卷大臣

桂生陳老夫子 印 學棻 壬戌進士戶部右侍郎甲午科鄉試覆試閱卷大臣

竹岡老夫子 印 鳳鳴 甲戌進士工部左侍郎甲午科鄉試覆試閱卷大臣

蓀石陳老夫子 印 兆文 丙子進士日講起居注官詹事府右春坊右庶子甲午科鄉試同考官

雲階薛老夫子 印 允升 丙辰進士刑部尚書甲午科鄉試大主考

頌閣徐老夫子 印 郙 壬戌狀元都察院左都御史管理戶部三庫事務甲午科鄉試大主考

仙裴黃老夫子 印 玉堂 甲戌進士翰林院編修甲午科鄉試同考官

少湘彭老夫子 印 清藜 癸未進士翰林院編修 記名遇缺題奏本科會試同考官

春卿唐老夫子 印 景崇 辛未進士內閣學士兼禮部侍郎銜 文淵閣直閣事 會典館總校本科會試大總裁

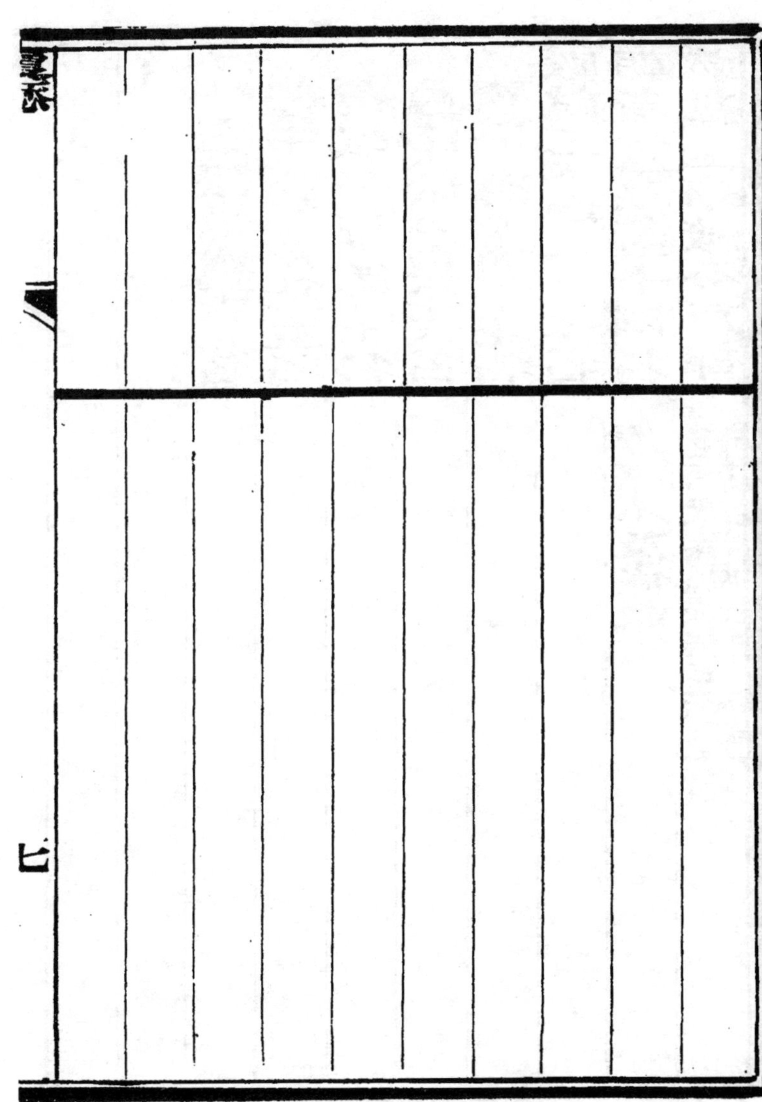

己丑恩科鄉試挑取謄錄第一百九名
鄉試中式第二百九十五名
覆試一等第十名
會試中式第二百六十六名
覆試二等第四十七名
殿試三甲第八十七名
朝考一等第五十四名
欽點主事籤分戶部

族繁不及備載
世居武清縣城南王慶坨鎮

會試硃卷 光緒乙未科

中式第一百六十六名貢士曹葆珣順天府武清縣增廣生民籍

同考試官翰林院編修記名遇缺題奏加五級彭 閱

薦批 筆鍊詞腴經策博洽

大總裁內閣學士兼禮部侍郎銜文淵閣直閣事會典館總校加三級唐

取批

又批 慮周藻密經策淹通

大總裁經筵講官禮部右侍郎署工部右侍郎兼管錢法堂事務南書房行走賞戴花翎加三級李

取批

又批 力厚思沈經策淵懿

大總裁經筵講官理藩院尚書管理雍和宮事務管理咸安宮等三學事務稽察壇廟大臣鑲黃旗蒙古都統專操大臣崇文門副監督加三級啟

取批

又批 義精語卓經策閎深

大總裁經筵日講起居注官太子太保賞戴雙眼花翎協辦大學士吏部尚書翰林院掌院學士上書房總師傅國史館會典館正總裁稽察京通十七倉大臣管理八旗官學事務大臣加三級徐

中批

又批 骨峻采高經策華贍

精警透闢切理饜
心次三氣象光昌發
揮盡致詩雅
春秋文出筆甚超
餘四藝均雅飭

考證精當

三藝墨裁體式妙在出以

研鍊一律純熟熨貼詩亦

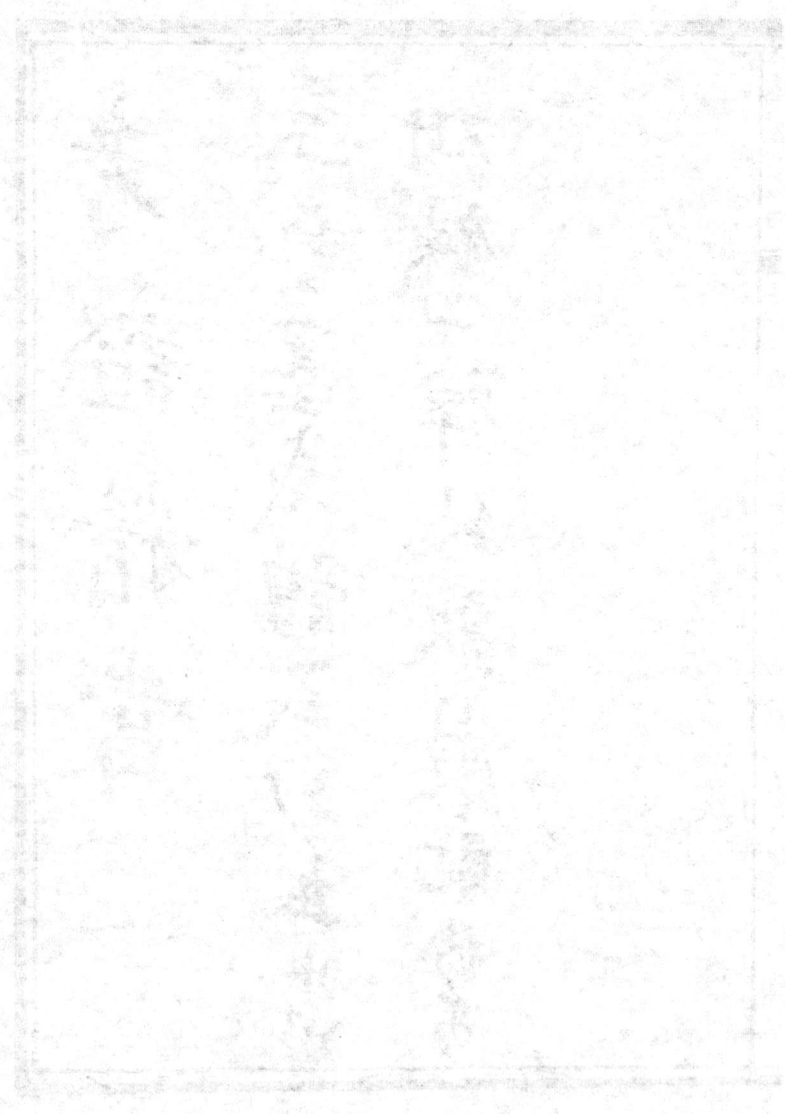

主忠信　上論語

曹葆珣

得主者有常不失其本心而已蓋忠信者人之本心而學之所由篤也惟主之者能不失耳子故又爲君子勉之今夫篤實者輝光之本自來好修之士未有不去僞以存誠者也然或暫而寓焉或偶而合焉其所麗者出入而無時卽所守者遊移而鮮據惟舉實心實理之所在無一時一事之或違意之所向與爲終身而不變焉斯大儒丰采遂非矯飾者所能託不威不固由於不重此卽外著者言之耳試進而驗其所存自少年以緣飾爲工而文采風流幾成學問之累浮華是尙天性有因以日漓者矣无妄者入德之

門所貴略度數文爲毖其神於本原之際自才士以高明自詡而權奇倜儻遂貽氣質之憂隱怪相循人心有疑於或息者矣一眞者萬變之宰奈何令聰明智慧爭其權於性命之閒甚矣忠信之不可不講也必也其主之乎儒者之操存匪易非有以植其幹斷難歷久而不搖蓋其所憑依皆其所自爲也君子初非博長厚之名而但覺身世所關無在非眞精之貫注鼓鐘玉帛禮樂皆天則所涵洞酌蘋蘩風雅亦性情之事極人世之紛紜蕃變悉以肫誠者出之視聽言動之閒有如符節之合者矣而材力心思至是始得所歸宿耳大造之賦畀無私惟善爲葆其天乃覺所趨之不誤

蓋由是而之焉則已有其地也君子深懲乎浮動之習而但覺學業所託無在非至性之流通古誼篤而金石開鬼神亦爲感動實意孚而豚魚格物類鑒其悃忱舉凡事之常變經權惟以懇摯者宰之日用倫常之地有如圭臬之奉者矣而文章經濟至是始有所統宗耳蓋學術之隱憂不患其拙於才而病其寡於德以誠實立終身之的故虛無清淨之學均不得託於聖賢而吾儒之實詣不在於逞其智而貴於存其誠以謹厚裕萬事之綱故堅僻詭譎之端斷無所開於吾黨君子勉之尙無自失其本心哉而取友改過之道一以貫之矣

本房加批

詞精筆健氣厚神清妙在水到渠成絶不露作力非火候足未易語此

家易庭叔榜前批

認定主字故一切忠信泛話無從攙其筆端行文不必沈思大力而氣質清華筆情腴潤安詳容與之中自有凝鍊鎮紙語場屋文字惟此恰到好處吾宗不衰其寄之吾子乎

優優大哉禮儀三百

曹葆珣

道之大有分見者可先卽禮儀以驗之焉夫道之大極於優優固有分見於小者矣禮儀具在不可先以三百舉哉且天下之充然有餘者皆天下之燦然大備者也而惟經制之大端尤足以範圍而不過蓋道之散見於人事者其始亦虛懸而無薄迫充積既久遂彌綸於日用動靜閒而無或缺試卽宏綱之燦著徵物則之流通固已約舉之而綽有餘思已發育峻極洋洋乎固爲禮經所不能悉數矣然此卽大而無外者言之也徵其小之分見者不更有優優者哉宇宙閒色色形形殊難畢計而綱維主宰冥漠陰行鼓

舞之權俯察仰觀其見爲盈者卽其一無所歉者也而一元之運在是矣八世內聞聞見見詎可終窮而蕃變紛紜大造隱寓裁成之意上天下澤其見爲切者正其不容稍泛者也而保合之精在此矣大哉何其小之無不備哉而吾先卽小中之大者驗之機緘之默運微露端倪試由合以驗其分固已統鉅細精粗見包涵之運量經法之昭明炳如星日試因綱而舉其目早已備冠婚朝聘垂宇宙之文章夫不有禮儀乎約舉其數厥有三百云陰陽易簡之蘊之渾而難名也一徵於高下之散殊而虛者皆麗於實夫明是非辨等殺豈故爲是繁難之端而氣運之發皇與神聖之聰明

相維繫則禮儀者固大之所見端也其自宗廟朝廷以及里巷閨門之地莫不本人情之大順而納於軌物之中由禮而著爲儀成數已大略可覩矣删詩而止於三百其用意取諸此耳錯綜參伍之數之雜而難紀也一考於訓行之典則而異者胥統於同夫定上下決嫌疑豈好爲是求詳之制而性情之和易與眞精之布濩相貫通則禮儀者卽大之所散寄也其自尊卑貴賤以及親疏長幼之倫莫不本天理之自然而立爲率由之準言儀而本諸禮制度已更僕難終矣周官而約以三百其大概準諸此耳進觀威儀三千而道之優優不益見乎

本房加批

詮上截不失之空廓詮下截不落於華靡情文相生骨肉勻淨

此類題極快足文字

居天下之廣居立天下之正位行天下之大道得志與民由之

曹葆珣

歷言天德之備用則施諸其人焉夫廣居正位大道天德備矣居之立之行之而卽與民由之不可信於得志時乎今使人負天下之重望而存心持身處事諸大端俱瑣屑而不堪以示人雖得志乘時吾恐民之失望耳惟德業備於當躬一室裕歸懷之量斯功名措諸當世羣生遊在宥之天竊嘗擬宏遠之規模仰發皇之盛業覺量包天地功被蒼生其氣象已迥不侔矣子稱儀衍豈以爲得志於時者當如此耶而不知士固有超天下以爲量者夙不習

捭闔縱橫之術而匡居坐誦常抗懷三代之英安宅弗敢曠等威有必嚴小補非所尚縱知己難期驟遇而讀書養氣恢恢乎有不可一世之規焉夙不事煦仁孑義之爲而爾室嘯歌已超然萬物之表襟抱有必寬邪詖所深斥彝訓常懔遵縱用我未必有人而黜霸崇王卓卓乎有包涵萬有之象焉居廣居立正位行大道其先天下存之者不即可與天下共之哉其寂處不求聞達抱負已極含宏五百年名世挺生而霖雨經綸隱繫安危之局其居恆念切痌瘝利濟久儲方寸億萬姓生靈環伺而明良際會原非意外之遭先郎得志時驗之不有與民由之者乎閭閻尚功利久矣而

欲以素所不習之端使斯民自復其天其效恐難以旦夕奏然斧柯得假轉移自有微權也託帡幪於夏屋謹出入於禮門遵蕩平於王路舉委瑣齷齪之氣一納諸大同之宇而翕然從風救敝扶衰名教中多樂地也而邪慝之無不難於庶民徵之父老苦苛法久矣而欲以未經深曉之事使下民自復其性其功恐難以倉猝成然政柄攸歸措施無不盡利也推暨博而運量宏品節嚴而天澤定裁制當而因應宜舉馨香祈禱之忱一喻以至善之歸而油然向化風同道一天下事大可爲也而三代之隆即可於斯民覩之此大丈夫之所爲也況有其道者尤能貞其遇耶

本房加批

詞旨清健風格不凡

賦得褒德錄賢得廉字五言八韻

曹葆珣

漢代敷求意，掄英重孝廉。德因褒以顯，賢亦錄從嚴。美譽榛苓播，芳名竹帛瞻。蘭馨師範仰，茅拔泰爻占。禮許笙簧奏，材應杞梓兼。聲華同豹變，遭際起龍潛。一字榮堪羨，三升典詎淹。

聖朝登選切，膏澤萬方霑。

本房加批

細膩熨貼